Drobinski
Oh Gott, die Kirche

Matthias Drobinski

Oh Gott,
die Kirche

Versuch über das
katholische Deutschland

Patmos

Bibliografische Information der Deutschen Nationalbibliothek
Die Deutsche Nationalbibliothek verzeichnet diese Publikation
in der Deutschen Nationalbibliografie; detaillierte bibliografische
Daten sind im Internet über http://dnb.d-nb.de abrufbar.

Neuausgabe
© 2008 Patmos Verlag GmbH & Co. KG, Düsseldorf
Alle Rechte vorbehalten
Printed in Germany
ISBN 978-3-491-72532-4
www.patmos.de

Inhalt

4. Eine Kirche im Richtungsstreit

5. Visionen für eine Kirche von morgen

Vorwort

Ich versichere, dass ich keinen Kirchenkomplex habe. Dass ich kein abgesprungener Priesterseminarist bin, der nun wütend auf alles Katholische ist, dass mir keine verknöcherte Religionslehrerin als Kind Höllenangst eingejagt hat, die ich nun schreibend vertreiben müsste. Ich war nie Kirchenangestellter, der zweimal überlegen muss, was er wie laut sagt, und musste mir nie Gedanken machen, mich in die falsche Frau (Atheistin? Geschieden?) zu verlieben. Kurz: Ich schreibe also nicht über die katholische Kirche, weil ich glaube, einer vorgestrigen, fundamentalistischen, antiaufklärerischen und menschenverachtenden Institution persönlich den Todesstoß geben zu müssen. Genauso versichere ich, dass ich kein reumütig Heimgekehrter oder neu Bekehrter bin, der nun im Überschwang der gefundenen Heimat jeden Weg und Holzweg der Institution verteidigt, umso mehr, je originär katholisch er ihm vorkommt. Ich verspreche, kein Apologet zu sein, der Schwarzes weiß redet, weil es irgendwie der großen Sache dient.

Man muss solche Versicherungen abgeben, wenn man ein Buch über die katholische Kirche schreibt. Die Distanz der Autoren ist bei diesem Thema oft gering. Die einen treten an, eine Art Schwarzbuch über eine dunkle Macht zusammenzutragen, die anderen verfassen eine Verteidigungsschrift, und beides wird der Sache letztlich nicht gerecht. Ich schreibe hier, das gebe ich gerne zu, über die Kirche, deren Mitglied ich bin und fröhlich bleiben möchte. Ich tue dies aber auch aus der Perspektive des Journalisten, der nun schon seit einigen Jahren über diese Kirche schreibt, über ihre guten, ihre schlechten Seiten.

Oh Gott, die Kirche. Wer »Oh Gott« sagt und seufzt, der ruft entweder den Höchsten an als Zeugen für das Elend, das der gerade sieht, oder er gibt seinem herablassenden Mitleid Ausdruck: Himmel, was soll aus denen noch werden. Tatsächlich ist die Krise der größten und ältesten Institution der Welt in ihrer deutschen Abteilung unübersehbar. Die Zahl der Kirchenmitglieder nimmt ab, und die verbleibenden Kirchensteuerzahler können immer seltener sagen, an was sie glauben: an die Auferstehung und die Himmelfahrt Jesu? Die Jungfrauengeburt oder das Dogma von der leiblichen Aufnahme Mariens in den Himmel? Ganz abgesehen davon, dass ihnen die offizielle katholische Sexualmoral fern ist wie der Ameise der Mond. Es altert der Klerus, und die Priesterseminare sind leer, die Zahl der Mönche und vor allem der Nonnen wird in den kommenden Jahren dramatisch sinken. Zudem ist die so reiche katholische Kirche in Deutschland in die Finanzkrise geraten, so sehr, dass die ersten Bischöfe betriebsbedingte Kündigungen aussprechen –, obwohl sie vor Jahren selber gegen Kündigungen in der freien Wirtschaft protestiert haben. Welche Konflikte der Generationenwechsel in der deutschen Bischofskonferenz mit sich bringen wird, ist noch kaum vorherzusagen, ebenso wenig, ob Papst Benedikt mit den Deutschen die gleichen Konflikte ausfechten wird, die Joseph Ratzinger, der Präfekt der Glaubenskongregation, ausfocht.

Die katholische Kirche wird einen Teil ihrer institutionellen Macht aufgeben müssen, sie wird mit weniger Geld auskommen müssen und viele Gläubige verlieren. Sie steckt in einer strukturellen und religiösen Krise, deren Ausmaß erst in den kommenden Jahren richtig sichtbar werden wird. Und trotzdem soll dies ein Buch sein über das Schrumpfen voller Zuversicht, über den Gewinn, der aus dem Verlust folgen kann und die Kraft der Minderheit. Der größte Pilgerstrom aller Zeiten zum aufgebahrten Papst Johannes Paul II. hat gezeigt, dass es sehr wohl ein Bedürfnis nach Religiosität in dieser Gesellschaft gibt – wie die eine Million Teilnehmer am Weltjugendtag 2005 in Köln, die 350 000 Menschen bei der Amtseinführung Benedikts XVI.; auch – um die ökumenische Dimension des Phänomens zu zeigen – die 300 000, die 2007 nach Köln zum evangelischen Kirchentag kamen. Religion wird also wichtig bleiben, vielleicht nicht mehr für die Mehrheit, wohl aber für eine qualifizierte Minderheit, eine Elite, die man mit den Bildern der Bibel als Sauerteig oder Salz der Erde bezeichnen kann, die Glauben, Kultur, aber auch das Bewusstsein für die universellen Menschenrechte weitertragen.

Die katholische Kirche wird auch in Deutschland die größte Institution bleiben. Nirgendwo werden sich so viele Menschen engagieren wie in den Kirchengemeinen und kirchlichen Verbänden. Dome und Kirchen werden die Wahrzeichen der Städte und Dörfer bleiben; katholische Kindergärten und Schulen werden weiterhin lange Wartelisten führen. Auch in der Politik wird die katholische Kirche präsent bleiben: als größte Sozialträgerin nach dem Staat, aber auch als Gesprächs- und Konfliktpartnerin einer Politik, in der Entscheidungen zunehmend Wertentscheidungen werden. Die katholische Kirche hat keine schlechten Perspektiven, wenn sie sich auf ihre Stärken besinnt: die Kraft ihrer christlichen Botschaft und ihres Glaubens und das Engagement für Gesellschaft und Staat aus diesem Glauben heraus. Tut sie dies nicht, könnte die Krise auch andere Ergebnisse haben: den resignierten Rückzug auf die schrumpfende Schar der absolut Kirchentreuen oder die Flucht nach vorne in den Fundamentalismus.

Das Buch wird der Frage nachgehen, warum die katholische Kirche in Deutschland so anders ist als in anderen Ländern, eine kleine Geschichte des spannungsvollen Mit- und Gegeneinanders über die Alpen hinweg erzählen. Dann wird es die widersprüchliche Gegenwart der reichen aber schrumpfenden, wohlgeordneten aber ängstlichen, sich im Umbruch befindenden katholischen Kirche in der Bundesrepublik darstellen. Zum Schluss wagt es einen Ausblick: Wie könnte eine zukunftsfähige katholische Kirche in Deutschland aussehen?

Dieser Versuch über die katholische Kirche in Deutschland wird also verhalten optimistisch enden: Sie wird sich mit Gottes Hilfe schon irgendwie durch die Zeit wursteln, hier glänzen und dort ein Trauerspiel abliefern. Sie wird auch in 50 Jahren noch nicht wissen, ob Reformieren oder Bewahren das Gebot der Stunde ist, ob die Moderne vom Teufel kommt oder vielleicht eine Chance verdient hätte. Aber man wird auch dann sagen können: Alles in allem, trotz des weich gespülten Mittelmaßes und der Penetranz der Gutmeinenden – ohne die katholische Kirche wäre die Welt wohl ärmer.

Ein Defizit muss das Buch gleich zu Beginn einräumen: Evangelische Christen kommen in ihm nur in Nebenrollen vor, obwohl es in Deutschland ungefähr so viele Protestanten wie Katholiken gibt. Doch fast alle Versuche, beiden Kirchen in einem Buch gerecht zu werden, sind bislang unbefriedigend geblieben, zu unterschiedlich sind, bei allen Gemeinsamkeiten, die jeweiligen Situationen der Kirchen. Der Versuch über die evangelischen Kirchen in Deutschland steht noch aus.

1. Die schwierige Tochter Roms

Anders als die anderen

Petersplatz 19. April 2005, 18 Uhr 54: Grauer Rauch quillt aus dem hässlichen Schonstein auf dem Dach der Sixtinischen Kapelle, ein Raunen geht durch die Menge, und, als der Qualm zunehmend weiß wird, Jubel. Die katholische Kirche hat wieder einen Papst, und so kurz nach dem Beginn des Konklaves kann nur ein Kardinal gewählt sein: Joseph Ratzinger, der Dekan des Kardinalskollegiums, zuvor Präfekt der Glaubenskongregation. Seit Jahresbeginn wird sein Name immer wieder gehandelt, wenn es um die Nachfolge des kranken Papstes Johannes Paul II. geht. Niemand kennt die katholische Weltkirche so gut wie Joseph Ratzinger, keiner der anderen Kandidaten, über die geredet wurde, ist theologisch so versiert, und wenn einer verspricht, das Erbe der langen Amtszeit Johannes Pauls II. getreulich zu verwalten, dann er.

Ein gewichtiges Argument schien aber immer gegen den nach dem Papst mächtigsten Mann im Vatikan zu sprechen: Er ist Deutscher. Er ist also Angehöriger jener Nation, die einst Adolf Hitler wählte und dann den schlimmsten Krieg der Menschheitsgeschichte führte, die sechs Millionen Juden ermordete. Die mehr als hundert Kardinäle, die den Erzählungen aus dem offiziell streng geheimen Konklave zufolge Ratzinger wählten, setzten dagegen ein eindrucksvolles Zeichen: 60 Jahre nach Kriegsende hielten sie die deutsche Geschichte nicht mehr für ein Wahlhindernis. Wenn es Bedenken gegen Ratzinger gab, dann eher wegen einer anderen Dimension seines Deutschseins: Deutschland – ist das nicht das Land, in dem Papstkritiker und Papsttreue in merkwürdigem Eifer die heftigsten Streitigkeiten austragen, und hatte der Präfekt der Glaubenskongregation in den vergangenen 20 Jahren nicht immer in vorderster Linie mitgestritten? Kommen aus Deutschland nicht jene Professoren, die alles immer etwas besser wissen als die anderen, und wusste der deutsche Kardinal nicht alles noch etwas besser als diese Theologen?

Kardinal Joseph Ratzinger wurde dennoch im Triumph zum Papst gewählt, was aber nichts daran geändert hat, dass man im Vatikan die katholische Kirche in Deutschland und darüber hinaus im gesamten deutschsprachigen Raum für reichlich merkwürdig hält. Nirgendwo sonst arbeiten sich so viele Katholiken am Zölibat, der Ehelosigkeit für Priester und Ordensleute, ab, am Verbot der Priesterweihe für Frauen, am päpstlichen Nein zu künstlichen Verhütungsmitteln – und viele dieser Katholiken sind auch noch Kirchenangestellte mit einem Gehalt, von dem Bischöfe anderer Länder nur träumen können. Deutschland, das ist jenes Land, in dem die »Initiative Kirche von unten«, der Zusammenschluss der katholisch-christlichen Friedens-, Umwelt-, Homosexuellen- und Reformgruppen zeitweise mehr öffentliche Aufmerksamkeit erfuhr als mancher Bischof. Das Land, in dem 1995 mehr als 1,8 Millionen Menschen dem Kirchenvolksbegehren ihre Unterschrift gaben und damit die Aufhebung des Pflichtzölibats, die Zulassung von Frauen zum Priesteramt, eine dialogisch strukturierte und überhaupt mehr »geschwisterliche« Kirche forderten.

Auch in Italien oder Spanien hält sich kaum ein Katholik an die kirchlich vorgeschriebenen Sexualnormen, auch dort wünschen sich viele Kirchenmitglieder weniger Hierarchie und mehr Dialog mit dem Kirchenvolk. Dort aber lässt man Papst, Kardinäle und Bischöfe reden und handelt einfach anders – nur die Deutschen meinen es ernst, ziemlich ernst. Sie pochen auf die Buchstaben, verdammen jene Enzykliken, die in anderen Ländern augenzwinkernd beiseite gelegt werden. Sie lesen Hans Küng und Eugen Drewermann, die, aus verschiedenen Perspektiven, das vatikanische System attackieren. Selbst ihre traditionsreichen Frauen-, Jugend- oder Arbeitnehmerverbände kommen hierarchiekritisch daher, das Zentralkomitee der deutschen Katholiken (ZdK) beschließt schon mal ein Grundsatzpapier mit dem Titel *Dialog statt Dialogverweigerung*. Die staatlich finanzierten Theologen nutzen all ihr Wissen, um den späteren Priestern und Diplomtheologen zu erklären, dass man katholisch auch anders interpretieren könnte als der Papst – ihr Risiko ist gering, denn sie sind unkündbar, und sollten sie ihre Lehrerlaubnis verlieren, muss das jeweilige Bundesland sich für sie eine neue Beschäftigung an der Uni ausdenken. Und die Bischöfe? Statt Zucht ins Kirchenvolk zu bringen, vermitteln die meisten von ihnen, suchen den Ausgleich, treten als Verwalter einer wohlorganisierten Institution auf und nicht als Glaubenszeugen, und wenn sich in Rom die Bischöfe der Welt versammeln, fliegen sie hin und lassen den Fahrer samt Dienst-Audi hinterherfahren, während die Hirten aus den armen Ländern den überfüllten Stadtbus nehmen, um zu ihren Terminen zu gelangen. Reich, etabliert, staatsverbunden, romkritisch, schwachbrüstig im Glauben, das ist das Bild – und das Klischee – der Deutschen.

Ja, sie sind anders als die anderen Katholiken der Welt. Kurz nach der Wahl Joseph Ratzingers zu Papst Benedikt XVI. besucht der italienische Philosoph Paulo Flores die Redaktion der *Süddeutschen Zeitung*. Flores ist ein undogmatischer Linker, Herausgeber der Berlusconi-kritischen Zeitschrift *Micromega*, in Glaubensdingen agnostisch bis atheistisch. Kopfschüttelnd stellt er fest, das sich viele Kollegen des liberalen deutschen Blattes nicht zum neuen Papst gratulieren lassen wollen. »Ein toller Mann«, schwärmt Flores und zieht ein Büchlein heraus, in dem er mit Joseph Ratzinger über die Frage streitet, ob Gott nun existiert oder nicht. Nicht zu vergleichen mit den windelweichen italienischen Politikern und dem mittelmäßigen italienischen Episkopat. Und da wollen die Deutschen nicht in den Jubel einstimmen, dem die *Bild*-Zeitung die beste aller Schlagzeilen gegeben hatte: »Wir sind Papst«? Nein, sie wollen nicht. Es gibt nach der Papstwahl Jubel in Bayern, der Heimat des neuen Papstes, doch nördlich des Mains nimmt er stark ab. Viele engagierte Katholiken haben die Wahl geradezu gefürchtet. Es ist wie in einer zerstrittenen Familie: Man kennt sich gut genug, um die Nachteile zu kennen, aber wiederum nicht gut genug, um zu wissen, was man aneinander haben könnte, der deutsche Papst und seine schwierige Heimat – Joseph Ratzinger, der besonders romtreue Deutsche, und seine Deutschen, die in ihrem Landsmann als besonders treuen, eifrigen und strengen Vertreter der römischen Position sehen. Der Rest der Welt wundert sich: Was haben sie nördlich der Alpen gegen ihren so klugen und berühmten Landsmann? Die Wurzeln des nur verhaltenen Papstwahl-Jubels sind viele hundert Jahre alt. Und ohne diese Wurzeln zu kennen, wird man die katholische Kirche in Deutschland nicht verstehen können.

Ein Mönchlein, das die Welt verändert

Wo anfangen? Bei Karl dem Großen, der Papst Leo vor den Langobarden rettet, damit er ihn zum Kaiser krönt? Beim fränkischen Eigenkirchenwesen, bei dem der jeweilige Herrscher sich in seinem Gebiet auch als oberster geistlicher Herr begreift? Später im Mittelalter, als die Kaiser des Heiligen Römischen Reiches deutscher Nation sich über die Jahrhunderte hinweg mit dem jeweiligen Papst streiten? Man könnte bei Heinrichs Bußgang 1077 nach Canossa beginnen oder beim »Endkampf« zwischen dem Stauferkaiser Friedrich II. und Papst Innozenz IV., wo beide Seiten sich in einem ausgefeilten Propagandakrieg als den Gesandten Gottes darstellen und den Gegner als den leibhaftigen Antichristen. Die deutsche nationalstaatliche Geschichtsschreibung des 19. Jahrhunderts hat aus diesen Auseinandersetzungen geschlossen, dass ein guter Deutscher dem Papst in Rom misstrauen sollte. Tatsächlich findet sich vor allem im Arsenal der Argumente Friedrich II. und Innozenz IV. vieles von dem, was noch Jahrhunderte später die Deutschen den Römern und die Römer den Deutschen vorwerfen sollten: Der Kaiser sei ein ungläubiger Materialist, der verkünde, ein rechter Glaube komme vom Sehen, nicht, wie Jesus sagte, vom Hören – so schimpft der Papst. Der Kaiser keift zurück: Der Papst spalte mit seinem Machtanspruch die Kirche, banne und exkommuniziere willkürlich. – Der Kaiser schlafe sogar mit Sarazeninnen, der Papst sei geldgeil – so geht es in jenen wilden Jahren zwischen 1240 und 1250 hin und her. Letztlich aber sind dies Kämpfe des Mittelalters, eine prächtige Kulisse für die Auseinandersetzungen des 19. Jahrhunderts. Wichtiger ist der Sonderweg der ottonisch-salischen Reichskirche, der erst 1803 endet: In keinem anderen Land Europas hat es so lange romverbundene Landeskirchen mit eigenen Territorien gegeben, blieben geistliche und weltliche Herrschaft so eng verbunden wie im deutschen Reich. Dass der Papst auch heute in weiten Teilen Deutschlands nicht einfach Bischöfe ernennen kann, sondern erst das Domkapitel und die Landesregierung fragen muss, ist eine späte Folge dieses Sonderweges.

Vor allem aber muss man mit dem Augustinermönchlein aus der Wittenberger Provinz beginnen, das wortmächtig und glaubensstark das Christentum gründlich verändert: mit Martin Luther. Er formuliert, zunächst in der Absicht, seine katholische Kirche zu reformieren, in genialer Weise viele Gedanken, die damals auch andere kritische Theologen denken: Nicht der Kauf von Ablässen bringt den Menschen ins Himmelreich, sondern allein sein Glaube und die Gnade Gottes. Nicht das Lehramt ist die höchste Instanz des Christen, sondern die Heilige Schrift; auf sie baut der einzelne Christ seinen Glauben. Luther entdeckt das Individuum und seine freie Glaubensentscheidung, die *Freiheit eines Christenmenschen*, wie er im November 1520 einen seiner berühmtesten Traktate nennt. Papst Leo X. tut die erregte Diskussion in Deutschland um Luthers Thesen und Traktate als »Mönchsgezänk« ab; selbst das Konzil von Trient (1545-1563) macht sich nicht die Mühe, die protestantische Lehre von der Rechtfertigung des Sünders und der Freiheit des Christen genau zu untersuchen – in Rom bleibt der Protestantismus eine Häresie aus dem kalten, fernen Deutschland. Erst mehr als 500 Jahre später, in der gemeinsamen Erklärung des Lutherischen Weltbundes und des Vatikans zur Rechtfertigungslehre von 1999, erklären Katholiken und Lutheraner, dass die damaligen Lehrverurteilungen nicht mehr kirchentrennend sind – die Unterschiede im Kirchen- und Amtsverständnis aber bleiben bis heute.

Das, was dem Vatikan als Häresie gilt, ist jedoch in Deutschland rasch ungemein populär beim Kirchenvolk, vor allem in den Städten wie Nürnberg, Augsburg oder Straßburg, aber auch bei den deutschen Landesherren, vor allem, nachdem sich Luther scharf von den aufständischen Bauern distanziert hat. Kurfürst Johann Friedrich von Sachsen wird sein erster und politisch wichtigster Förderer und Verteidiger, bald schon wenden sich zahlreiche Herrscher der neuen Lehre zu. Sie bietet den Überbau zur

Entwicklung der Territorial- und Landesherrschaften. Die neue Lehre setzt auf den gebildeten und verantwortungsbewussten Untertan, sie räumt mit den Missständen auf, die auch viele Fürsten beklagen, und vor allem: Das Papsttum wird zur »Hure Babylon«, zum für Jahrhunderte feststehenden Feindbild. Die neue Kirche macht sich frei von Rom, von einer Weltkirche, die glaubt, ins Regierungsgeschäft hineinreden zu können, deren Geldbedarf den landesherrschaftlichen Finanzen nicht gut tut. Die Reformation hat als Bewegung begonnen, die Herz und Verstand des einzelnen Christen verändert, sie ist aber bald eine Staatskirchenbewegung. Am 25. September 1555 finden die katholischen und die evangelischen Stände den historischen Kompromiss des Augsburger Religionsfriedens: *cuius regio, eius religio* – der jeweilige Landesherr bestimmt über den Glauben seiner Untertanen. Auch die katholische Kirche im Deutschen Reich ist damit, als Reaktion auf die evangelische Konkurrenz, staatsnah geworden, was die katholischen Fürsten und Landgrafen nicht schlecht finden.

Überhaupt verändert sich die katholische Kirche in Deutschland durch die Reformation tiefgreifend. Sie muss auf die Konkurrenz reagieren, sie muss argumentieren, weil man nicht mehr so selbstverständlich katholisch ist wie in den romanischen Ländern. Sie muss die Argumente der Reformatoren aufgreifen und zu widerlegen suchen – oder die eigene Praxis anpassen. Bald nach der Veröffentlichung von Luthers Ablassthesen ist auch in den katholischen Gebieten der Ablasshandel zusammengebrochen. Vergebens bannt der Papst die Reformatoren. Der große Erfolg von Luthers deutscher Bibelübersetzung und seiner Katechismen führt dazu, dass die Katholiken Luthers Bibel mit kleinen Änderungen nachdrucken und ihrerseits deutsche Zusammenfassungen der katholischen Lehre herausbringen. Es gibt neben aller Verurteilung und Polemik auch Versöhnungsversuche: Viele katholische Bischöfe und Fürsten wissen, dass es nicht so weitergehen kann wie bisher. Doch auf dem Konzil von Trient fehlen sie, so kommt das Rechtfertigungsdekret ohne die Mitwirkung der deutschen Kirchenführer zustande, die Luthers, Melanchthons, Calvins und Zwinglis Lehren aus der Nähe kennen. Statt des Dialogs schlägt die Stunde der Kontroverstheologen.

Martin Luther, der Reformator, hat der katholischen Kirche in seinem Heimatland viele Eigenarten eingeprägt. Er hat auch den Glauben der Katholiken individualisiert, ihnen den Wert des freien Glaubens der freien Christenmenschen beigebracht. Er hat den Deutschen die Ehrfurcht vor dem Geschriebenen vermittelt, und das mitunter anstrengende Prinzip, dass dieses Geschriebene mit der Wirklichkeit in Einklang zu bringen sei. Auch wird Religion und Konfession stärker als anderswo zur Sache der Regenten, der Ursprung der Nähe von Staat und Kirche im Land. Und schließlich beginnt mit dem begabten Polemiker Martin Luther und seinem ebenso begabten Kontrahenten Johannes Eck die ewige Auseinandersetzung von Anti-Papst-Agitatoren und Papst-Apologeten, von Ultramontanisten und Nationalkirchlern, Romfreunden und Romhassern – beide Seiten sollen in Deutschland ihre wortmächtigsten Vertreter finden.

Diesseits der Alpen, jenseits der Alpen

Der Mann könnte direkt von den katholischen Reformern von »Wir sind Kirche« kommen. Er schreibt: »Die Kirche soll ihrer schimpflichen Fessel, eines Cultus in fremder Sprache, eines Cölibats, der sie zu Fremdlingen im Staate macht, entladen werden. Die Layen sollen nicht mehr unter dem Despotismus römischer Ehegesetze seufzen; die Priester sollen Lehrer des Evangeliums Christi in Glauben und Moral, nicht der dogmatisierenden Scholastik oder andächtelnden Mystik werden.« Der Mann, der das 1814 schreibt, heißt Benedikt Maria Werkmeister, er ist Benediktiner gewesen, hat sich in den Weltpriesterstand versetzen lassen, ist der Hofprediger Carl Eugens von Württemberg, ein Staatstheologe, der Aufklärung und Katholizismus vereinbaren möchte. Er ist den papsttreuen Theologen eine Hassfigur, doch jetzt, zu Beginn des 19. Jahrhunderts, hat er seine großen Jahre, wie alle, die von einer deutschen katholischen Nationalkirche träumen, die mal mehr und mal weniger weitgehend von Rom unabhängig ist.

Die deutsche Reichskirche ist mit der Säkularisation endgültig untergegangen. Die Aufklärung hat auch in Deutschland neue

Gedanken in die Köpfe der Menschen gesetzt: Die Vernunft soll die Religion kontrollieren, die Religion soll sich vor der Vernunft rechtfertigen. Der deutsche Idealismus hat ein Programm zur innerweltlichen Verbesserung des Menschengeschlechts formuliert, das ohne die Vertröstungen auf das Jenseits auskommt; Napoleons Heere haben die Idee eines Herrschers in Europa verbreitet, der sich die Krone selbst aufs Haupt setzt und die französische Kirche als Staffage nutzt. Und nun, da Napoleon geschlagen ist, steht die Neuordnung Europas an, und damit auch die Neuordnung der Kirchenfrage. Fast alle deutschen Staaten bemühen sich, eine eigene kirchliche Landeshierarchie zu erreichen. In der katholischen Kirche werden dagegen Pläne einer Nationalkirche populär, auf dem Wiener Kongress 1814/15 zum Beispiel ist fast ausschließlich von »der deutschen Kirche« die Rede. Vor allem der Mainzer Erzbischof Karl Theodor von Dalberg vertritt die Idee eines deutschen Patriarchats, das ihn, den damals ranghöchsten katholischen Kirchenmann im Land, selber zu einer Art deutschen Papst gemacht hätte. »Eine Nation von eigenem Grundcharakter und eigenthümlicher Sprache muss, nach eigener Art und in der ihr natürlichen Form, ihre religiösen Ansichten und Gefühle aussprechen und darstellen«, erklärt – im Auftrag Dalbergs – der Kirchenrechtler Johann Ludwig Koch.

Dalberg stirbt 1817, doch auch ein Jahr später ist seine Idee der deutschen Nationalkirche präsent. 1818 einigen sich 16 deutsche Mittel- und Kleinstaaten in Frankfurt am Main nach längeren Geheimverhandlungen darauf, eine deutsche Bundeskirche zu schaffen. Diese Pläne scheitern, eine deutsche Katholische Kirche wird es nie geben. Das 1818 gefundene Modell der Bischofswahl ist erfolgreicher. Der Vorschlag der deutschen Staaten lautet: Ein Wahlkapitel des Bistums, bestehend aus den Domherren und hinzugewählten Dekanen stellt eine Dreierliste auf, aus der wählt der Papst den künftigen Bischof, der Landesherr bestätigt die Ernennung. Das Modell stößt in Rom auf heftigen Widerstand: dies hieße, »in der Kirche den Geist der Demokratie einzuführen«, empörte sich die Kurie. Endlich gibt es einen Kompromiss: Das Domkapitel stellt eine Liste auf, von der der Landesherr nicht genehme Kandidaten streichen kann, der Papst stellt wiederum die Dreierliste zusammen, aus der das Domkapitel wählt; das ist das Modell, das heute noch in Deutschland gilt. Außerhalb Bayerns - dort besteht seit 1818 ein Konkordat, das letztlich dem Papst die freie Wahl des Bischofs sichert. Ein Veto des Freistaats ist allerdings auch hier möglich - theoretisch.

Wenige Jahre später aber prägen die Ultramontanisten die katholische Kirche in Deutschland; ihr wortmächtigster Vertreter ist Joseph Görres, der erste Herausgeber des *Rheinischen Merkurs*. Für ihn liegt das Heil der katholischen Kirche jenseits der Alpen, in Rom, wo der Papst als absoluter Herrscher seiner Kirche die Unabhängigkeit der Katholiken gegen alle staatlichen Vereinnahmungen garantiert. Sein Gegner ist der erstarkende, protestantisch geprägte preußische Staat. 1838 lässt die preußische Regierung den Kölner Erzbischof Freiherr von Droste verhaften, er hat sich geweigert, Mischehen von Protestanten und Katholiken anzuerkennen. Görres veröffentlicht die Streitschrift *Athanasius*, in der er den Kampf des Erzbischofs mit dem Kampf des rechtgläubigen Athanasius gegen die häretischen Arianer im 4. Jahrhundert vergleicht und mit drastischen Worten den Eingriff des Staates in die Religionsfreiheit verurteilt. Mit Erfolg: Der Erzbischof kommt frei. Mögen noch kleine Gruppen, wie die Deutschkatholiken um Pfarrer Joseph Ronge mit 100 000 Anhängern, eine romunabhängige »Religion der Humanität« fordern - das 19. Jahrhundert wird das Jahrhundert des Ultramontanismus.

Rom - das ist die letzte Hilfe für die katholische Minderheit im zunehmend von Preußen beherrschten Deutschland. Katholiken gelten als verdächtig und staatsfern, als falsch und pfaffenhörig, sie werden zur Zielscheibe des Spottes wie bei Wilhelm Buschs frommer Helene. Die Katholiken sind vor allem in den bäuerlichen Gebieten in der Mehrheit, in den Städten bilden sie das Proletariat, im Ruhrgebiet stellen sie die zugewanderten Ausländer. Die bürgerliche Bildung bleibt den meisten fremd, die katholische Elite bilden die bayerischen, rheinischen und münsterländischen Adeligen, Provinzgrößen zumeist, nicht zu vergleichen mit dem protestantischen Großbürgertum, den Industriellen, den Eliten am preußischen Hof. Rom - das bedeutet für die mehrheitlich konservativen Katholiken Schutz vor den revolutionären Gedanken, die aus Frankreich kommen, aber auch vor dem Zentralstaat, der den Regionen und Provinzen die Eigenständigkeit nimmt. Der Vatikan wiederum grenzt sich scharf und schärfer von dieser modernen Welt ab, als deren Opfer er sich sieht, es entsteht das geschlossene katholische Milieu, das hundert Jahre lang als eigener Kosmos bestehen bleiben wird, geprägt vom Syllabus errorum der 80 modernen »Irrtümer«, aufgeschrieben 1864 von Papst Pius IX., geführt von Pfarrern, Prälaten, Bischöfen.

Es ist eine Revolution, die dieser antimodernen Welt eine Struktur gibt, eine moderne und demokratische Struktur. Die Barrikadenkämpfer von 1848 erringen jene Versammlungs- und Vereinsfreiheit, die zur Geburtshelferin der zahlreichen katholischen Vereine und Verbände wird, die nun entstehen. Seit zwei Jahren schon, seit 1846, gibt es Adolf Kolpings Gesellenvereine, überall haben sich religiöse Bruderschaften, Pius-, aber auch Arbeitervereine gegründet. Nun, da die Paulskirchenversammlung zusammentritt, schlägt die Stunde der katholischen Wahlkomitees und des so genannten Petitionssturms – zur ersten Lesung der Grundrechte legt der »katholische Volksteil«, wie es heißt, 1142 Petitionen mit mehr als 270 000 Unterschriften vor. Im Revolutionsjahr 1848 organisieren katholische Laien den ersten Katholikentag in Mainz, eine Demonstration der eigenen Stärke und des Selbstbewusstseins. Im preußischen Landtag entsteht die »katholische Fraktion«, Vorgängerin und Keimzelle der späteren Zentrumspartei. Eine Basisbewegung erfasst bald alle Teile des katholischen Lebens: Es gibt Vereinigungen für Arbeiter, Gesellen und Studenten, Josephs-, Vinzenz- und Elisabethenvereine, die sich um Kranke und Sieche kümmern, katholische Büchereien mit katholischer Literatur und Sportvereine, die den Sonntag wettkampffrei halten. Es ist eine Bewegung der kleinen Leute gegen den mächtigen Staat, eine Angelegenheit der katholischen Laien, die ihre Sache in die Hand nehmen, die kirchentreu sind und einen Priester und Prälaten als geistlichen Leiter haben, aber nicht auf die Weisungen eines Bischofs angewiesen sind. Dem Vatikan wird diese Form immer ein bisschen unheimlich bleiben.

Im Kulturkampf, den das neu gegründete Deutsche Reich

gegen seine Katholiken anzettelt, muss sich dieses katholische Milieu bewähren, und es erweist sich als viel zäher, als Reichskanzler Otto von Bismarck gedacht hat. Der Jesuitenorden wird aufgehoben, die Rechte der katholischen Kirche beschnitten, widerspenstigen Priestern droht die Ausweisung, bis 1876 sind alle preußischen Bischöfe im Gewahrsam oder im Exil, Hunderte Geistliche, Redakteure, Verbandsverantwortliche kommen in Haft, doch die Katholiken bleiben erbittert bei ihrem zivilen Ungehorsam, bleiben ihren Vereinen treu, wallfahren fleißig und feiern Bonifatius, den »Apostel der Deutschen«, als eigentlichen Reichsgründer, lange bevor irgendwelche Preußen ins Licht der Geschichte traten. Ludwig Windthorst, der kleine, zähe redegewandte Führer der Zentrumsfraktion im Reichstag, wird zur Symbolfigur des Widerstands, er steigert die Zahl der Zentrumsabgeordneten von Wahl zu Wahl, fügt der Regierung empfindliche Abstimmungsniederlagen zu, bis Bismarck 1878 den Kulturkampf beendet. Ein eigentümlicher Katholizismus integriert sich nun nach und nach ins Reich: Die katholischen Verbände, Bischöfe, Politiker haben sich mit den Mitteln der modernen politischen Auseinandersetzung, mit Hilfe der wenigen demokratischen Elemente, die es im Kaiserreich gibt, gegen die autoritäre Zumutung des Staates gewehrt. Der Kampf hat aber auch viele inhaltliche Debatten erstickt, die notwendig gewesen wären. Bis in die 50er-Jahre des 19. Jahrhunderts hinein hat es einen starken Reformflügel vor allem im badisch-südwestdeutschen Katholizismus gegeben. Doch nun steht die katholische Kirche gegen jede Form von Liberalismus, gegen Reformen im Schul- und Bildungswesen, selbstverständlich auch gegen jeden materialistischen Sozialismus, sie vertritt weithin ein enges, naturrechtlich und neuscholastisch geprägtes Weltbild, und jeder, der anders denkt, ist verdächtig.

Unfehlbar? Der Katholizismus und die Moderne

Weil aber doch viele Katholiken anders denken, geraten selbst die Kämpfer für die Zentrale jenseits der Alpen immer wieder in Schwierigkeiten mit dem Vatikan: Die Mehrheit der deutschen

Bischöfe ist vor dem Ersten Vatikanischen Konzil 1869/70 gegen die Verkündung des Unfehlbarkeitsdogmas, darunter auch so wichtige Hirten wie der große Sozialbischof Wilhelm Emanuel von Ketteler aus Mainz oder Erzbischof Melchers aus Köln. Vom Osnabrücker Bischof Johannes Beckmann heißt es, er wolle sich lieber exkommunizieren lassen, als dem Dogma zuzustimmen, an das er nicht glauben könne. Auch die meisten deutschen Theologen haben Bedenken gegen die Pläne, den ex cathedra (*vom Stuhl* Petri) sprechenden Papst für unfehlbar zu erklären, der prominenteste Kritiker ist der Münchner Kirchenhistoriker Ignatz von Döllinger. Diesmal scheiden die Alpen Katholiken von Katholiken: Die Jesuitenzeitschrift *Civiltà cattolica* beschreibt kurz vor dem Konzil die liberalen Katholiken, die ein Unfehlbarkeitsdogma fürchteten, und die »eigentlichen Katholiken«, die auf einen solchen Beschluss hofften – eine Kampfansage.

Die deutschen Bischöfe und die meisten Theologen fügen sich, manchmal zähneknirschend, der neuen Kirchenlehre, allein Döllinger wird 1871 exkommuniziert – der Gründungsimpuls für die altkatholische Kirche. Nur eine Minderheit der Unzufriedenen bricht tatsächlich mit der römisch-katholischen Kirche, aber gerade deshalb ist der Streit um das Unfehlbarkeitsdogma beispielhaft für spätere Konflikte zwischen den Katholiken dies- und jenseits der Alpen. Viele der gebildeten, intellektuell geprägten Kirchenmitglieder können das Dogma nicht mittragen, halten es für theologisch fragwürdig und politisch unklug – in ihrem Rationalismus und ihrer Sorge um die Dialogfähigkeit mit der Welt echte Söhne Martin Luthers. Als treue Söhne Roms wiederum fügen sie sich, leidend, trauernd, gegen die eigene Erkenntnis. Sentire cum ecclesia – im Einklang mit der Kirche denken, das heißt, an der geliebten Kirche zu leiden.

Wie sehr, das zeigt das Leben des Reformtheologen Herman Schell, der um die Jahrhundertwende nicht weniger bekannt, verehrt, umstritten war als heute Hans Küng. 1897 veröffentlicht der 47-jährige Würzburger Professor für Apologetik und Christliche Archäologie die Schrift *Der Katholicismus als Princip des Fortschritts*. Die Katholiken sollen die moderne Welt nicht den Kräften des Unglaubens überlassen, lautet Schells These, sie sollen die

Welt mitgestalten. Katholizismus und technischer sowie gesellschaftlicher Fortschritt schlössen einander nicht aus. Auch sei die Theologie, wie jede Wissenschaft, dem Prinzip der voraussetzungslosen freien Forschung verpflichtet. Schell fasst scharf formuliert zusammen, was viele gebildete und liberale Katholiken denken, und die sind so begeistert wie Schells konservative Gegner erbittert sind, die ihm vorwerfen, er verrate den katholischen Glauben an eine Modeströmung. Der Würzburger Professor hat im Münchner Erzbischof Stein einen wichtigen Fürsprecher, und trotzdem setzt die Index-Kongregation 1898 sämtliche Werke Schells auf die Liste der verbotenen Bücher, am 24. Februar wird das entsprechende Dekret veröffentlicht. Drei Tage später verteidigt der Wissenschaftler sich im überfüllten Auditorium: Er habe sein Leben lang für die Wahrheit gestritten und werde es weiter tun. »Mit schmerzlicher Selbstüberwindung« unterwirft er sich dennoch am 1. März der Kirchendisziplin – er will weiterhin in seiner Kirche lehren. Seine Gegner überzeugt das nicht, und so geht der Streit um Schell weiter, Ende 1905 muss er sich einer weiteren Glaubensprüfung unterziehen. Vollends makaber wird die Auseinandersetzung, als Schell am 31. Mai 1906 an einem Herzschlag stirbt. Der Bamberger Erzbischof Friedrich Philipp von Abert sagt beim Begräbnis, der Verstorbene sei »der populärste katholische Theologe der Neuzeit« gewesen und »stets ein treuer Sohn der Kirche geblieben«; Schüler und Freunde sammeln Geld für ein Grabdenkmal und eine Stiftung. Da schaltet sich Pius X. persönlich ein, nennt Schells Lehren eine »schwere Gefahr« und bringt seine Verwunderung zum Ausdruck, »dass es Leute gibt«, die Schell eines Denkmals für würdig halten. Die Bischöfe, die den Spendenaufruf unterzeichnet haben, werden aufgefordert, sich zu erklären. Nach heftigen Debatten wird dann doch am 18. Juli 1908 das Schell-Grabdenkmal enthüllt, mit katholischen Verbindungsstudenten im Wichs, einem echten Generalleutnant und dem Akademischen Gesangverein. Heute zählt Hermann Schell zu den Mitbegründern der modernen Theologie.

Die deutsche Theologie, das Lehramt in Rom – ein schwieriges Verhältnis. »Germania docet« heißt es anerkennend im Vatikan, die universitäre Theologie aus Deutschland gilt als hervorragend.

Doch die Wissenschaftler stoßen immer wieder an die engen Grenzen einer Kirche, in der der Syllabus errorum gilt und den Priestern der Antimodernisteneid abverlangt wird. Auch in Frankreich und in vielen anderen europäischen Ländern straft die Kurie immer wieder Theologen ab, die diese engen Grenzen verletzen, aber nirgendwo geschieht dies so oft wie in Deutschland. Für die antikatholisch-preußische Öffentlichkeit ist dies jedes Mal ein weiterer Beweis für die Rückständigkeit der Katholiken. Doch auch die liberalen, höher gebildeten Katholiken (und nur die interessieren solche Debatten wirklich) sind wieder einmal enttäuscht von ihrer Kirche.

Hinkende Trennung: Das deutsche Staat-Kirche-Verhältnis

November 1919: Das geschlagene deutsche Heer flutet zurück über die Rheinbrücken, der Erste Weltkrieg ist aus, zehn Millionen Menschenleben hat er gekostet. Das Kaiserreich versinkt in der Revolution. Zuerst meutern die Matrosen in Kiel, dann stehen überall im Land die Soldaten auf, in kürzester Zeit bricht die alte Herrschaft zusammen. Die neue Ordnung entsteht in Weimar, weil es in Berlin Straßenkämpfe gibt, weil kommunistische und rechtsradikale Freikorps sich im ganzen Land Gefechte mit der Armee liefern. Vor allem die evangelische Kirche empfindet das Ende des Kaiserreichs als bittere Niederlage – mit ihm endet auch ein Staatskirchentum, in dem der Protestantismus privilegiert und selbstverständlich gelebt hatte. Doch auch für viele katholische Bischöfe und einfache Katholiken ist die Revolution ein Schock. Da bricht die Monarchie zusammen, mit der man leben gelernt hat. Kirchenfeindliche Sozialisten erfrechen sich, die gottgewollte Ordnung zu stürzen, kommunistische Trupps bedrohen kirchliche Würdenträger. Selbst der spätere Bischof Graf von Galen aus Münster oder Kardinal Michael Faulhaber aus München, beide später als Kritiker des Nationalsozialismus verehrt, finden sich nie richtig damit ab, dass Deutschland keinen Kaiser oder König mehr hat. 1922, auf dem Münchner Katholikentag, erklärt Faulhaber, dass er die Weimarer Republik ablehne, weil sie aus einem Hochverrat hervorgegangen sei – es widerspricht ihm der damalige Kölner Oberbürgermeister: Konrad Adenauer. Die Weimarer Republik hat also durchaus Anhänger unter den Katholiken. Schließlich hat der Katholizismus politisch interessierte Verbände und eine eigene schlagkräftige Partei, das Zentrum, das 1919 die zweitstärkste Fraktion hinter der SPD stellt und das die Kirchenparagraphen in die Weimarer Reichsverfassung bringt. Sie bedeuten das rechtliche Ende des preußisch-wilhelminischen Staatskirchentums, sie trennen aber nicht Staat und Kirche wie in Frankreich oder den Vereinigten Staaten. Es entsteht das weltweit einzigartige System einer hinkenden Staat-Kirche-Trennung, bei der die offiziell getrennten Institutionen praktisch vielfach verwoben bleiben – der Grundstein für die reichen und institutionell mächtigen Kirchen der Bundesrepublik ist gelegt. Sie werden besondere Körperschaften des Öffentlichen Rechts, sie dürfen den binnenkirchlichen Raum weitgehend nach den eigenen Maßstäben organisieren. Die Finanzämter ziehen die Kirchensteuer ein, der Staat bezahlt die Bischöfe und leistet jedes Jahr Entschädigung für die 1803 säkularisierten Klöster und kirchlichen Ländereien. Die Verfassung garantiert den Religionsunterricht an öffentlichen Schulen, die Existenz von konfessionellen Schulen und der theologischen Fakultäten. Vor allem für die katholische Kirche bedeutet dies eine faktische Aufwertung; die Verfassung kommt dem Bemühen des Vatikans entgegen, die Position der katholischen Kirche vertraglich zu festigen, Freiräume für das katholische Leben zu sichern und sei es in einer Art Parallelgesellschaft. Die Konkordate mit den Ländern Bayern, Preußen, Baden zeigten, dass ein gutes Zusammenleben von demokratischem Staat und katholischer Kirche möglich ist.

Das Zentrum gehört zu den »Weimarer Parteien«, jenem Spektrum von Sozialdemokraten, Liberalen, Christen, die die parlamentarische Demokratie stützen. Matthias Erzberger stellt die junge Republik als Minister unter einer SPD-geführten Regierung finanziell auf die Füße; ihn ermorden nationalistische Offiziere. Die *Rhein-Mainische Volkszeitung* wird zum Forum des Sozialkatholizismus, die katholische Jugendbewegung sucht neue Wege in der Liturgie, in ihren Gruppen finden Priester und Laien zu neuer Partnerschaft – ihr Vordenker ist Romano Guardini, der Münchner Theologe und Philosoph. Vieles, was im Zweiten Vatikanischen Konzil kirchenamtlich wird, hat seine Quelle in den Klöstern Beuron und Maria Laach, auf den Jugendburgen Gemen und Feuerstein, im Altenberger Dom, der geistlichen Mitte der katholischen Jugend.

Trotzdem: Auch die Katholiken retten die Weimarer Republik nicht. Die Mehrheit mag die Demokratie nicht, die dem »Schandfrieden von Versailles« entsprungen ist, sie finden die Kommunisten gefährlich, weniger Adolf Hitlers Nationalsozialisten. Katholiken sind seltener Anhänger der NSDAP als Protestanten oder Nichtgläubige, und bis zur so genannten Machtergreifung erklären auch die deutschen Bischöfe standhaft, dass die Nazis für Katholiken nicht wählbar seien; der Mainzer Bischof verweigert sogar einem SA-Mann, der 1932 bei Straßenkämpfen stirbt, die christliche Beerdigung. Aber die Anhänger der Bayerischen Volkspartei helfen 1925, Hindenburg zum Reichspräsidenten zu wählen, gegen den Zentrumskandidaten Marx. Der Pfarrer von St. Lamberti in Münster wettert 1932 gegen »die Pest des Laizismus und seine Erscheinungsformen«, zu denen er Demokratie und Parlamentarismus zählt – sein Name: Graf von Galen, der spätere »Löwe von Münster«. Trauriger Tiefpunkt der antidemokratischen Hetze ist ein Brief zahlreicher katholischer Adeligen an die Deutsche Bischofskonferenz vom Frühjahr 1933: Dort empfehlen sie den Hirten, ihren Widerstand gegen Adolf Hitler zu beenden.

Versager? Die Kirche und der Nationalsozialismus

Ludwig Wolker ist ganz ein Mann der Kirche. 48 Jahre alt, Priester, Generalpräses der katholischen Jugendverbände, ein kleiner Mann mit rundlichem Gesicht und energischer Nase. Er kann in Großveranstaltungen Zehntausende Jugendliche begeistern, er hat die katholische Jungmännerarbeit entstaubt und den Jugendlichen mehr Verantwortung gegeben, er ist erfolgreich, und gerade deswegen hassen die Nazis ihn. An diesem 13. August 1935 übergibt er den Bischöfen allerdings eine aufrüttelnde Denkschrift: Immer heftiger seien die Jugendgruppen in Auseinandersetzungen mit der Hitlerjugend verwickelt, immer enger werde der Spielraum der Verbände – die katholischen Bischöfe müssten endlich hart und gemeinsam gegen den Nationalsozialismus vorgehen. Man sei bereit, dafür zu leiden, unmöglich aber sei ein »Martyrium ohne Auftrag«. Eine vergebliche Mühe. Etwas mehr Bekennermut hätte Wolker sich von seinen Hirten schon gewünscht – so, wie viele Jugendliche, die in diesen Tagen für ihren Glauben verprügelt werden und später sogar ins Gefängnis gehen.

Im März 1933 erklären die deutschen Bischöfe: Die Regierung Hitler ist die rechtmäßig gewählte Regierung und damit die von Gott gegebene Obrigkeit, so wird es für die meisten Katholiken, Bischöfe wie einfache Gläubige, trotz aller Konflikte bis 1945 bleiben. Die katholische Kirche wechselt nicht einfach ins Lager der Nationalsozialisten – im Gegenteil: Je stärker eine Region katholisch geprägt ist, desto weniger prägt die NS-Ideologie den Alltag. Aber sie arrangiert sich zunächst mit den Machthabern. Die Kirche ist nach ihrem damaligen Selbstverständnis eine weltweite, in sich geschlossene Gemeinschaft, eine Societas perfecta, die nach ihren eigenen Grundsätzen und Regeln lebt. Aufgabe des Papstes und der Bischöfe ist es, dieser Gemeinschaft in den verschiedenen Ländern und politischen Systemen einen Freiraum zu sichern, in dem der einzelne Katholik seinen Glauben leben, die Kirche sich nach ihren Maßgaben entfalten kann. Wenn also Priester und Ordensleute ungestört ihren Dienst tun, katholische Vereine und Wohlfahrtsträger ihre Arbeit verrichten können, wenn der Sonntag und die kirchlichen Feiertage geschützt bleiben und der Staat wenigstens rhetorisch den Schutz der Familie propagiert, dann ist es letztlich zweitrangig, ob dieser Staat eine Demokratie ist, eine Diktatur oder eine Monarchie. Die Konkordatspolitik des einstigen Nuntius in Deutschland und jetzigen Kardinalstaatssekretärs Eugenio Pacelli entspricht diesem Denken: Der Vatikan sichert in möglichst vielen Ländern den Status der Katholiken völkerrechtlich ab, im faschistischen Italien genauso wie in demokratisch regierten Ländern – oder 1933 im Deutschen Reich mit Adolf Hitler an der Spitze.

Eine Politik, die auf doppelte Weise scheitert. Einmal, weil die Nationalsozialisten sich nicht an die Vereinbarungen halten: Sie versuchen, die katholische Kirche aus dem öffentlichen Leben zu verdrängen, sie verbieten ihre Verbände und Vereine, schikanieren deren Mitglieder. Schauprozesse sollen Priester und Ordensleute als Sittenstrolche und Devisenschieber bloßstellen, und schließlich bezahlen Tausende katholische Christen ihren Glauben mit Gefängnis und Konzentrationslager, Folter und Tod. Und dann scheitert die Konkordatspolitik, weil sie zu lange den Blick der Kirchenspitze dafür verstellt, dass Politik und Ideologie der Nationalsozialisten viel mehr bedrohen als den geschützten kirchlichen Raum. Der Breslauer Kardinal und Vorsitzende der deutschen Bischofskonferenz, Adolf Bertram, beschwert sich in Dutzenden Eingaben über die Konkordatsverletzungen – dass er es mit einem menschenverachtenden und kriegstreiberischen System zu tun hat, begreift er bis 1945 nicht. Der Münchner Kardinal Michael Faulhaber prangert in seinen Adventspredigten 1933 die NS-Rassenideologie an, betont dann aber schnell, dass er kein Hitler-Gegner sei.

In der katholischen Führung gibt es so gut wie keine echten Nazis – der Freiburger Erzbischof Konrad Gröber ist allerdings bis 1937 förderndes Mitglied der SS. Militärbischof Rakowski gehört noch am ehesten zu den Hitler-Anhängern, bleibt aber ein Außenseiter in der Bischofskonferenz. Doch es gibt auch nur wenige Hirten, die klar den totalitären und mörderischen Charakter des Regimes erkennen: den Berliner Erzbischof Konrad Preysing und seinen Dompropst Lichtenberg, der zum Märtyrer wird; Bischof Galen mit seinen mutigen Predigten von 1941, aber auch der begreift erst nach der Enzyklika *Mit brennender Sorge* im Jahr 1937, dass es nicht genügt, gegen die Entfernung von Schulkreuzen, gegen die zahlreichen Konkordatsverletzungen zu protestieren. Die Enzyklika Pius XI. ist für die Nationalsozialisten ein schwerer Schlag, weil sie scharf die Politik der Nazis gegenüber den Christen und der katholischen Kirche anprangert und weil sie deren »neuheidnische« Rassenlehre als unvereinbar mit dem Glauben darstellt. Doch auch sie tritt nicht offen für die diskriminierten Juden und für die verfolgten Menschen außerhalb der katholischen Kirche ein. Die Auffassung, dass es allgemeine, unveräußerliche Rechte für alle Menschen gibt und die Kirche für sie einzustehen hat, scheint außerhalb des kirchlichen Denkens, erst recht, als Pacelli Papst Pius XII. wird und verstärkt auf Diplomatie setzt. Er ist alles andere als »Hitlers Papst«, wie ihm heute manchmal vorgeworfen wird, und er hofft, über die traditionelle Diplomatie, die er gelernt hat, mehr zu erreichen als mit dem offenen Protest, den er für unvernünftig, ja kontraproduktiv hält. Ähnlich denkt auch mancher Bischof in Deutschland, wenn er allzu kritische Priester zur Zurückhaltung mahnt. Aber es bleibt ein Versagen der Kirche, dass sie nicht für die verfolgten Juden ihre Stimme erhebt, dass kein Bischof auch nur ein kritisches Wort zum Angriffskrieg gegen Polen, Frankreich, die Sowjetunion findet, sondern selbst Bischof Galen den 1. September 1939 als Gelegenheit sieht, den Diktaten des Versailler Vertrages ein Ende zu bereiten. Auch deshalb reden viele Historiker zwar vom Widerstand zahlreicher Katholiken, aber nicht vom Widerstand »der« katholischen Kirche.

In den 12 Jahren der Diktatur ändert sich die Kirchenstruktur tiefgreifend. Der Druck von außen schweißt die Katholiken zusammen, noch einmal zeigt das katholische Milieu seine Stärke, die Nähe der zuvor durchaus auch mal kritischen Schar der Gläubigen zu ihren Bischöfen und zum Papst ist denkbar eng. Da die katholischen Vereine und Verbände seit Mitte der 30er-Jahre verboten sind, übernehmen zunehmend die Bischöflichen Ordinariate Aufgaben der Jugend-, Frauen- oder Arbeiterseelsorge – ein Konzentrations- und Klerikalisierungsprozess, der zunächst aus der Not heraus geboren ist, der aber nach dem Krieg verhindern wird, dass das katholische Vereinswesen in der gleichen Vielfalt und Unabhängigkeit wie in der Weimarer Republik wiedersteht. Und auch der politische Katholizismus des Zentrums hat sich spätestens seit der Zustimmung zum »Ermächtigungsgesetz« 1933 überlebt. Die Katholiken müssen neue Wege der politischen Teilhabe finden.

Eigene Wege: Die Kirche nach dem II. Weltkrieg

»Es ist kein Geheimnis mehr, wer die politischen Entscheidungen Westdeutschlands wesentlich beeinflusst. Die Villa des Bundeskanzlers liegt nur 30 km von der Residenz des Kölner Kardinals Frings entfernt, und bereits die Verhandlungen im parlamentarischen Rat zeigen deutlich genug, wie man eine provisorische und der deutschen Wirklichkeit nicht entsprechende Mehrheitssituation auszunutzen versuchte, um kulturpolitische Forderungen durchzusetzen.« Der evangelische Pastor Heinrich Albertz, der dies im September 1949 als SPD-Minister in Niedersachsen schreibt, gibt das Gefühl vieler Nichtkatholiken wider: Das Grundgesetz ist »im Schatten des Kölner Doms« entstanden, ein enges Bündnis von Katholizismus und neu entstandener christdemokratischer Partei prägt die junge Bundesrepublik. Nun ist Konrad Adenauer weniger der Erfüllungsgehilfe von Kardinal Frings, als das seine politischen Gegner sehen, und die Bischöfe stimmen dem Grundgesetz nur unter Vorbehalt zu, weil sie ihre Vorstellungen in der Schul- und Bildungspolitik ungenügend berücksichtigt sehen. Aber tatsächlich hat die katholische Kirche in den 50er- und den beginnenden 60er-Jahren eine politische und gesellschaftspolitische Macht, die ihresgleichen sucht. Ohne das Ja der Bischöfe könnte Adenauers CDU nicht so problemlos das politische Erbe des Zentrums antreten; wie selbstverständlich werden bei den Beratungen des Parlamentarischen Rats die Kirchenartikel der Weimarer Reichsverfassung ins Grundgesetz aufgenommen – auf Vorschlag des späteren Bundespräsidenten Theodor Heuss (FDP). Der »rheinische Kapitalismus«, die aus der katholischen Soziallehre abgeleitete sozial abgefederte Marktwirtschaft, wird zum Wirtschaftsmodell des neuen Staates.

Die katholische Kirche erscheint nach dem Krieg als moralische Siegerin und als eine der wenigen funktionierenden Institutionen in einem zerstörten, demoralisierten Land. Wer soll sonst für Moral und Werte stehen, wer sich sonst um Heimatvertriebene und heimkehrende Kriegsgefangene kümmern? Papst Pius XII. trägt viel zur Aufwertung bei, als er 1946 drei Deutsche zu Kardinälen ernennt: den Kölner Joseph Frings, den Berliner NS-Gegner

Preysing und den Münsteraner Graf von Galen, den »Löwen von Münster«, der kurz nach der triumphalen Rückkehr aus Rom überraschend stirbt. Die Kirchen sind voll, niemals zuvor und niemals später im 20. Jahrhundert entschließen sich so viele junge Männer, katholischer Priester zu werden. Viele haben im Krieg schreckliche Dinge erlebt, sie haben getötet, haben Freunde und Verwandte verloren, nun bietet die Kirche Sinn und Halt, Heimat und Aufstiegschancen. Es ist auch die Zeit, in der die katholische Kirche sich in die demokratische Gesellschaft integriert, in der sie lernt, diese Gesellschaft mitzugestalten, nicht nur Freiräume zu sichern. Sie tut das auf eine sehr konservative Weise, mit tiefem Misstrauen gegenüber allem, was an moderner Welt auf die Nachkriegsdeutschen einstürmt - dem Kino und den neuen Musikrichtungen, der neuen Freiheit von Kunst und Literatur, dem zunehmenden Wunsch der Menschen, ihr Leben selber in die Hand zu nehmen und nicht nach starren Vorgaben zu gestalten. Die offizielle Kirche wird zur Propagandistin des Muffs der 50er-Jahre, und zunehmend stoßen sich auch Katholiken daran - eine Konstellation, ohne die der literarische Erfolg des jungen kritischen Katholiken Heinrich Böll nicht zu erklären ist.

Und dann kommt jener 25. Januar 1959. Papst Johannes XXIII., gerade einmal drei Monate im Amt, kündigt dem verdutzten Kardinalskollegium an, er wolle ein Konzil für die gesamte katholische Kirche einberufen. Am 11. Oktober 1962 kommen mehr als 2500 Konzilsväter in der Peterskirche zur größten Bischofsversammlung der Kirchengeschichte zusammen. Überall auf der Welt diskutieren Katholiken, was in ihrer Kirchen anders werden und was bleiben soll - besonders aber in Westeuropa und in Deutschland. Hier wird das Modernisierungsdefizit der katholischen Kirche als besonders schmerzlich empfunden, von hier aus richten sich besonders viele Erwartungen an die Kirchenversammlung. Aus Deutschland und dem deutschsprachigen Raum kommen auch viele wichtige Konzilstheologen, die auf der Seite der Erneuerer stehen: allen voran der Jesuit Karl Rahner, den der Wiener Kardinal Franz König mit nach Rom nimmt, der selber einer der großen Reformer seiner Kirche ist; Rahner wiederum hat einen jungen, begabten Assistenten: Karl Lehmann, den späteren Kardinal und Bischof von Mainz. Kardinal Frings wiederum hat sich die Mitarbeit eines jungen und doch schon glanzvollen Theologen gesichert: Joseph Ratzinger, Dogmatikprofessor aus Münster. Der gerade erst (1958) zum Kardinal erhobene Berliner (und später Münchner) Erzbischof Julius Döpfner gehört zur Zentralen Vorbereitungsgruppe für das Konzil und wird, über die Ländergrenzen hinweg, zum Koordinator und Organisator jener Konzilsväter, die eine grundlegende Erneuerung ihrer Kirche anstreben. Kardinal Augustin Bea schließlich, der Vorsitzende des Päpstlichen Rates für die Einheit der Kirchen, ist ein wichtiger Befürworter der Reformen in der Kurie – dort sitzen die mächtigsten Gegner jeder Änderung, ja sogar des Konzils überhaupt. Und obwohl er kein offizieller Berater eines Bischofs ist, gewinnt ein weiterer begabter junger Theologe die Aufmerksamkeit des Publikums: Hans Küng, der scharfsinnig nicht nur das Unfehlbarkeitsdogma in Frage stellt.

Die Unterschiede sind groß zwischen dem jungen Kardinal Döpfner und dem älteren Kardinal Frings, zwischen Karl Rahner, dem das Konzil nicht mutig genug ist, und Joseph Ratzinger, dem zu viel blinder Reformeifer herrscht. In den Jahren des Konzils eint sie aber die Erkenntnis: Die Kirche muss sich neu auf sich selbst besinnen, sie muss ein Zeichen der Hoffnung sein in einer Welt, die Gott zu vergessen droht, sie muss das Verhältnis von Volk Gottes und Hirten neu justieren, die Liturgie erneuern, das Verhältnis zu den Christen anderer Konfessionen, zu Juden, Muslimen, Nichtgläubigen verbessern. Sie muss die Freuden und Hoffnungen, Sorgen und Nöte der Menschen zu ihren Freuden und Hoffnungen, Sorgen und Nöten machen, sich für die gleichen Rechte und die gleiche Würde jedes Menschen einsetzen, für den unveräußerlichen Wert des Lebens, für Frieden und globale Verantwortung. All dies sind Themen, die in Deutschland besonderen Widerhall finden – im Land der liberalen Theologen, der selbstbewussten Laien und der liturgischen Bewegung, der Reformation und der Schoah, nach zwölf Jahren äußerster Tyrannei und Menschenverachtung geteilt in zwei Staaten, ein potenzieller Schauplatz des Atomkrieges. Entsprechend aufmerksam verfolgen die Medien im Land die Debatten in Rom, entsprechend euphorisch feiern die Katholiken im Land die Konzilserklärungen *Lumen Gentium* (über die Kirche und das Volk Gottes) und *Sacrosanctum Concilium* (Liturgie), *Gaudium et Spes* (über die Weltverantwortung) und *Nostra Aetate* (über das Verhältnis zu den nichtchristlichen Religionen, besonders dem Judentum). Sie sehen, dass manche Erklärung ein Kompromisstext ist – aber wenn sich in so kurzer Zeit so viel geändert hat, so denken sie, dann wird auch nach dem Konzil der Strom der Veränderungen nicht abreißen. So mancher Priester verspricht in diesen Jahren den Zölibat im sicheren Gefühl, ihn nicht länger als fünf oder sechs Jahre halten zu müssen. Dass es dann ganz anders kommt, wird für viele zu einer bitteren Enttäuschung.

Es ist erstaunlich, wie sehr die Reformen sich trotz aller Gegnerschaft konservativer Katholiken in den Ortskirchen und Gemeinden durchsetzen, wie wenig Anhänger die Traditionalisten um den dissidenten Erzbischof Marcel Lefebvre gewinnen. Aber viele Reformen gehen auch nicht weiter, zur Enttäuschung gerade vieler deutscher Theologen – was sie als Prozess mit eigener Dynamik begreifen, wird in Rom schon bald nach dem Konzilsende 1965 als abgeschlossenes Ergebnis betrachtet. Die »Pillenenzyklika« *Humanae Vitae* von 1968 markiert das Ende der Illusionen: Papst Paul VI. hat eine Kommission berufen, die mehrheitlich empfiehlt, das strikte Verbot von künstlichen Verhütungsmitteln zu lockern; der Papst jedoch beauftragt in aller Stille einen polnischen Bischof, einen anderen Entwurf zu schreiben; der Mann heißt Karol Wojtyla und hat einige Jahre zuvor ein Buch geschrieben, in dem er Pille und Kondom als Mittel zur sexuellen Unterdrückung der Frauen brandmarkt, die nun den Männern verfügbar sein müssten, ohne dass die Konsequenzen zu fürchten hätten. Für die meisten Katholiken in Deutschland ist das Lehrschreiben eine Katastrophe, ein Beleg für die lebensferne Sexualmoral ihrer Kirche. Einen Monat nach der Veröffentlichung von *Humanae Vitae* treffen sich die deutschen Bischöfe zu einer außerordentlichen Vollversammlung in Königstein im Taunus. Was sie dort beschließen, ist für konservative Katholiken heute noch unerhört: Sie bekräftigen nicht einfach das Lehrschreiben, sondern erwähnen die Bedenken vieler Katholiken. »Wer glaubt, so denken zu müssen, muss sich gewissenhaft prüfen, ob er – frei von subjektiver Überheblichkeit und voreiliger Besserwisserei – vor Gottes Gericht seinen Standpunkt verantworten kann.« Die *Königsteiner Erklärung*, maßgeblich formuliert vom Bischofskonferenzvorsitzenden Julius Döpfner, lässt also einen Raum für die Gewissensentscheidung des Christen, unter ernsthafter Berücksichtigung des Lehrschreibens, versteht sich. Papst Paul VI. fordert Döpfner mehrfach auf, diese Erklärung zurückzuziehen, der aber bleibt standhaft.

Noch einmal weht in Deutschland der Geist des Konzils stärker als anderswo: auf der Würzburger Synode von 1971 bis zum November 1975. Anstoß ist der Essener Katholikentag 1968. Dort entladen sich die Spannungen, die sich im deutschen Katholizismus aufgebaut haben: Auch die katholische Kirche müsse den Muff unter den Talaren vertreiben, fordern gerade die jungen Teilnehmer. Ein Jahr später beschließt die Bischofskonferenz die Synode, und am 2. und 3. Januar 1971 treten 312 Synodale im eigens umgebauten Würzburger Kiliansdom zusammen, um »die Verwirklichung des II. Vatikanischen Konzils zu fördern«, wie es im Statut hieß. Den Vorsitz hat der Bischofskonferenzvorsitzende Kardinal Döpfner, mittlerweile Erzbischof in München. Ein katholisches »Studentenparlament« sei da zusammengetreten, spotten Beobachter. Die einen kritisieren, dass die 58 Bischöfe ein enormes Bremspotenzial darstellen und dass viele der jungen, vorwärts drängenden Theologieprofessoren außen vor bleiben; die anderen führen ins Feld, dass in Würzburg die Intellektuellen, Professoren, Verbandsvertreter das Wort führen. Aber die Synode verschafft sich Respekt. Die 17 Beschlüsse über den Gottesdienst und die Mitarbeit der Laien, von der kirchlichen Jugendarbeit bis zum Verhältnis zur Arbeiterschaft, der kirchlichen Dienstordnung bis zur Ausländer-Seelsorge lassen die Vision einer Kirche lebendig werden, die sich als wanderndes Volk Gottes versteht, die fromm und politisch zugleich ist, die Augen offen hat für die Hoffnungen und Nöte der gesamten Gesellschaft.

Wie offen und wie kontrovers in Würzburg über den Weg der Kirche gerungen wird, zeigen die Schlussberatungen im November 1975. Die Diskussion über den Beschluss zu Kirche und Arbeiterschaft dauert elf Stunden, es gibt 175 Änderungsanträge, Vorwürfe, Gegenvorwürfe. Hat die katholische Kirche eine historische Schuld gegenüber der Arbeiterschaft abzutragen oder nicht? Es setzt sich der selbstkritische Entwurf des Sozialethikers Oswald von Nell-Breuning durch. Ähnlich kontrovers geht es auch bei den Beratungen über das Grundsatzdokument *Unsere Hoffnung* zu. Ist es zu literarisch, zu wenig an die katholischen Lehraussagen gebunden? 129 Anträge wünschen Änderungen; am Ende aber bleibt weitgehend jener Text bestehen, den der Münsteraner Professor Johann Baptist Metz geschrieben hatte: »Der Gott unseres Glaubens ist der Grund unserer Hoffnung, nicht der Lückenbüßer unserer Enttäuschungen«, beginnt er und ist ein Aufruf an die Katholiken, ihre Hoffnung in die moderne, sich säkularisierende Gesellschaft zu bringen, sich den Zweifelnden und Verzweifelnden anzunehmen, Neues zu wagen, ohne beliebig zu werden. Zwei Drittel der Synodalen stimmen dem zu. Am Abend des 22. Novembers versammeln sich Bischöfe, Priester und Laien zum Abschlussfest auf der Marienburg hoch über dem Main. Reporter berichten von einer Mischung aus Wehmut und Euphorie. Und dass auch mancher Bischof erleichtert seine Zigarette raucht – obwohl das in den historischen Räumen streng verboten ist.

Allerdings zeigen sich auch die Grenzen der Versammlung. 1972 stellen die Bischöfe die Zeitschrift *Publik* ein; das unabhängige Wochenblatt war bislang das Sprachrohr der Synode gewesen, das Forum ihrer Themen – einige von ihnen unterstützen bald darauf den konservativen *Rheinischen Merkur*. 1973 wird bekannt, dass Nuntius Corrado Bafile in einem Brief an den Kardinalstaatssekretär die Ablösung des Limburger Bischofs Wilhelm Kempf und die Einsetzung eines Apostolischen Administrators (eines vom Papst bestellten Verwalters) gefordert hat. Sein Argument: Die Laien und ihre Gremien hätten in der Diözese zu viel Einfluss gewonnen. Bafile kommt mit seinem Anliegen nicht durch, aber der Eindruck bleibt, dass der Vatikan die deutschen Reformen mit argem Misstrauen beobachtet. Und bald gibt es weiteren Ärger. Die Mehrheit der Synode will verheirateten, erfahrenen Männern den Zugang zum Priesteramt ermöglichen, so genannten viri probati. So etwas könne man nur auf Weltebene entscheiden, erklären die

Bischöfe. Zur Enttäuschung des doch eher kleinen linken Flügels scheitert eine verhältnismäßig kapitalismuskritische Beschlussvorlage zur Stellung der katholischen Kirche in der Leistungsgesellschaft. Immerhin: Die Laienpredigt, eine wichtige Forderung der Synode, wird probehalber erlaubt; die deutschen Bischöfe setzten das Anliegen gegen die Skepsis im Vatikan durch (heute ist sie wieder verboten). Die Versammlung stärkt die Mitarbeit der Laien; die deutschen Pfarrgemeinderäte, Diözesanräte, Kirchensteuerräte werden, dank der Synode und einer Ausnahmegenehmigung aus Rom, in einmaliger Weise unabhängig.

Im Ergebnis bringt die Würzburger Synode also viel Gestaltungsmacht im Kleinen, aber wenig Veränderung im Großen. Sie verändert die Katholiken und die Kirchengemeinden, vor allem aber das mittlere Management der katholischen Kirche, sie schafft es vielerorts erst. Frauen und verheiratete Männer dürfen nach wie vor nicht Priester werden, dafür gibt es nun die Pastoraltheologen, genauso gut ausgebildet und fast so gut bezahlt wie ein Priester. Es gibt keine Antwort auf Fragen bezüglich Verhütung, Sex vor der Ehe, Scheidung –, aber in jedem Dekanat gibt es eine katholische Jugendzentrale, die Partnerschaftskurse anbietet, dazu Familienreferenten und Geschiedenenbeauftragte. In der Folge der Synode schließt die Kirchenleitung einen Kompromiss mit dem Kirchenvolk: Wir wissen, dass wir viele eurer (und manchmal auch unserer) Wünsche nicht erfüllen können. Aber das vertagen wir und konzentrieren uns auf die Dinge, die wir entscheiden können. Und über Einstellungen kann die Kirche in den 70er- und 80er-Jahren leicht entscheiden: Die Kirchensteuer steigt, der Sozial- und Bildungssektor wächst auch außerhalb der Kirchen. Es beginnt die Verhauptamtlichung der katholischen Kirche. Die Mitarbeiter sind professionell, ihre Arbeit hat hohe theologische Qualität, aber ihr Einzug in den Kirchenalltag bedeutet auch die Verdrängung des unabhängigen Ehrenamts.

Die Zeit der Konflikte

Acht Monate nach dem Ende der Synode stirbt Kardinal Döpfner, unter den Bischöfen der wichtigste Verbündete der Reformer. Neuer Bischofskonferenzvorsitzender wird sein Kölner Amtsbruder Joseph Höffner. Der macht bald deutlich, dass es Veränderungen über das hinaus, was in Würzburg beschlossen wurde, nicht geben wird. Und dann folgt im Oktober 1978 dem nach nur 33 Tagen im Amt gestorbenen Papst Johannes Paul I. ein lebensprühender 58-Jähriger auf den Thron Petri: Karol Wojtyla, Papst Johannes Paul II. Er wird in revolutionärer Weise die katholische Kirche vom Völkerrechtssubjekt alter Prägung zum Global Player der Moral und der sozialen Verantwortung machen, er wird die kommunistischen Diktaturen des Ostblocks überwinden helfen und historische Schritte auf Juden und Muslime zugehen. Er wird im Jahr 2000 die Sünden der Kirche in ihrer Geschichte bekennen und bereuen. Er wird am Ende seines Lebens als großer Papst verehrt werden. Zunächst jedoch wird sein autoritäres und zentralistisches Kirchenregiment spürbar. Wojtyla vertritt eine katholische Kirche, wie er sie aus Polen kennt. Eine Kirche, die dem Nationalsozialismus getrotzt und den Kommunismus in die Defensive getrieben hat, die die gottgewollte Ordnung vertritt, die Menschenwürde verteidigt, gegen alle Staaten, Wirtschaftssysteme, Ideologien. Deshalb darf sie ihren Glauben, ihre Normen nicht relativieren, sondern muss mit starker Hand die Menschen leiten. Damit ist Johannes Pauls Gegnerschaft zum Kommunismus klar. Doch auch der westliche Wertepluralismus passt nicht in sein Bild.

Für die katholische Kirche in Deutschland beginnt eine Zeit zahlreicher Konflikte. 1979 verliert der aus der Schweiz stammende und in Tübingen lehrende Hans Küng seine Lehrerlaubnis, die katholische Kirche bestraft einen ihrer prominentesten Kritiker für seine Anfragen an das Unfehlbarkeitsdogma. Der brasilianische Befreiungstheologe Leonardo Boff, der in Deutschland sehr populär ist, wird mit einem Bußschweigen belegt, die gesamte lateinamerikanische Befreiungstheologie mit ihren Anleihen aus der marxistisch-sozialistischen Gesellschaftsanalyse ist Papst Johannes Paul II. suspekt. Die Freiheit des Denkens (auch des umstrittenen Denkens) gegen Kirchenamt und Dogma – das bleibt ein Grundkonflikt in den 26 Jahren der Amtszeit Karol Wojtylas, ob es um den Theologen und Tiefenpsychologen Eugen Drewermann geht oder den Mönch und Zen-Meister Willigis Jäger. Nicht nur die innerkirchlichen 68er empfinden den Stillstand als bedrückend, das Klima in der Kirche eisig.

Es beginnt – parallel um Aufstieg der Alternativen in Politik und Gesellschaft – die große Zeit der katholischen Alternativbewegungen. 1980 gründen Vertreterinnen und Vertreter verschiedener Friedens-, Frauen-, Homosexuellen- und Umweltgruppen, die diversen Initiativen gegen den Zölibat, für mehr Christenrechte in der Kirche und für den christlichen Sozialismus die »Initiative Kirche von unten« (IKvu). Ihr wirkungsvollstes Forum ist der »Katholikentag von unten«, wo alles stattfindet, was auf dem Katholikentag des CDU-dominierten »Zentralkomitees der deutschen Katholiken« keinen Platz hat. Küng, Boff und Drewermann reden in überfüllten Hallen, Publikum und Podiumsteilnehmer sind sich einig, dass die katholische Kirche friedensbewegter und ökologischer werden müsse, freier, frauenfreundlicher und weniger sexualfeindlich. Und wenn die katholische Kirche sich nicht von oben nach unten verändert, dann soll sie sich von unten nach oben reformieren. Bei allem Überschwang: Die so genannten Basisgruppen nennen viele Probleme beim Namen und spiegeln oft auch die Stimmung vieler braver Gemeindemitglieder wider. Die katholische Kirche droht den Anschluss an die politischen und intellektuellen Debatten zu verlieren, gerade Frauen und junge Leute sind von ihrer Unbeweglichkeit enttäuscht, die Zahl der Priesteramtskandidaten geht dramatisch zurück. Und die Enzykliken des Papstes verkünden ein beherztes »Weiter so«. Vielleicht ist die IKvu der 80er-Jahre das Deutscheste an der an Eigenarten reichen katholischen Kirche in der Bundesrepublik, so wie auch die Grünen insgesamt eine sehr deutsche Partei sind: Man nimmt alle Sachfragen sehr ernst, diskutiert am Detail, die augenzwinkernde Ignoranz aber, zu der andere Kulturen fähig sind, kennt man nicht, denn die Welt ist bedroht und muss schleunigst gut werden – als Italiener oder Spanier muss man gar nicht besonders konservativ sein, um das eigen zu finden.

Am 21. September 1987 ist ein neuer Bischofskonferenzvorsitzender zu wählen, Kardinal Höffner hat alt und krank sein Amt zur Verfügung gestellt, er wird am 16. Oktober sterben. Der Münchner Kardinal Wetter gilt als Favorit, in den vergangenen 40 Jahren hat der Konferenzvorsitz immer zwischen München und Köln gewechselt. Doch überraschend wählen die Hirten Karl Lehmann, den Bischof von Mainz – eine kleine Sensation. Vor allem die jüngeren Bischöfe und die Weihbischöfe hatte die kulturpessimistische Predigt Wetters am Morgen der Wahl enttäuscht – sie wünschen einen Sprecher, der ein optimistisches Bild der Kirche vermittelt, der mit Politikern, Naturwissenschaftlern und den besten Theologen der Welt auf Augenhöhe reden kann, einen Vermittler zwischen den unterschiedlichen Strömungen der Kirche. Und da gibt es in ihren Augen keinen besseren als Lehmann, den bisherigen stellvertretenden Vorsitzenden der Konferenz. Umso misstrauischer beobachtet die Kurie die Fuldaer Ereignisse. Papst Johannes Paul II. legt Lehmann nahe, die *Königsteiner Erklärung* von 1968, in der die deutschen Bischöfe sich zur so genannten Pillenenzyklika Pauls VI. äußern und Ehepaare auf ihr eigenes Gewissen verweisen, zurückzuziehen; Lehmann erklärt, dass dies die Bischofskonferenz und die Kirche in Deutschland spalten würde.

Zwei Jahre später, 1989, ist der erste große Krach seiner Amtszeit da: Johannes Paul II. setzt den Berliner Kardinal Joachim Meisner als neuen Erzbischof von Köln durch, gegen den Willen des Domkapitels, gegen die Bedenken der nordrhein-westfälischen Landesregierung. Die Mehrheit der Kölner Katholiken ist entsetzt. Und mehr als 220 deutschsprachige Theologen unterschreiben die *Kölner Erklärung – Wider die Entmündigung – für eine offene Katholizität*. Der Text ist ein flammender Protest gegen die Entmündigung der Teilkirchen, gegen Bischofsernennungen an den Bedürfnissen und Wünschen der Diözesen vorbei, gegen die Disziplinierung von Theologinnen und Theologen. Wer den Text unterzeichnet hat, steht nun in Rom unter Verdacht. Lehmann versucht zu vermitteln und bietet den Theologen Gespräche an. Eine schwierige Vermittlungsaufgabe für den Konferenzvorsitzenden: Die Kurie um Papst Johannes Paul II. und Kardinal

Joseph Ratzinger, den Präfekten der Glaubenskongregation, erwartet, dass die deutschen Hirten den aufmüpfigen Theologen zeigen, wo es lang geht; vielen Katholiken in Deutschland dagegen spricht der Protest der Theologen aus dem Herzen, was Lehmann nur allzu gut weiß. Die »Lehmann-Kirche« – das wird zum Schimpfwort der Gegner dieses Kurses, die sich weniger Kompromiss und mehr Auseinandersetzung wünschen.

Die friedliche Revolution in der DDR und die Vereinigung der beiden Staaten entspannt vorerst die innerkirchlichen Verkrampfungen. Die Ost-Katholiken tun den Glaubensgeschwistern im Westen gut: Die Auseinandersetzungen zwischen einer Kirche »von oben« und einer »von unten« sind ihnen weitgehend unbekannt. Das Leben als diskriminierte Minderheit hat sie staatskritisch gemacht und bekenntnisstark; sie wissen, was es heißt, im säkularen Umfeld zu leben. Der mutige Einsatz bei der »Wende« hat ihr Selbstbewusstsein gestärkt; Charaktere wie Hans Joachim Meyer, seit 1997 Vorsitzender des Zentralkomitees der deutschen Katholiken, oder der Erfurter Bischof Joachim Wanke ziehen ihre Stärken aus ihrer Ost-Biografie. Statistisch gesehen wird die Bundesrepublik säkularer und protestantischer. Und trotzdem verankert die katholische Kirche Religionsunterricht, gute Besoldungsstufen für Kirchenmitarbeiter, Militärseelsorge, die gesamte westliche Kirchenstruktur auch im Osten – politisch ein Erfolg, finanziell ein Problem.

Und die Konflikte zwischen Rom und der deutschen Tochter schwelen weiter. Es geht um die Neuordnung der Bistümer in den neuen Ländern, um die Frage, ob in Ausnahmefällen Geschiedene, die wieder geheiratet haben, zur Kommunion gehen dürfen, was vier südwestdeutsche Hirten wollen, der Vatikan aber verbietet. Und es geht um das Kirchenvolksbegehren 1995. Es beginnt in Österreich, wo das Entsetzen über den Wiener Kardinal Hermann Groer groß ist. Der Papst hat ihn gegen alle Bedenken zum Wiener Erzbischof und damit zum Nachfolger von Kardinal König gemacht, nun tauchen immer mehr Zeugenaussagen auf, die nahe legen, dass der Kirchenmann Kinder und Jugendliche missbraucht hat. 500 000 Menschen unterschreiben die Forderungen der Initiative nach der Aufhebung des Pflichtzölibats, der Aufwertung der Frauen, mehr Dialog und allgemein einer »geschwisterlichen Kirche«. In Deutschland sammelt die Initiative aus Mitgliedern der IKvu und Gemeindechristen mehr als 1,8 Millionen Unterschriften. Die Forderungen der »Kirchenvolksbewegung« sind, was Umfragen zeigen, in Deutschlands Katholizismus mehrheitsfähig. Das Zentralkomitee der deutschen Katholiken äußert sich erst ablehnend zu Initiative und Unterschriftensammlung, muss aber dann wahrnehmen, dass viele Unterstützer und Unterzeichner aus ihren eigenen Reihen kommen. Der Unmut über die Unbeweglichkeit der Kirche auch im kleinsten Detail hat das Zentrum des Kirchenvolks erreicht.

Sehr viel bitterer für die Kirche in Deutschland ist aber der Streit um Schwangerschaftskonfliktberatung. In der neuen Bundesrepublik muss nach 1990 und nach einem Verfassungsgerichtsurteil von 1993 auch die Abtreibung neu geregelt werden. Nach langen Debatten stimmen mehr als zwei Drittel der Bundestagsabgeordneten 1995 einem Kompromiss zu: Eine Schwangerschaft kann in den ersten drei Monaten und nach vorausgegangener Pflichtberatung beendet werden. Vor allem die katholische Kirche hat sich für die Pflichtberatung eingesetzt, die von linken Politikern heftig kritisiert wird. Und sie beteiligt sich mit eigenen Beratungsstellen an diesem System - in der Absicht, möglichst viele Frauen zu ermutigen, ihr Kind auszutragen. Am Ende des Gesprächs allerdings müssen auch die Beraterinnen vom Sozialdienst katholischer Frauen und der Caritas eine Bescheinigung ausstellen, die der Schwangeren eine straffreie Abtreibung ermöglicht. Eine heikle Konstellation - schließlich ist aus kirchlicher Sicht Abtreibung eine Todsünde, schließlich treten die Bischöfe, wo immer sie können, für den Schutz des ungeborenen Lebens ein, und viele Regelungen der neu gefassten Paragraphen 218 und 219 des Strafgesetzbuches stellen sie nicht zufrieden. Die Mehrheit von ihnen kann mit diesem Kompromiss trotzdem leben, vor allem, weil die Beraterinnen berichten, dass sie jedes Jahr mehrere tausend Frauen dazu bewegen, ihr Kind zu bekommen. Um dieser geborenen Kinder willen begibt sich die Kirche in eine theologische und lehramtliche Grauzone. Eine Minderheit der Bischöfe dagegen lehnt die Beratung nach dem Schwangerschaftskonfliktberatungsgesetz ab, für sie macht sich die Kirche schuldig, weil sie an einem Abtreibungssystem mitwirkt. Der Fuldaer Erzbischof Johannes Dyba hat die Beratungsstellen in seinem Bistum schon 1992 angewiesen, keine Beratungsbescheinigungen mehr auszustellen. Er steht mit diesem Schritt allein da. Aber er findet einen mächtigen Verbündeten: Kardinal Joseph Ratzinger, den Präfekten der Glaubenskongregation.

Auch Joseph Ratzinger, der brillante Konzilstheologe, Erzbischof von München, seit 1981 Präfekt der Glaubenskongregation und enger Mitarbeiter von Papst Johannes Paul II. ist geprägt vom deutschen Katholizismus; er ist geradezu der Prototyp des deutschen Gelehrten. Er ist aber auch der prominenteste Vertreter derer, die sich an diesem deutschen Katholizismus stoßen. Schon gegen Ende des Konzils stößt er sich am »Selbstbewusstsein unter den Gelehrten, die sich als wahre Sachwalter der Erkenntnis verstanden und damit nicht mehr dem Hirten untergeordnet werden konnten«, wie er in seinen Erinnerungen schreibt. Er beklagt ein »zunehmend aufgeheiztes Klima« und die »Tendenz zur Herrschaft der Spezialisten«, hinter der »die Idee einer kirchlichen Volkssouveränität« zu spüren sei. Die Studentenrevolte drei Jahre später, die er als Professor in Tübingen erlebt, ist für ihn ein Schock: »Ich habe das grausame Antlitz dieser atheistischen Frömmigkeit unverhüllt gesehen, den Psychoterror der Hemmungslosigkeit, mit der man jede moralische Überlegung als bürgerlichen Rest preisgeben konnte, wo es um das ideologische Ziel ging«, schreibt er über seine Erlebnisse. In seiner Einschätzung, dass die Kirche in Deutschland in Gefahr ist, sich dem überlieferten Glauben zu entfremden, beliebig zu werden und sich zu sehr dem Zeitgeist anzupassen, stimmt er mit Papst Johannes Paul II. überein. Die Erneuerung muss von den kleinen, entschiedenen Gruppen ausgehen, sagt er dem Journalisten Peter Seewald in dem berühmt gewordenen Interviewbuch *Salz der Erde*, und wenn der Kardinal in Deutschland ist, sucht er in solchen Gruppen Wärme: in der elitären »Integrierten Gemeinde« in München, bei konservativen Priestern, als Referent beim »Forum deutscher Katholiken«. In der Debatte um die Schwangeren-Beratung kommt für den Kardinal vieles von dem zusammen, was er am deutschen Katholizismus kritisiert: Statt ein klares Zeugnis zu geben, machen die Bischöfe aus pastoralen Erwägungen in einem hochheiklen System mit, sie setzen auf Staatsnähe, statt Stein des Anstoßes zu sein. Vor der Bischofskonferenz im September 1995 reden Lehmann und Ratzinger über das Thema; den in Fulda versammelten Bischöfen schreibt der Papst: »Die kirchliche Beratung muss in jedem Fall so erfolgen, dass die Kirche nicht mitschuldig wird an der Tötung unschuldiger Kinder.« Im Prinzip ist damit die Haltung des Papstes und des Präfekten der Glaubenskongregation klar: Die deutschen Bischöfe sollen aus der staatlichen Beratung aussteigen. Angelo Sodano, der Kardinalstaatssekretär, ist allerdings anderer Meinung. Und auf ihn hoffen die deutschen Bischöfe.

Sie wollen nicht einfach nachgeben – sie sind überzeugt, mit ihrer Beratung Menschenleben zu retten. Und so entbrennt ein heftiger Kampf um den Verbleib in der Beratung. Bischofsdelegationen aus Deutschland sprechen vergebens in Rom vor. Am 11. Januar 1998 schreibt der Papst den Bischöfen: Die bisherigen Bescheinigungen dürfen von katholischen Stellen nicht mehr ausgefüllt werden. Bischof Lehmann bildet eine Arbeitsgruppe, um bis zum Jahresende nach einem Weg zu suchen, der Bitte des Papstes zu entsprechen und trotzdem in der staatlichen Beratung zu bleiben. Kardinal Ratzinger wirft den Deutschen unterdessen vor, den Brief des Papstes bewusst falsch zu interpretieren, Bundespräsident Roman Herzog wiederum ruft während des Mainzer Katholikentags 1998 die katholische Kirche auf, die Beratung fortzusetzen. Die Arbeitsgruppe entwirft Anfang 1999 einen »Beratungs- und Hilfeplan« für Frauen, die eine Abtreibung erwägen, aus Rom kommt ein Nein. Im Juni scheint dann die Lösung da zu sein. Der Schein soll mit dem Zusatz versehen werden: »Diese Bescheinigung kann nicht zur Durchführung straffreier Abtreibungen verwendet werden« – welche praktischen Folgen das haben könnte, bleibt aber völlig offen. Ratzinger billigt das Vorgehen. Am 22. Juni billigen die Bischöfe bei einer, Dybas, Enthaltung diesen widersprüchlichen Weg. Aber schon einen Monat später schreibt Kardinal Meisner an den Papst, dass er diesen Kompromiss nicht mehr mittragen könne – nun ist der Ausstiegsbefehl Johannes Pauls II. endgültig, auch wenn noch einmal 12 Bischöfe

Einspruch erheben, auch, wenn der Limburger Bischof Franz Kamphaus noch ein weiteres Jahr im Beratungssystem bleiben darf, ehe auch er zum Ausstieg gezwungen wird.

In diesen Monaten des Jahres 1999 ist das Verhältnis der römischen Kirche zu ihrer deutschen Tochter auf dem Tiefpunkt. Viele Bischöfe sind frustriert und denken an Rückzug, für viele Katholiken im Land hat der Gegner einen Namen: Joseph Ratzinger, der eisern und konsequent auf den Ausstieg hingearbeitet hat. Prominente Vertreter des Zentralkomitees der deutschen Katholiken gründen einen eigenen Verein »Donum Vitae«, der die Beratung in eigener Regie fortführt und der vor allem in Bayern und Baden-Württemberg Unterstützung findet. Viele, vor allem CDU- und CSU-Politiker, haben für die katholischen Beratungsstellen gekämpft und sind nun besonders enttäuscht. Der Kern des bürgerlichen deutschen Katholizismus folgt dem Papst und seinem obersten Glaubenswächter nicht mehr – so etwas hat es noch nie in Deutschland gegeben. Dass Karl Lehmann, der unermüdliche Vermittler, 2001 endlich Kardinal wird, bessert die Stimmung, beseitigt aber nicht die Konflikte.

Und so ist es verständlich, dass die Deutschen aufhorchen, als die Gerüchte auftauchen, dass Joseph Ratzinger gute Chancen hätte, Nachfolger von Papst Johannes Paul II. zu werden. Schnell finden sich Gründe, warum ein Papst Ratzinger undenkbar ist: zu alt, zu konfliktbehaftet, zu unbeliebt. Eine Fehleinschätzung, geschuldet der deutschen Perspektive. Als nach dem Tod Karol Wojtylas die Anzeichen sich mehren, dass der deutsche Kardinal klarer Favorit ist, gibt es eine Flut von Statements: Man hoffe auf einen pastoralen, dialogbereiten Papst, was übersetzt heißt: bloß nicht Ratzinger. Und dann steht ein Papst Benedikt auf dem Balkon des Petersdoms, lächelnd, gelöst. Die Deutschen reiben sich die Augen: Ist das der gleiche Mann, den wir als kalt und unnahbar in Erinnerung haben? Niemanden wohl hat Benedikt XVI. mehr überrascht als seine Landsleute: mit seiner Zurückhaltung, mit der Ankündigung, den Dialog zu pflegen und die Ökumene zu fördern, mit seinen insgesamt gelungenen Besuchen in Köln und Bayern. Vielleicht wird daraus ein Neuanfang für die Kirche in Deutschland und ihre römische Mutter.

2. Eine reiche Kirche in einer reichen Gesellschaft

»Es gibt so viel Gutes«

Es schadet nie, die Dinge einmal von einer anderen Perspektive aus zu sehen. Zum Beispiel aus der Perspektive von Jon Sobrino, dem Jesuiten und Befreiungstheologen aus El Salvador. Er sitzt, schmal, mit Dreitagebart im Gesicht und dem Jetlag in den Knochen in einer Pizzeria in München und erzählt. Von der Armut seines Landes. Wie er, der gebürtige Spanier, 1957 als 19-Jähriger nach El Salvador kommt, mit gutem Willen, aber blind gegenüber der Wirklichkeit. Wie er dann aus dem »dogmatischen Schlummer« erwacht, erkennt, dass es »außerhalb er Armen kein Heil gibt« und unter den Armen das Heil und der Glaube zu finden ist. »Das Geheimnis des Glaubens ist immer konkret«, sagt er, »es hat einen Geschmack, eine Farbe, und man kann es riechen«. Sobrino, der Gelehrte, geht auf die Dörfer, in die Basisgemeinden, zu den Menschen, um deren Lebensrecht sich niemand sorgt, die krank sind und früh sterben. Er lernt von ihnen die Kunst, gegen alle Hoffnung zu hoffen, das Leben nicht nur als Leid und Mühsal zu sehen, »Gläubige und besonders Theologen sollen fröhliche Leute sein«, sagt er. Er wird einer der Berater von Erzbischof Oskar Romero, der 1980 ermordet wird. Er selber entgeht nur durch Zufall dem Tod: Am 16. November 1989 ermordet ein Todeskommando der salvadorianischen Armee die gesamte Jesuitengemeinschaft mit der er zusammenlebt, die Köchin und ihre Tochter, neun Menschen insgesamt; Sobrino ist an diesem Tag gerade auf einem Seminar in Thailand. »Wir sind eine Kirche der Märtyrer«, sagt er, »in Afrika, in Lateinamerika, in Asien sterben die Christen für ihren Glauben«. Nein, natürlich sollten die Christen den Tod nicht suchen, »aber die Menschen, die für ihren Glauben sterben, halten ihn stark, wach und lebendig, davon weiß man in Europa nur so wenig.«

Was er von der katholischen Kirche in Deutschland hält, die er auch deshalb ein bisschen kennt, weil er in Frankfurt studiert hat? Da windet sich Jon Sobrino ein bisschen. Ja, es gebe viel Gutes. Dass alles so geordnet und verlässlich ist, dass es eine so intelligente Theologie gibt. Und dass die Katholiken in Deutschland sich für die armen Länder interessieren, solidarisch sind und spenden, mehr als zum Beispiel die Spanier, »da sagen viele, wir waren 30 Jahre arm, jetzt haben wir ein bisschen Geld, warum sollen wir es wieder abgeben?« Dann aber sagt er: »Viel Geld zu haben ist immer ein Problem.« Denn auch in der Kirche drohe das Geld seine dienende Funktion zu verlieren und zur Hauptsache zu werden, zum Götzen. Wer Geld habe, sei in der Gefahr, sich aufzuschwingen über andere, zu vergessen, dass nicht das Geld die Quelle der Freude sei, sondern Gott und die Solidarität mit den Menschen. Wer das Geld zum Maßstab mache, werde eng in seinem Denken, »der lernt nicht mehr von den Armen, wie groß das Leben ist«. Nein, er möchte Armut nicht schönreden, sagt er, sie ist auch brutal und mörderisch. »Aber wir kennen den Horror Vacui nicht, die Angst vor der Leere. In der Kirche in Deutschland entdecke ich sie immer wieder. Die Angst, zwar viel zu tun, aber doch leer zu sein, das wirkliche Leben, den Kern der Frage verpasst zu haben.« Er hält inne, nippt an seinem Mineralwasserglas, lacht und sagt: »Jetzt fange ich an zu predigen. Aber was denkst Du denn von Deiner Kirche?«

Eine wohlorganisierte Kirche

Wenn Bischöfe, Priester, Gläubige, Journalisten oder Soziologen über die katholische Kirche reden, wird die Stimme schnell gedämpft, der Ton traurig oder alarmiert, die Tonart der Schilderung moll. Doch zunächst einmal muss man Jon Sobrino Recht geben: Die katholische Kirche in Deutschland ist immer noch reich und wohl organisiert, sie ist groß, mächtig und beeindruckend. Es gibt (Stand 2007) knapp 26 Millionen Katholiken in der Bundesrepublik, mehr als 30 Prozent der Deutschen sind also katholisch; damit ist die katholische Kirche knapp vor der evangelischen die größte nichtstaatliche Organisation im Land. Niemand sonst hat eine derart große Adressendatei, denn die Meldeämter geben die Daten jedes Bürgers, der Kirchensteuer zahlt, an die Pfarreien weiter. Es gibt wohl kein Land, in dem die Katholiken so gut erfasst sind wie in Deutschland.

Mehr als die Hälfte dieser Kirchenmitglieder wohnt in den katholischen Gegenden Nordrhein-Westfalens und in Bayern, weitere Schwerpunkte liegen entlang und westlich des Rheins in Baden, Rheinhessen, der Pfalz und dem Saarland sowie in Oldenburg. Die größten der 27 katholischen Bistümer und Erzbistümer sind Köln, Freiburg, Münster, Rottenburg-Stuttgart und München-Freising. Die meisten Katholiken wohnen also in katholisch geprägten Gegenden mit zum Teil ausgeprägten konfessionellen Traditionen, wo die kirchliche Welt noch einigermaßen heil ist: In den Bistümern Passau und Regensburg liegt ihr Anteil an der Bevölkerung bei mehr als 80 Prozent, in sechs weiteren süddeutschen Diözesen bei mehr als 50 Prozent, in Köln und Münster knapp darunter. Die Katholiken in Ost- und Norddeutschland bilden dagegen eine kleine Minderheit – sowohl in der Bevölkerung in der Region, als auch unter den Katholiken in der Bundesrepublik. In den Bistümern Görlitz und Dresden-Meißen sind nicht einmal vier Prozent der Bevölkerung katholisch, in Magdeburg, Berlin, Erfurt und im Erzbistum Hamburg mit seinen Ost-Gebieten sind es weniger als acht Prozent, in Hildesheim etwas mehr als elf. Entsprechend groß sind auch die Unterschiede zwischen den Diözesen: Im Erzbistum Köln leben fast 2,2 Millionen Katholiken, in Görlitz 35 000. Jedes dieser Bistümer ist rechtlich eigenständig und kirchenrechtlich gesehen nur dem Papst in Rom untergeordnet; gemeinsame Aufgaben beraten die Bischöfe in der Bischofskonferenz, die ein Sekretariat in Bonn unterhält für Fragen der Seelsorge, der Öffentlichkeitsarbeit, der Weltkirche, der Gesellschaft, die über den Bereich der einzelnen Bistümer hinausgehen.

13 300 Pfarreien und Seelsorgestellen gibt es im Land, in jeder Stadt, jedem größeren Ort steht eine katholische Kirche, oft ist sie das Wahrzeichen, das Zentrum der Kommune, der Ort, den jeder kennt, ob er Christ ist oder nicht. 14 000 Welt- und 2300 Ordenspriester gibt es, 11 500 arbeiten in der Pfarrseelsorge,

unterstützt von 2600 ständigen Diakonen (verheiratete Männer mit dem Haupt- oder Nebenberuf Diakon), mehr als 4400 Gemeinde- und mehr als 3000 Pastoralreferenten (Seelsorger/innen im Hauptberuf). Es gibt 26 700 Nonnen und 5100 Mönche im Land – viele lateinamerikanische und afrikanische Christen wären froh, sie hätten ein solches Verhältnis von Gläubigen und Seelsorgern. Jeder Katholik in Deutschland hat, wenn er will, einen kurzen Weg zum nächsten Seelsorger, er kann sein Kind festlich taufen lassen, in einen pädagogisch und theologisch (mehr oder weniger) durchdachten Erstkommunionunterricht schicken und dann in die Gruppenstunde der katholischen Jugend, in Zeltlager, die Firmgruppe; er kann sich später katholisch trauen und noch später seine Eltern katholisch beerdigen lassen, ohne dafür größere Mühen auf sich zu nehmen. Etwas schwieriger ist es, Kinder in kirchliche Kindergärten oder Schulen zu schicken, denn der Andrang ist groß – alle aber haben das Recht auf katholischen Religionsunterricht an den staatlichen Schulen, erteilt von Lehrern mit kirchlicher Lehrerlaubnis. Ausgebildet sind sie an einer der theologischen Fakultäten in Deutschland; neidisch schauen ihre Kollegen aus der Betriebswirtschaft oder der Germanistik auf das dortige hervorragende Studenten-Professoren-Verhältnis; nach einem Bericht der *Süddeutschen Zeitung* beträgt es 7 zu 1.

Kurz gesagt: Die katholische Kirche ist immer noch flächendeckend und in allen Bereichen des Lebens in Deutschland präsent, mit ihren Kirchen und ihrem Bildungswesen, ihren Seelsorgern, auch bei der Polizei, in der Bundeswehr, in Krankenhäusern, bei Notärzten und Sanitätern. Ihre Mitarbeiterinnen und Mitarbeiter sind hervorragend ausgebildet und gut bezahlt, es gibt Theologen, Pädagogen, Sozialarbeiter, Journalisten, PR-Fachleute, Betriebswirte, Sekretärinnen, Verwaltungsfachangestellte, Buchhalter, Handwerker, Architekten im Kirchendienst – eine sicher unvollständige Aufzählung. Und sie organisiert, trotz aller Klagen über leere Kirchen, die größte Wochenendveranstaltung der Bundesrepublik Deutschland: den Sonntagsgottesdienst, zu dem Woche für Woche mehr als 3,8 Millionen Menschen kommen. Da kann die Fußball-Bundesliga nicht mithalten.

Eine reiche Kirche

»Sammelt euch nicht Schätze auf Erden, wo Motte und Wurm sie zerstören und wo Diebe einbrechen und stehlen«, sagt Jesus im Matthäusevangelium, denn »ihr könnt nicht Gott dienen und dem Mammon«. Wenige Verse später überliefert der Evangelist Jesu Bild von den Lilien und Vögeln, die nicht ernten und arbeiten und für die doch gesorgt ist: »Sorgt euch also nicht und sagt nicht: Was werden wir essen? Oder: Was werden wir anziehen? Denn nach all dem trachten die Heiden. Euer himmlischer Vater weiß ja, dass ihr das alles braucht. Sucht vielmehr das Reich und seine Gerechtigkeit, und all das wird euch dazugegeben werden. Sorgt euch also nicht um den morgigen Tag, denn der morgige Tag wird für sich selber sorgen.«

Trotzdem trägt die katholische Kirche in Deutschland eine Menge irdischer, aus der Sicht des Evangeliums gar heidnischer Sorge. Sie lebt in einer reichen Gesellschaft, in der (fast) alles seinen Preis hat, der Arbeitslohn der Pfarrer und der pastoralen Mitarbeiter, der Bau und der Unterhalt der Kirchen und kirchlichen Gebäude, die Jugendseelsorge. Und dann besitzt sie, ein Erbe ihrer langen Geschichte, zahllose Grundstücke und Liegenschaften, Häuser in besten Citylagen und stille Wälder, natürlich Gotteshäuser und Kunstwerke von unschätzbarem Wert. Einer der größten und erfolgreichsten Medienkonzerne in Deutschland gehört den Bistümern: Weltbild. Wie »reich« »die« Kirche in Deutschland ist, lässt sich gar nicht richtig sagen. Einmal, weil die Kirche sich zusammensetzt aus höchst unterschiedlichen Bistümern und Pfarrgemeinden, in denen höchst unterschiedlicher Wohlstand herrscht. Dann, weil Kirchen und Kunstwerke zwar theoretisch viel Geld wert sind, der Erzbischof von Köln aber nicht einfach den Dom verkaufen kann, um seinen Haushalt zu sanieren. Auch ist umstritten, ob staatliche Zuschüsse für soziale oder caritative Leistungen der katholischen Kirche Auskunft über den Wohlstand der Institution geben. Es gibt aber auch in der katholischen Kirche eine verbreitete Angst vor transparenten Finanzen, vor genauen Angaben über Rücklagen, Immobilien- und Anlagevermögen, Erträge aus Aktien und Firmenbeteiligungen.

Dafür gibt es emotionale Gründe wie die Sorge, Kirchengegnern in irgendeiner Weise in die Hände zu spielen – es gibt aber auch handfeste Argumente für eine Kirchenleitung, nicht so genau nach Finanzen und Vermögen zu fragen: Vergleichbare Bistumsbilanzen würden schonungslos zeigen, welche Kirchenleitung gut und welche schlecht gewirtschaftet hat, was in den Zeiten der Spardebatten zu peinlichen Fragen führen könnte. So bieten zwar mittlerweile alle Bistümer Internetseiten und Broschüren mit vielen farbigen Grafiken über die Kircheneinnahmen und ihre Verwendung. Eine echte Bilanz haben bis jetzt aber nur das Erzbistum Hamburg und das Bistum Hildesheim vorgelegt. Und der einzige Autor, der in den vergangenen Jahren mit einiger Akribie versucht hat, Finanzen und Vermögen der Kirchen in Deutschland zu ergründen, ist der Kirchenkritiker Carsten Frerk.

Der größte Einzelposten der unmittelbaren kirchlichen Einnahmen ist nach wie vor die Kirchensteuer – 1875 gegen den Widerstand der katholischen Kirche eingeführt, die in ihr eine billige Abschlagszahlung des Deutschen Reiches für die 1803 säkularisierten Kirchengüter sah, heute jedoch zur großen Zufriedenheit der Kirchen in der Verfassung verankert. In Bayern und Baden-Württemberg beträgt sie acht, sonst neun Prozent der Einkommensteuer eines steuerpflichtigen Kirchenmitglieds; für sehr hohe Einkommen gibt es eine Kappungsgrenze. Steuerpflichtig ist übrigens mittlerweile nur noch jedes dritte Kirchensteuermitglied, zwei Drittel sind zu jung oder zu alt, arbeitslos, Hausfrauen und (selten) -männer. 2004 brachte die Kirchensteuer der katholischen Kirche bundesweit 4,15 Milliarden Euro, 300 Millionen weniger als 1999, aber doppelt so viel wie Ende der 70er-Jahre. Die staatlichen Finanzämter ziehen die Kirchensteuer ein und reichen sie an die Bistümer und Landeskirchen weiter. Die zahlen dem Staat dafür eine Aufwandsentschädigung von zwei Prozent der eingezogenen Summe. Dass ist in den Zeiten des Computers für beide Seiten ein gutes Geschäft: Die realen Kosten der Finanzbehörden sind deutlich geringer als diese zwei Prozent, und für die Kirchen gibt es kein vergleichbar günstiges Finanzierungssystem; in Österreich, wo die Kirchen ihre Streuer selber einziehen, liegen die Verwaltungskosten bei 15 Prozent, und die Bistümer sind auf die

Selbsteinschätzung der Gläubigen angewiesen, die, menschlich, wie sie sind, eher zur Unter- als zur Überschätzung ihrer Finanzkraft neigen. Das kann in Deutschland außerhalb des Steuerbetrugs nicht passieren, und wer gerne katholisch sein möchte, aber keine Kirchensteuer zahlen will, der kann dafür vor Gericht gestellt werden – ihm bleibt nur der formale Austritt. Die staatlich eingezogene Kirchensteuer ist ein einmalig effizientes System, ihr Ertrag liegt auch um ein Vielfaches höher als der aus der italienischen oder spanischen Kultursteuer, bei der ein Steuerzahler einen kleinen Teil seiner Abgaben einer caritativen Organisation oder eben einer Kirche zukommen lassen kann. Und auch wenn ihre Zukunft nicht mehr so sicher scheint wie vor ein, zwei Jahrzehnten, auf absehbare Zeit wird die Kirchensteuer wohl durch kein anderes Finanzierungssystem abgelöst werden. Das theologische Grundsatzproblem aber wird bleiben: Glaubt nur, wer zahlt? Das ist einer der Gründe, warum es auch katholische Christen gibt, die sich an der Kirchensteuer stoßen und die sich zum Beispiel in einem Verein für die Umwidmung von Kirchensteuern zusammengeschlossen haben.

Das Kirchensteueraufkommen in Deutschland ist höchst unterschiedlich verteilt. Das Erzbistum Köln, nach Zahl der Gläubigen das größte Bistum der Republik, hat auch mit mehr als 460 Millionen Euro (2003) die höchsten Kirchensteuererträge, die höchsten Einnahmen pro Katholik hat dagegen das Bistum Limburg, auf dessen verhältnismäßig kleinem Gebiet das reiche Frankfurt und ein guter Teil seines Speckgürtels liegen. Die ostdeutschen Diözesen nehmen dagegen nur zwischen knapp sieben Millionen (Görlitz) und gut 30 Millionen (Dresden-Meißen) Euro ein, zwischen zehn und 25 Prozent ihres Etats, während im Westen die Kirchensteuer zwischen 70 und 80 Prozent der kirchlichen Gesamteinnahmen ausmachen. Auch die katholische Kirche hat, wie der Staat, einen Finanzausgleich zwischen armen und reichen Regionen eingerichtet, der vor allem dem Osten und dann auch dem Norden zugute kommt. Abgewickelt wird er über den Verband der Diözesen Deutschlands (VDD), in dem die 27 Diözesanbischöfe auch entscheiden, welche überdiözesane Arbeit wie viel Geld bekommt: die katholische Nachrichtenagentur, die Journa-

listen- oder die Begabtenförderung. Der VDD regelt die bundesweite kirchliche Arbeitsordnung, handelt für die Kirche Sonder-
konditionen mit verschiedenen Unternehmen aus. Er arbeitet
öffentlich weitgehend unbeachtet – auch die meisten Katholiken
dürften von ihm noch nichts gehört haben. Und trotzdem ist er
mächtig, mächtiger manchmal als die Bischofskonferenz.

Weil die Kirchensteuereinnahmen in den vergangenen Jahren
gesunken sind, suchen nun die Kirchen verstärkt nach Wegen, die
Ausfälle auszugleichen. In vielen evangelischen Landeskirchen gibt
es mittlerweile das so genannte Kirchgeld, das protestantische
Christen zahlen sollen, die gemeinsam mit einem nichtchristlichen
Partner steuerlich veranlagt sind, selber aber keine Kirchensteuer
zahlen, weil sie selber nichts oder nur wenig verdienen. Die dortigen Finanzchefs sind zuversichtlich, auf diese Weise zusätzlich
einige Millionen Euro einzunehmen und jenen Rechenkünstlern
ein Schnippchen zu schlagen, bei denen der geringer verdienende
Ehepartner in der Kirche bleibt, um sich christliche Taufen, Hochzeiten und Beerdigungen zu sichern, und der besser Verdienende
austritt, um die Kirchensteuer einzusparen. Auch zehn der 27 katholischen Bistümer erheben mittlerweile eine solche Sonderabgabe,
in den Bundesländern Niedersachsen und Bremen zwischen jähr-
lich 96 Euro (bei 37 000 Euro gemeinsamem Jahreseinkommen)
und 3600 Euro (mehr als 300 000 Euro Jahreseinkommen). Wie
viel Geld das längerfristig bringt, weiß noch niemand, auch nicht,
wie viele Paare von dieser Regelung betroffen sind. Und mancher
Bischof scheut die »Heidensteuer« auch, weil sie neben zahlreichen wütenden Anrufen im Ordinariat und einer schlechten
Presse auch zahlreiche Kirchenaustritte nach sich zieht.

Angenehmer ist es natürlich, wenn die Katholiken aus eigenem
Antrieb spenden oder wenn Unternehmen kirchliche Projekte und
Anschaffungen sponsern. Hier ist es geradezu unmöglich, auch
nur annähernd zu sagen, wie viel die Katholiken ihrer Kirche spenden, stiften, vererben. Frerk nimmt für das Jahr 1993 die Gesamt-
summe von 900 Millionen Mark an, ohne die Schätzung aufschlüs-
seln zu können, aber der Anteil von etwas mehr als zehn Prozent
der Kirchensteuereinnahmen scheint plausibel. Gut dokumentiert
sind natürlich die Spenden an die kirchlichen Hilfswerke, die,

abzüglich der Verwaltungskosten und der Kosten für Werbung und Bewusstseinsbildung, an Projekte in armen Ländern weitergeleitet werden. Das Hilfswerk Misereor, das in der Fastenzeit vor Ostern sammelt, erhielt 2004 56 Millionen Euro, Adveniat, das zur Weihnachtszeit um Geld für Lateinamerika wirbt, 41,7 Millionen, die Sternsinger ersangen 47,5 Millionen, das päpstliche Werk Missio, dass besonders die Kirchen in der Dritten Welt stützt, 27,6, Renovabis, die Kollekte für Osteuropas katholische Kirche, sammelte zu Pfingsten 8,4 Millionen Euro. Was dagegen insgesamt den Pfarreien, Ordensgemeinschaften, Schulen und Kindergärten gespendet wird, lässt sich nicht sagen; ebenso wenig, wie viele Grundstücke, Mietshäuser, Äcker die Kirchengemeinden besitzen; Frerk schätzt, dass die katholische Kirche, einschließlich der Ordensgemeinschaften, mehr als 400 000 Hektar Grund besitzt, 23 000 kirchliche Gebäude und in den katholischen Siedlungswerken mehrere zehntausend Wohnungen. Die regionalen Unterschiede sind jedoch extrem. Eine Pfarrei in einem wohlhabenden Münchner Stadtteil kann mit einem Grundstücksverkauf einen Kindergarten-Umbau aus eigener Tasche finanzieren, der Kindergarten hat natürlich einen gut funktionierenden Förderverein, der dann mehrere tausend Euro für die Außenanlage der Einrichtung stiftet. Gemeindemitglieder mit Freude an der Kirchenmusik spenden dagegen für die neue Orgel; für die örtlichen Geschäftsleute gehört es einfach dazu, für dieses oder jenes Vorhaben Geld zu geben, man kennt und hilft sich eben. Die Katholiken im Nordosten Deutschlands haben diese Möglichkeiten nicht: Viele Gemeindemitglieder sind arbeitslos, wandern in den Westen ab, eigene Grundstücke hat hier eine Kirchengemeinde nicht, das Kirchengebäude ist seit DDR-Zeiten baufällig, die Spenden reichen gerade, um den nötigen Eigenanteil aufzubringen, die das Bistum mittlerweile für den Einbau der dringend nötigen Heizanlage verlangt.

Die Kirche erhält jedoch nicht nur Geld von den Gläubigen über die Kirchensteuer, das Kirchgeld oder über verschiedene Spenden – auch der Staat finanziert die katholische Kirche mit direkten oder indirekten Zuwendungen. Noch immer zahlen die Bundesländer als Ausgleich für die 1803 abgeschafften Dotatio-

nen und eingezogenen Kirchengüter einen Ausgleich an die großen Kirchen, je nach Bundesland und Konkordat auch das Gehalt
der Bischöfe und Weihbischöfe, so hoch wie das eines Regierungs-
präsidenten, Zuschüsse zur Besoldung des Domkapitels und einer
Reihe von Pfarrstellen – im Jahr 2000 waren es mehr als 350 Millionen Mark. Der Militärseelsorgevertrag von 1956 wiederum
regelt nicht nur den Zugang der Kirchen zu den Kasernen sowie
Status und Dienstgrad der Militärgeistlichen. Er bestimmt auch,
dass das Bundesverteidigungsministerium alle Kosten dieser Seelsorge zahlt, von den Gehältern der Militärpfarrer angefangen über
die Angestellten und Beamten im Militärbischofsamt, die Dienstwagen bis hin zu den Zeitungsabonnements für den *Rheinischen
Merkur*, zum Messwein, dem Weihrauch und den Kerzen – insgesamt fast 27 Millionen Euro. Auch die Polizei- und Gefängnisseel-
sorge ist größtenteils staatlich finanziert. Zudem verzichtet der
Staat auf Steuereinnahmen, wenn ein Katholik brav seine Kirchensteuer zahlt, die sein Gesamteinkommen mindert, oder wenn er
der Kirche und einem ihrer unzähligen gemeinnützigen Vereine
spendet und diese Spende absetzt. Dahinter steckt der Gedanke,
dass es für das Gemeinwesen insgesamt von Nutzen und unter-
stützenswert ist, wenn die Bürger Kirchenmitglied sind oder einer
gemeinnützigen Organisation spenden. Kirchenkritiker sehen hie-
rin eine Bevorzugung der Kirchen, politisch ist diese Regelung
jedoch weitgehend akzeptiert.

Den größten Teil der Kirchensteuereinnahmen steckt die Kirche
in die Seelsorge und die Organisation dieser Seelsorge – nicht, wie
oft vermutet wird, in die Sozialarbeit. Ein großes Bistum wie das
Erzbistum München-Freising hat einen Etat von mehr als 385 Millionen Euro (Haushaltsplan 2005); 88 Prozent der Einnahmen
kommen über die Kirchensteuer, 25 Millionen Euro vom Freistaat
Bayern, 15,4 Millionen stammen aus Pfründen, Forstwirtschaft,
Pacht- und Zinseinnahmen, sechs Millionen aus sonstigen Stiftun-
gen – 12 Millionen Euro erhält das Erzbistum vom Verband der
Diözesen zurückerstattet, weil es in den vergangenen Jahren zu
viel in den Ausgleichs-Topf gezahlt hat. 63 Prozent dieser Einnahmen werden fürs kircheneigene Personal ausgegeben, die
Besoldung der Priester und Diakone, Pastoral- und Gemeinde-

referenten, die Religionslehrerinnen und -lehrer im Kirchendienst, die verschiedenen bistumsweiten Stabsstellen, die Verwaltung im Ordinariat, die Küster, Organisten, Hausmeister, Kindergärtnerinnen, Sekretärinnen – in kleineren Bistümern ist dieser Anteil meist noch höher. Mehr als 16 000 Frauen und Männer beziehen ihr Gehalt über die Personalabrechnungsstelle der Erzbischöflichen Finanzkammer. Die größten Einzelposten sind aber die Kosten für Bau und Unterhalt von Kirchen (fast 65 Millionen Euro) sowie »Baumaßnahmen für die Seelsorge« (60 Millionen Euro) – die Münchner bauen derzeit unter anderem an 366 Kirchen, 147 Kindertagesstätten, 142 Pfarrhäusern, 90 Pfarrzentren. Die Ausgaben fürs Soziale und für die Bildung nehmen sich dagegen bescheiden aus: 1,9 Millionen Euro für die Schwangeren-Beratung, 500 000 Euro für Arbeitslose in Schwierigkeiten, immerhin 12 Millionen Euro für Kindertagestätten und mehr als vier Millionen für kirchliche Schulen. Alles in allem aber kleine Beträge, verglichen mit einem Gesamthaushalt von 385 Millionen Euro. Wo bleibt also das Soziale, wo bleibt die Bildung? – wo doch die katholische Kirche für beides so gerühmt wird.

Ein Sozialkonzern

Wässrige Flocken durchfeuchten Jacken wie Hosen, und an den Rändern seifiger Straßen lauern breiige Pfützen. Es gibt kein schlechteres Wetter, um Essen auszufahren: Einparken im Schneematsch, raus ins Nasse, die Aluminiumpackung aus der Warmhaltebox, Joghurt, Suppe oder Salat obendrauf. Dann in überheizte Wohnungen. »Im September war es schöner«, sagt Robert Schumack, der Zivildienstleistende. Egal, die Leute sehnen den jungen Mann herbei, der ihren Tag in vorher und nachher teilt. Sie stehen um elf Uhr am Fenster, und wenn um viertel vor zwölf noch keiner da war, gerät die Welt ins Wanken. Täglich liefert die Caritas im Westen von München auf neun Touren 220 Essen an alte Menschen, an den Wochenenden etwas weniger, macht 76 000 Portionen im Jahr. Jedes Mittagessen bedeutet, einem Menschen zu begegnen: der Dame, die immer am Fenster sitzt und auf die

Eisenbahngleise schaut. Dem alten Herrn, der auf seine blitzsaubere Küche zeigt und sagt: »Die hat noch meine Frau eingerichtet.« Oder der 87-Jährigen, der genau erklärt werden muss, was es heute gibt – sie ist fast blind. Robert Schumack erklärt geduldig, hört aufmerksam zu. Manche der alten Leute wollen ihn gar nicht loslassen. Die Männer erzählen aus ihrem Leben, die Frauen fragen, ob er schon Kinder hat. Würde er alle Süßigkeiten essen, die er zugesteckt bekommt, hätte er ein Gewichtsproblem.

Anderentags zur gleichen Zeit packt sein Kollege Heiko Hoffmann den Schlagbohrer in seinen alten Rucksack. Eine psychisch kranke Frau hat eine Garderobe geschenkt bekommen, die soll an die Wand. »Die freut sich, wenn ich komme«, sagt er. Und seitdem die Wände gestrichen sind, ist es heller dort, und es stinkt nicht mehr so. Die meisten psychisch Kranken seien nett, »wo es doch sonst heißt, die morden und vergewaltigen«. Er darf die Tüte mit den Lebensmitteln nicht vergessen: Brot von gestern, eine Wurstpackung, zwei kurios gewachsene Möhren, eine Milchschnitte. Spenden von der Münchner Tafel. Durch den Türspalt lächelt eine Frau undefinierbaren Alters im Trainingsanzug und mit strubbeligen Haaren. Eine feuchte Einraumwohnung mit Bettsofa, auf dem Herd das Essen von gestern. Der Rauch tausender Zigaretten ist in die Gardine gekrochen und hat die Scheuerpulverdose gegilbt, die Lampe, den Plattenspieler, das Regal geteert. »Ist rausgegangen«, sagt die Frau und zeigt eine Steckdose her. Kein Problem. Auch die Garderobe, Ersatz für den Kleiderschrank, ist bald an die Wand gedübelt. »Hab Spritze bekommen«, erzählt die Frau fröhlich drauflos, »gegen die Ängst'«. Und dann hat sie das Bad geputzt. Oh je, sagt Heiko Hoffmann und sammelt den Haufen feuchter Lappen auf. Die Arbeit des sozialpsychiatrischen Dienstes ermöglicht es der Frau jedoch, einigermaßen selbstständig zu leben.

Die Bilder, die Ursa Wilms mitgebracht hat, zeigen einen Dom mit wabbeligem Dach und eine Wiese mit gelbem Himmel. »Der Mann, der das schuf«, erklärt die Kunsttherapeutin, »sah die Welt anders als seine Zeitgenossen«. Die mochten gerade Dächer und blauen Himmel. Also kaufte keiner die Bilder des Vincent van Gogh. Die sechs Mädchen im Raum hören zu. Elektrisiert aber sind sie, als Ursa Wilms auf das abgeschnittene Ohr zu sprechen kommt. »Warum hat er das getan?«, will Anne wissen. Mit Selbstverstümmelung kennen sie sich aus. Das »Ritzen«, wie sie es hier nennen, ist nichts Besonderes im Gautinger Mädchenheim. Die Einrichtung der Caritas ist das größte von bundesweit vier geschlossenen Heimen für, wie es offiziell heißt, »schwer erziehbare« Mädchen. Manche Bewohnerinnen sind erst 13, 14 Jahre alt. Streunen, Ladendiebstahl, Alkohol, Drogenmissbrauch, Prostitution – es gibt viele Gründe, hier zu landen. In den ein, zwei Jahren im Heim hofft Schulleiterin Birgit Kolar, sie so »stabil« zu bekommen, dass sie ohne Ritzen leben können. Seit eine Bewohnerin übers Dach ausbüxte, ist der First des Pausenhofs mit rutschigen, runden Ziegeln bedeckt. Auf den Hof dürfen die Mädchen erst, sobald drei Lehrer anwesend sind. Schließlich ist keine Bewohnerin freiwillig hier. Jugendämter aus ganz Deutschland überweisen mit Beschluss des Familiengerichts hierher, wenn ein Mädchen in seiner Familie nicht mehr leben kann oder die Pflegefamilie kapituliert hat. Dass es kein Heim mit ihnen aushält, dass sie ihre Mütter, ihre Mitschüler einschüchtern können, erleben die Kinder oft »als Triumph«, sagt Kolar. Nachgeben, Schwäche zeigen, wenn jemand sie anspuckt, kann sich keiner der 20 Heilpädagogen und Erzieher leisten.

Drei sehr unterschiedliche Einrichtungen, aber alle gehören sie zur Caritas. Die großen kirchlichen Sozialverbände, das evangelische Diakonische Werk und die katholische Caritas, sind mit dem Begriff Sozialkonzern recht passend beschrieben. Die Caritas ist kein zentral organisiertes Unternehmen. Die 27 Diözesan-Caritasverbände sind rechtlich unabhängig und setzen sich wiederum aus Bezirkscaritasverbänden zusammen, die wiederum aus kleineren lokalen Einheiten bestehen. Die Caritas ist also von unten nach oben organisiert; die Zentrale in Freiburg ist das Dach, das eine einigermaßen einheitliche Arbeit garantiert und für das gemeinsame Ziel steht: Die Sorgen und Nöte der Menschen sollen auch die Sorgen und Nöte der katholischen Kirche sein, wie es das Zweite Vatikanische Konzil in der Pastroalkonstitution *Gaudium et Spes* festgelegt hat. Oder, wie es im 1991 verabschiedeten Leitbild der Caritas heißt: »Caritas ist konkrete Hilfe für Menschen in Not. Richtschnur ihrer Arbeit sind Weisung und Beispiel Jesu Christi. Die Hinwendung zu den Hilfebedürftigen und die Solidarität mit ihnen ist praktizierte Nächstenliebe«. Der junge Pfarrer Lorenz Werthmann gründete am 9. November 1897 den »Caritasverband für das katholische Deutschland«, der sich für Saisonarbeiter und Seeleute einsetzte, für Tippelbrüder und Trinker, der sich körperlich und geistig behinderten Menschen widmete, Krankenhäuser übernahm und Kindergärten gründete sowie Einrichtungen der Fürsorgeerziehung und des Mädchenschutzes. Die Arbeit des Wohlfahrtsverbandes war von Anfang an breit gefächert und legte auch bald Wert auf Professionalität, bildete früh Erzieherinnen, Krankenschwestern, Sozialarbeiter aus.

Heute weiß kaum noch jemand, dass die Caritas auch eine Bewegung von ehrenamtlichen Helfern ist, die Kranke besuchen, Essen ausfahren, mit Migrantenkindern Hausaufgaben machen. Im Blick ist der gigantische Sozialkonzern, der gemeinsam mit dem Diakonischen Werk der zweitgrößte Arbeitgeber der Bundesrepublik hinter dem Öffentlichen Dienst ist. Fast 500 000 Menschen arbeiten hauptberuflich in einer der 25 500 Einrichtungen der Caritas – darunter fast 700 Krankenhäuser, Hospize und Reha-Einrichtungen, 1000 Sozialstationen, mehr als 600 Einrichtungen der Kinder- und Jugendhilfe, fast 1800 der Alten- und mehr als 1500 der Behindertenhilfe. Mehr als 10 000 Kindergärten, Tagesstätten, Horte, Krippen und Tagesstätten an Schulen unterhält die Caritas selber oder sie hat die Fachaufsicht, zum Beispiel im Gemeindekindergarten. Die Caritas – das ist Hightech-Medizin und Schuldnerberatung, Vorschul-Bildung auf hohem Niveau genauso wie Drogenhilfe und Betreuung von Sterbenden; die Caritas ist den Armen, Diskriminierten und Ausgestoßenen der Gesellschaft nahe, sie ist aber auch – ein gigantischer Wirtschaftszweig, bei dem es um viel, ausgesprochen viel Geld geht. Wie alle anderen Sozialträger auch, lebt die Caritas vom Geld der öffentlichen Hand, von den Leistungen, die sie mit den Krankenkassen, der Pflegeversicherung, den Jugendämtern und so weiter abrechnet. Der Eigenanteil der Kirchen beträgt bei Krankenhäusern null Prozent, bei Kindergärten zwischen 15 und 30 Prozent. Ein verhältnismäßig kleiner Diözesancaritasverband wie der des Bistums

Eichstätt setzte 2001 knapp 160 Millionen Euro um, im Erzbistum München waren es 2004 fast 280 Millionen Euro, bundesweit sind es deutlich mehr als 20 Milliarden Euro. Auch dort, wo die Christen längst eine Minderheit sind, profitieren vor allem Caritas und Diakonie vom Subsidiaritätsprinzip, dem der Staat verpflichtet ist: Er soll nicht an sich reißen, was ein freier Träger genauso gut erledigen kann.

Hinzu kommen zahlreiche, von der Caritas unabhängige Sozialeinrichtungen und Krankenhäuser von Ordensgemeinschaften – meist mit langer Tradition, wie die Barmherzigen Brüder oder die Franziskanerinnen. Die Geschichte des Deutschen Ordens als Träger sozialer Einrichtungen ist dagegen kurz und skandalös: Anfang der 90er-Jahre wandelte eine Gruppe um den Prior Gottfried Keindl den überalterten Orden in eine Trägergesellschaft um; die zog nach Bayern und kaufte mit dem Wohlwollen der Landesregierung, was sich kaufen ließ: Krankenhäuser, Altenheime, Einrichtungen der Drogenhilfe. Keindl und seine Mitstreiter pflegten einen aufwändigen Lebensstil, das Unternehmen schien satte Gewinne abzuwerfen. Doch im Jahr 2000 zeigte sich, dass der Orden sich übernommen hatte, der Träger war an seinem Größenwahn zugrunde gegangen, ohne als Körperschaft des öffentlichen Rechts in Konkurs gehen zu können. Das Geld, das auf dem immer noch großen deutschen Sozialmarkt zu verdienen ist, lockt auch Glücksritter an – sogar bei der Caritas. Der einstige Trierer Caritas-Manager Hans-Joachim Doerfert wurde 2001 vom Landgericht Koblenz zu sieben Jahren Haft verurteilt – nach den Erkenntnissen der Richter hatte er mehr als 20 Millionen Mark veruntreut und einen guten Teil dieses Geldes in die Fußballclubs Eintracht Trier und FC Saarbrücken gesteckt.

Dem insgesamt guten Ruf der Caritas haben solche Affären nicht geschadet. In sozialen Angelegenheiten genießt die Kirche immer noch großes Vertrauen: Viele Menschen erwarten, dass sie in kirchlichen Krankenhäusern besser gepflegt werden als anderswo, dass ihre Kinder in einem katholischen Kindergarten besonders gut aufgehoben sind, dass christliche Beratungsstellen und Hilfsangebote besonders gut helfen. Ob dies nun im Einzelfall gerechtfertigt ist oder nicht – auch bei Nichtchristen ist die

Akzeptanz dieser kirchlichen Arbeit hoch, so, wie sie auch der Reinheit des Klosterbiers besonders vertrauen. Ob das so bleibt, ist aber ungewiss – der steigende Konkurrenz- und Kostendruck auf dem Sozialsektor bedroht gerade das christliche »Sondergut«: die Zeit für Zuwendung und Gespräche, die Menschlichkeit, die mit keiner Kasse abzurechnen ist.

Ein Bildungsgigant

Fast 700 000 Kinder gehen jeden Tag in einen katholischen Kindergarten oder eine Tagesstätte, einen Hort, ein Tagesheim, ein Kinderhaus oder eine Kinderkrippe. Sie lernen dort nicht nur, mit anderen Kindern zu spielen und Konflikte auszutragen, sie erhalten gezielt eine religiöse Früherziehung. Die Erzieherinnen erzählen die Geschichten der Bibel und vom Leben der Heiligen, sie singen fromme Lieder, besuchen die Kirche, bereiten Kindergottesdienste vor; das Kindergartenjahr verläuft auch im Rhythmus des Kirchenjahres, mit Advent und Fastenzeit, Pfingsten, Erntedank und Sankt Martin. Den Eltern fällt es zunehmend schwer, mit ihren Kindern über ihren Glauben zu sprechen oder zu beten – im katholischen Kindergarten gehört der Glauben zum Alltag, nirgendwo sonst wird er so vielen Kindern so einprägsam vermittelt. Doch nicht nur deshalb führen die meisten kirchlichen Kindergärten lange Wartelisten: Die Eltern schätzen die Qualität des größten privaten Bildungsanbieters in der Bundesrepublik. Ein Teil dieser Qualität ist sicher auf die Sozialauswahl zurückzuführen, die unweigerlich stattfindet, wenn eine Einrichtung unter vielen Kindern engagierter Eltern auswählen kann. Der Anteil von Kindern, die kein Wort Deutsch sprechen, ist hier meist deutlich niedriger als in vergleichbaren kommunalen Einrichtungen. Aber es gibt auch viele überdurchschnittlich engagierte Leiterinnen, Erzieherinnen und Kinderpflegerinnen, die bewusst bei einer kirchlichen Einrichtung sich bewerben, weil sie ihren eigenen Vorstellungen und Idealen am nächsten kommen.

In einigen katholisch geprägten Regionen ist der katholische Kindergarten häufig noch die einzige Betreuungseinrichtung für

Vorschulkinder – Tendenz abnehmend. Die katholischen Schulen haben da naturgemäß einen geringeren Anteil an der Schulbildung, die, der Schulpflicht wegen, zunächst einmal eine staatliche Aufgabe ist, die der Bundesländer genauer gesagt. Doch mittlerweile besuchen fast 400 000 Schülerinnen und Schüler die ungefähr 1150 katholischen Schulen, die es in Deutschland gibt, der höchste Stand seit Bestehen der Bundesrepublik. Und seit den desaströsen Ergebnissen der Pisa-Studie ist der Andrang noch viel größer geworden. Diese Schulen stehen »für ein pädagogisches Konzept, das Wissensvermittlung mit ganzheitlicher Erziehung und Glaubenspraxis verbindet«, heißt es in einer Selbstdarstellung. Hier büffeln die Schüler aller Schulformen also nicht nur für die nächste Klassenarbeit, sie gehen in Schulgottesdienste, organisieren Sternsingen und Würstchenverkauf für die Dritte Welt. Der Andrang bringt mittlerweile manchem Bistum Probleme: Viele Ordensgemeinschaften können ihre Schulen nicht mehr unterhalten und wünschen, dass das Bistum sie weiterführt. Doch trotz der geschätzt fast zwei Milliarden Euro, die die Bundesländer den katholischen Schulen für Personal- und Sachkosten überweisen, sind die Schulen eine erhebliche Belastung für den Haushalt: Bis zu 50 Prozent der Kosten muss ein privater Träger selber bezahlen, und bislang haben die Kirchen davor zurückgeschreckt, ein allzu hohes Schulgeld zu erheben.

Die meisten Kinder und Jugendlichen kommen vor allem über den konfessionellen Religionsunterricht an den staatlichen Schulen mit ihrer Kirche in Berührung. Außer in den Bundesländern Bremen, Berlin, Brandenburg und Hamburg ist er Pflichtfach; Jugendliche ab 14 können sich selber vom Unterricht abmelden, was sie aber nur noch selten tun, seit – statt der Freistunde – meist der Ethik-Unterricht auf sie wartet. Der Unterricht hat, so bestimmt es der Artikel 7 des Grundgesetzes, »in Übereinstimmung mit den Grundsätzen der Religionsgemeinschaft« stattzufinden, Religionslehrer, ob im Staats- oder Kirchendienst, benötigen also die kirchliche Lehrerlaubnis, die »missio canonica«, die sie zum Beispiel verlieren, wenn sie sich scheiden lassen und wieder heiraten. Jede Woche erhalten also Millionen Schüler aller Altersstufen eine oder zwei Stunden religiöse, ethische und lebenskundliche Unterweisung, die im – mal engeren, mal weiteren – Sinne der katholischen Kirche ist. Ein nicht zu unterschätzendes Privileg (auch, wenn Kirchenvertreter das Wort nicht gern hören) – das zeigt sich auch daran, mit welchem Engagement die Kirchen um diesen Religionsunterricht als konfessionelles Pflichtfach kämpfen, sobald er in Gefahr gerät. In Brandenburg führte die Landesregierung das Pflichtfach Lebensgestaltung-Ethik-Religionskunde ein aus der Überlegung heraus, dass die meisten Schüler des Landes keiner Konfession angehören, aber dennoch Grundlagen der Religionen und Maßstäbe für ethische Überlegungen vermittelt bekommen sollten. Erst nach einer Verhandlung vor dem Bundesverfassungsgericht einigten sich die Kirchen und das Land auf einen Kompromiss, dem zufolge der (tatsächlich arg benachteiligte) Religionsunterricht aufgewertet wurde, LER aber Pflichtfach bleibt. Nun gibt es eine ähnliche Auseinandersetzung in Berlin – auch dort ist der konfessionelle Religionsunterricht aufgrund einer Ausnahmeregelung (»Bremer Klausel«) nicht vorgesehen, auch dort gibt es einen Gesetzentwurf, der einen religiös neutralen Lebenskundeunterricht wünscht.

Wer im Religionsunterricht Interesse an der Theologie gefunden hat, kann das Fach an vielen Universitäten studieren, 22 katholisch-theologische Fakultäten an staatlichen und kirchlichen Hochschulen gibt es, mehrere hundert Professoren forschen und lehren dort, ausgestattet mit der kirchlichen Lehrerlaubnis und – an den staatlichen Hochschulen – mit dem Status des Staatsbeamten; die Ausstattung der katholischen Theologie in Deutschland sucht ihresgleichen. Wer doch lieber Maschinenbau studiert oder Geschichte, kann eine geistige und intellektuelle Heimat in einer der Hochschulgemeinden finden, die es an allen Universitäten gibt, er kann sich für die katholische Begabtenförderung bewerben, das Cusanuswerk. Wer die Aufnahme in die renommierte Einrichtung schafft, schafft es auch meist, in seinem Beruf eine herausragende Fach- und Führungskraft zu werden, und hat einen soliden Hintergrund, was ethische, philosophische, theologische Fragen betrifft. Einen ähnlich guten Ruf genießt auch die katholische Journalistenausbildung, das Institut zur Förderung publizistischen Nachwuchses, dem prominente Journalisten entstammen wie der Entertainer Thomas Gottschalk oder Heribert Prantl, der Leitartikler und Essayist der *Süddeutschen Zeitung*. Und weil der Mensch sich lebenslang weiterbilden und informieren soll, gibt es die katholische Erwachsenenbildung, Familienbildungsstätten in den Gemeinden und Kreisbildungswerke. Wer höhere Ansprüche an Themen und Referenten stellt, kann eine Tagung der 26 katholischen Akademien besuchen, die dem Dialog zwischen Wissenschaft, Politik, Kirche und interessiertem Publikum verpflichtet sind. Trotz der Konkurrenz, vor allem durch die Talkshows im Fernsehen, gewinnen sie immer wieder prominente Gäste für bemerkenswerte Veranstaltungen, organisieren Tagungen, in denen vorausgedacht wird, wohin die Politik, die Gesellschaft, die Kirche gehen könnten. Und manchmal schreiben sie tatsächlich ein kleines Stück Geschichte: In der Katholischen Akademie in München fanden in den 60er-Jahren die ersten Annäherungen zwischen Sozialdemokraten und katholischer Kirche statt, in den 90er-Jahren legten die Gespräche über das Ausländerrecht in der Stuttgarter Akademie die Grundlagen für das neue Zuwanderungsrecht. Und seit der CDU-Spendenaffäre kennt jeder Bundestagsabgeordnete und jeder politische Journalist die Katholische Akademie Berlin – dort, in der Begegnungsstätte von Politik und Kirche, tagte der Untersuchungsausschuss des Bundestags.

Wer es nicht in eine der kirchlichen Bildungseinrichtungen schafft, kann sich immer noch mit Hilfe einer Vielzahl katholischer Medien informieren. Jedes Bistum gibt eine Kirchenzeitung heraus, formal jedenfalls, denn auch hier hat es jenen Konzentrationsprozess gegeben, dem die gesamte Medienbranche derzeit unterworfen ist. Den größten Verbund bilden die nord- und ostdeutschen Kirchenzeitungen, deren Mantelteil in Osnabrück entsteht, die einzelnen Bistumsredaktionen liefern Regionalteile hinzu. Elf Ausgaben gibt es mittlerweile, und mit den Ausgaben Mainz, Limburg und Fulda hat der Verbund sein ursprüngliches Verbreitungsgebiet verlassen. Unter Journalisten haben die Kirchenzeitungen einen schlechten Ruf, der manchmal, aber eben nicht immer gerechtfertigt ist. Gerade der Kirchenzeitungsverbund arbeitet journalistisch ambitioniert, was im politisch-sozialen Bereich durchaus gelingt, bei der innerkirchlichen Berichterstattung allerdings Grenzen hat. Deutlich konservativer ist der Verbund des Augsburger Verlegers Dirk Hermann Voss, der einen süddeutschen Schwerpunkt hat; ihm gehören die Kirchenzeitungen in Augsburg, Berlin und Regensburg an, dazu die bundesweit erscheinende Wochenzeitung *Christliche Familie.* Beide Kirchenzeitungs-Verbünde haben also ihre Regionen verlassen, es ist zu erwarten, dass künftig die Bischöfe ihr Bistumsblatt dem Verleger anvertrauen, dem sie sich inhaltlich stärker verbunden fühlen, denn gerade auf kleine Kirchenzeitungen ist der Druck zur Kooperation enorm gestiegen. Trotzdem behaupten sich auch einige größere selbstständige Blätter am Markt, zum Beispiel die Kölner, die Münchner oder die Münsteraner Kirchenzeitung. Die Auflage der Kirchenzeitungen liegt trotz des Rückgangs der vergangenen Jahre bei mehreren hunderttausend Exemplaren, allerdings ist die Leserschaft stark überaltert.

Auf dem bundesweiten Markt ist die katholische Kirche mit der Wochenzeitung *Rheinischer Merkur* präsent, sieben Bistümer subventionieren das Blatt mit insgesamt 3,5 Millionen Euro im Jahr. Der *Rheinische Merkur* hat sich zu einer konservativ-dialogorientierten Wochenzeitung entwickelt, die zwar einen eigenen Religions- und Kirchenteil hat, sich aber eher in Konkurrenz zur großen *Zeit* sieht. Die Auflage liegt offiziell bei knapp 100 000 Exemplaren, viele davon sind allerdings Freiexemplare für Pfarrer, Seelsorgestellen, die Militärseelsorge. Einige Bistümer fördern auch die *Tagespost,* die Zeitung der konservativen Minderheit unter den Katholiken, die eine Auflage von lediglich 16 000 hat. Das Erzbistum Köln hat ein eigenes Domradio; die meisten anderen Bistümer finanzieren eigene Hörfunkstudios, in denen Beiträge für den privaten Rundfunk produziert werden. In ihrem Einfluss unterschätzt wird oft die Katholische Nachrichtenagentur (KNA), die einen Zuschuss des VDD von 2,5 Millionen Euro erhält – viele Journalisten informieren sich bei der KNA über die katholische Kirche. Vielleicht noch größer ist der Einfluss der kirchlichen Rundfunkbeauftragten, die in den öffentlich-rechtlichen Anstalten die Fernseh- und Hörfunkgottesdienste betreuen und die geistlichen Sendungen – und die darauf achten, dass ein Programm nicht allzu viel Häme über die katholische Kirche verbreitet. Meist stehen die Beauftragten den Sendern beratend zur Seite. Manche Satire-Sendung hat aber auch schon ihre Macht zu spüren bekommen.

Eine Bürgerbewegung

Ein kleiner Ausflug ins evangelische Ostdeutschland, zu Axel Noack, der Landesbischof in Magdeburg ist und einer der klügsten Köpfe der ostdeutschen Christen. 1990 war er Studentenpfarrer in Wolfen, Christen gab es dort nicht viele, doch nach der Wende kam der Bürgermeister zu ihm und sagte: Herr Pfarrer, Sie müssen uns helfen bei der Demokratie. »Ich?«, fragte der Geistliche zurück. »Wir sind hier eine kleine Minderheit, zehn Prozent vielleicht.« »Niemand sonst hier versammelt zehn Prozent aller Menschen hinter sich«, antwortete der Bürgermeister«, und er hatte Recht: Nach dem Verschwinden der allgegenwärtigen SED und ihrer Untergruppen gab es in Wolfen keine Partei, keinen Verein, keine Gruppe oder Institution mehr, die so viele Menschen versammelte wie die evangelische Kirche – und erst recht keine, in der so viel Gemein- und Bürgersinn vertreten war.

Dies gilt in einer durchweg säkularisierten einstigen Industriestadt in Ostdeutschland – dies gilt umso mehr im Westen und besonders in den katholischen Gebieten. Nirgendwo in der Bundesrepublik sammelt sich so viel bürgerschaftliches Engagement wie in der katholischen und der evangelischen Kirche, und in der katholischen Kirche ist es durch das Verbandswesen besonders auffällig strukturiert. Es gibt kaum eine Kirchengemeinde ohne Jugendgruppen, die allen Kindern und Jugendlichen offen stehen, geleitet von Jugendlichen und jungen Erwachsenen, die ihre Arbeit ehrenamtlich tun. Meist gehören die Gruppen einem Verband des Bundes der deutschen katholischen Jugend an, der Deutschen Pfadfinderschaft St. Georg zum Beispiel, der Katholischen Jungen Gemeinde oder der Landjugendbewegung. Die Frauen sind in der Katholischen Frauengemeinschaft Deutschlands zusammengeschlossen oder im Katholischen Deutschen Frauenbund, die Männer treffen sich im Kolpinghaus. Dann gibt es auch eine

Gruppe der katholischen Arbeitnehmerbewegung KAB, junge Familien haben sich zu einem Familienkreis zusammengeschlossen, die Alten treffen sich im Seniorenclub, die Feiernasen im gemeindeeigenen Fastnachtsverein. Vieles, was in diesen Gruppen geschieht, passiert auch anderswo: Man trifft sich, um nicht alleine zu sein, um einen Ort für Freundschaften zu haben, um Bestätigung zu finden oder sich wichtig zu machen, um seine Talente zu entfalten oder einen Partner zu finden – wo sonst soll die gute katholische Ehe gestiftet werden, wenn nicht in der Leiterrunde der Pfadfinder. Und doch geht das, was die Kirchengruppen tun, oft weit über das (völlig legitime) Eigeninteresse hinaus. Da hilft die Jugendgruppe, einen Bach zu renaturieren, und fährt mit Behinderten ins Zeltlager; der Frauenbund organisiert die Hausaufgabenhilfe für Ausländerkinder und die Kleidersammlung fürs Asylbewerberheim. Die Katholischen Arbeitnehmer unterstützen ein Arbeitslosenprojekt und die Kolpingbrüder helfen einer überschuldeten Familie wieder auf die Beine; der Familienkreis bastelt für den Weihnachtsbazar, dessen Erlös einem Waisenhaus in Tansania zugute kommt, die Kinder lernen nebenbei, wie in Tansania Kinder leben – und warum sie so arm sind.

Es ist also in der katholischen Kirche in Deutschland ein staunens- und bewundernswertes Potenzial an ehrenamtlichem bürgerschaftlichem Engagement versammelt. Der ehemalige Verfassungsrichter Ernst Wolfgang Böckenförde hat den Satz geprägt, dass »der freiheitliche säkulare Staat von Grundvoraussetzungen lebt, die er selber« nicht garantieren kann«. Was er damit meint, lässt sich in vielen Pfarrgemeinden studieren: Ein Staat kann keinen Bürger verpflichten, sich über das gesetzlich Gebotene für die Gemeinschaft zu engagieren. Er ist aber darauf angewiesen, dass es genügend Menschen gibt, die genau dies tun, die nicht nur auf ihren unmittelbaren, kurzfristigen Vorteil sehen (und dann oft erleben, dass dies mehr Freude und Zufriedenheit bringt als etwa blinder Konsum). Und die Mitgliedszahlen der katholischen Verbände zeigen, dass es mehr Engagement aus christlichem Geist heraus gibt, als mancher Kulturpessimist denkt. 800 000 Frauen sind im katholischen Frauenbund zusammengeschlossen, 500 000 Mitglieder hat der Bund der deutschen Katholischen Jugend, davon allein 100 000 die Georgspfadfinder. 200 000 Mitglieder hat die KAB, 275 000 der Kolpingverband. Daneben gibt es 400 000 Ministrantinnen und Ministranten und 100 000 Pfarrgemeinderäte, gewählte Vertreter der Kirchenvolks. Zählt man alle Katholiken zusammen, die sich über den gelegentlichen Sonntagsgottesdienst hinaus engagieren, kommt man in die Nähe der aktiven Vereinsspieler des Deutschen Fußballbundes – keine schlechte Zahl.

Überregional ist dieser Bürger-Katholizismus vor allem in den Dekanats- und Diözesanräten organisiert, bundesweit im Zentralkomitee der deutschen Katholiken (ZdK), einer ehrwürdigen Organisation, die seit 1848 die Katholikentage organisiert. Der Katholikentag ist immer noch die wichtigste Veranstaltung des Laienkatholizismus. Er findet alle zwei Jahre statt und zieht, je nach Veranstaltungsort, zwischen 25 000 und 50 000 Dauerteilnehmer an – ein Highlight war 2003 der ökumenische Kirchentag in Berlin, den das ZdK gemeinsam mit dem Evangelischen Kirchentag organisierte und zu dem mehr als 200 000 Teilnehmer kamen. Das ZdK setzt sich aus den Vertretern der katholischen Verbände und der Diözesanräte zusammen, die wiederum 50 Katholiken aus allen Bereichen der Gesellschaft als Einzelpersönlichkeiten hinzuwählen. Nach dem Zweiten Weltkrieg war der im ZdK zusammengefasste politische Katholizismus 40 Jahre lang die Naht- und Verbindungsstelle zwischen katholischer Kirche und der CDU; viele christdemokratische und christsoziale Politiker begannen ihre Karriere in einem kirchlichen Verband und im ZdK, Stellungnahmen der Verbandskatholiken gaben häufig die Haltung der Unionsparteien wieder. Inzwischen hat sich das ZdK in doppelter Hinsicht tiefgreifend geändert: Es ist seit einigen Jahren nicht mehr so sehr wie früher von der Politik einer Partei geprägt, auch wenn die CDU-Mitglieder immer noch eine solide Mehrheit haben. Aber zum einen haben sich die Unionsparteien in einigen Punkten weg von den kirchlichen Positionen bewegt – in der Frage der sozialen Sicherung, beim Thema Ausländer und Asyl zum Beispiel, sodass viele katholische Christdemokraten in ihrer Partei mittlerweile zu einer Minderheit gehören. Zum anderen sind nun auch einige Sozialdemokraten wie etwa Bundestagsvizepräsident Wolfgang Thierse und Grüne, zum Beispiel die ehemalige Bundestagsabgeordnete Christa Nickels oder der Fraktionsvorsitzende der Grünen im Landtag von Baden-Württemberg, Winfried Kretschmann, in dem Gremium vertreten, sodass das Gremium unabhängiger von der Parteipolitik seine Positionen sucht und, zum Beispiel, wenn es um die Familienförderung geht, allen Parteien die Leviten liest. Und dann hat das Zentralkomitee in den Jahren der innerkatholischen Konflikte sich zunehmend innerkirchlich positioniert, hat 1994 in einem aufsehenerregenden Papier mit dem Titel *Dialog statt Dialogverweigerung* eine breite innerkirchliche Reformdebatte gefordert, zum Ärger vieler Bischöfe. Seit 1997 ist der ehemalige sächsische Wissenschaftsminister Hans Joachim Meyer Präsident des ZdK. Er redete in ostdeutscher Unverkrampftheit mit den hierarchiekritischen Gruppen der Initiative Kirche von unten und der Kirchenvolksbewegung, viele der einst ausgeschlossenen Gruppen sind mittlerweile auf dem offiziellen Kirchentag vertreten. Als die römische »Laieninstruktion« vom November 1997 erklärte, was dem Nichtkleriker in der katholischen Kirche alles untersagt ist, sprach Meyer von einem »dunklen Tag« für die Kirche. Die heftigste Auseinandersetzung ist jedoch immer noch nicht ausgestanden: Als die deutschen Bischöfe auf Geheiß des Papstes aus der staatlichen Schwangeren-Konfliktberatung aussteigen mussten, führten prominente Katholiken aus dem ZdK diese Beratung in einem eigenen Verein weiter. »Donum Vitae« (Geschenk des Lebens), so heißt der Verein, steht unter großem Druck – Kardinal Ratzinger forderte den Bischofskonferenzvorsitzenden Kardinal Lehmann auf, dafür zu sorgen, dass kein Donum-Vitae-Mitglied ein herausgehobenes kirchliches Ehrenamt bekleiden kann. Lehmann hat dies bislang so nicht getan, man wird sehen, ob Joseph Ratzinger als Papst diese strikte Trennung durchsetzen wird.

Neben der großen Schar an Gemeindechristen und Verbandskatholiken organisieren sich Kirchenmitglieder auch in kirchenpolitisch wie theologisch klar ausgerichteten kleineren Gruppen. 36 links-reformerische Gruppen sammeln sich in der schon erwähnten »Initiative Kirche von unten«, gegründet 1980; zu ihr gehören Basisgemeinden, sozialistische Gruppen, Eine-Welt- und feministische Gruppen, Vereinigungen für Homosexuelle, Kirchensteuer-verweigerer, Pazifisten und vom Zölibat betroffene Frauen. Sie repräsentieren eine schwer zu schätzende Zahl von Christen, die sich für soziale Gerechtigkeit und Geschlechtergleichheit engagieren, für Minderheiten, für eine weitgehend demokratisierte Kirche ohne Dogmatismus vor allem bei der Sexualität. Parallel zu den Katholikentagen organisieren sie einen »Katholikentag von unten«, der allerdings in den vergangenen Jahren an Bedeutung eingebüßt hat, wie überhaupt manche IKvu-Gruppe eher eine Vereinigung aus ehemaligen 68ern ist, die gemeinsam mit ihren Ideen alt geworden sind. Aus der IKvu hervorgegangen ist die Initiative »Wir sind Kirche«, die 1995 mehr als 1,8 Millionen Unterschriften für eine Kirche ohne Zwangszölibat und mit Frauen als Priestern, für eine »geschwisterliche Kirche«, die eine »Frohbotschaft statt Drohbotschaft« verkündet. Auch zehn Jahre nach der Unterschriftensammlung gibt es in allen Bistümern »Wir sind Kirche«-Gruppen, die international gut vernetzt sind. Viele Mitglieder sind auch in den Kirchengemeinden und Verbänden aktiv, die Anbindung an das durchschnittliche katholische Gemeindeleben ist enger als bei der IKvu. Auch die Kirchenvolksbewegung nennt keine Mitgliederzahlen. Insgesamt dürften kaum mehr als 10 000 bis 15 000 Katholiken tatsächlich Mitglieder der IKvu und der Kirchenvolksbewegung sein, allerdings reicht der Kreis der Sympathisanten und Interessierten durchaus über die Mitgliederzahl hinaus. Allein die Zeitschrift *Publik-Forum* zum Beispiel, 1972 aus einer Initiative von Lesern der eingestellten Wochenzeitung *Publik* entstanden, hat mittlerweile mehr als 40 000 Abonnenten; das intelligent gemachte Blatt wird auch in zahlreichen Pfarrhäusern und sogar Ordinariaten gelesen.

Auf der dezidiert konservativen Seite hat sich im Jahr 2000 das »Forum deutscher Katholiken« gegründet. Es will, so eine Selbstdarstellung, »papst- und kirchentreue Katholiken unterschiedlicher Spiritualität und geistlicher Ausrichtung in katholischer Weite in einem lockeren Verband zusammenschließen«, der »einen Neuanfang nicht in der Fortsetzung von Strukturdebatten und Satzungsdiskussionen« sieht, »sondern in persönlicher Umkehr, in geistlicher Erneuerung, im Glaubensgehorsam und in der Loyalität gegenüber dem Hl. Vater und den mit ihm verbundenen Bischöfen«. Das »Forum« sieht sich als Gegenentwurf zum Zentralkomitee der deutschen Katholiken – das sei zu liberal, glaubensschwach, diskussionsorientiert. Ihm gehören die Initiativkreise katholischer Priester und Laien an, verschiedene charismatisch-katholische Gruppen und die umstrittene Geheimorganisation Opus Dei. Jedes Jahr veranstaltet das »Forum deutscher Katholiken« einen Kongress »Freude am Glauben«, meist in Fulda, der Stadt des verstorbenen Erzbischofs Johannes Dyba, zwei Mal auch in Regensburg, wo es mit Fürstin Gloria von Thurn und Taxis und Bischof Gerhard Ludwig Müller zwei prominente Unterstützer hat. Zu den Kongressen kommen nicht mehr als zwischen 800 und 1500 Gäste. Bedeutung gewinnen sie durch die Zahl der deutschen und ausländischen Bischöfe, die dort auftreten; zu ihnen gehörten schon die Kardinäle Joseph Ratzinger, Jean-Marie Lustiger aus Paris und der mittlerweile verstorbene Leo Scheffzcyk aus München. Überhaupt ziehen die konservativen Gruppen in Deutschland ihre Bedeutung nicht aus der Mitgliederzahl: Auch das Opus Dei, die bekannteste und meistkritisierte Gruppe des konservativen Spektrums, hat nicht mehr als 1000 tatsächliche Mitglieder und Unterstützer in Deutschland. Doch seit Johannes Paul II. den Opus-Gründer Josemaria Escrivá heilig gesprochen hat, kann sich kein katholischer Würdenträger mehr leisten, allzu heftig gegen das »Werk Gottes« vorzugehen.

Eine politische Macht

Im Gebäudekomplex der katholischen Akademie, an der Hannoverschen Straße in Berlin, hat Prälat Karl Jüsten sein Büro. Er hat Stiftehaare und ein jungenhaftes Gesicht; eine rheinische Frohnatur ist er und einer, der schnell den Weg zu anderen Menschen findet. Viele Bundestagsabgeordnete, die ein Problem haben, kommen zu Karl Jüsten – wenn es in der Ehe hakt, der Fraktionszwang aufs Gewissen drückt, die Karriere vor dem Absturz steht, Glaubensfragen sich auftun. Oder sie kommen in die katholischen Bundestags-Gottesdienste, beten, singen, reden anschließend parteiübergreifend beim Frühstück, regelmäßig gibt es auch einen Fraktionsgottesdienst allein für CDU und CSU. Prälat Jüsten ist eine Art Bundestags-Pfarrer, ein Seelsorger für die katholischen Abgeordneten. Er hat natürlich auch einen Partner auf der evangelischen Seite: Prälat Stephan Reimers, auch er ist beliebt im Bundestag – die Kirchen haben gute Leute nach Berlin geschickt.

Doch das Prälaten-Doppel Jüsten/Reimers hat nicht nur seelsorgliche Aufgaben. Reimers ist Bevollmächtigter der Evangelischen Kirche in Deutschland (EKD) beim Bund, Jüsten leitet das Katholische Büro in Berlin, beide werden unterstützt von jeweils einer Stabsstelle mit Juristen, Sozial- und Politikwissenschaftlern und natürlich Theologen. Sie halten Kontakt zu den Abgeordneten und zu den Fraktionsspitzen, den Ministerien und dem Bundeskanzleramt. Sie erklären, mal vertraulich, mal öffentlich, was sie von der Sozialgesetzgebung halten, was von welchen Plänen zur Gesundheits- und Rentenreform, von den Auswirkungen des neuen Zuwanderungsgesetzes oder dem Lebenspartnerschaftsgesetz. Sie versuchen, den kirchlichen Anliegen Gehör zu schaffen: dem Schutz des geborenen und ungeborenen Lebens wie dem menschenwürdigen Lebensende, der sozialen Gerechtigkeit, der zivilen Bewältigung von Konflikten in der Gesellschaft. Und sie achten darauf, dass die kirchlichen Interessen berücksichtigt werden, bei der Steuer- und Sozialgesetzgebung, beim Antidiskriminierungsgesetz, in allen Debatten über das Verhältnis von Staat und Kirche. Karl Jüsten ist in dieser Funktion also ganz prosaisch der Lobbyist seiner Kirche. Und in allen 16 Bundesländern hat er Kollegen, die in den dortigen Parlamenten die kirchlichen Anliegen vertreten. Die katholische Kirche ist damit (fast) überall vertreten, wo Politik gemacht wird – gegenüber den Lobby- und Industrieverbänden bleibt ihr Etat dafür jedoch bescheiden.

Die Zeiten sind vorbei, in denen ein Kardinal Frings mit darüber entschied, ob die überkonfessionelle CDU des Konrad Adenauer eine Chance erhielt oder das katholisch-konfessionelle Zentrum. Die katholische Kirche hat in der Geschichte der Bundesrepublik herbe politische Niederlagen einstecken müssen: Die Schulen wurden in der Bundesrepublik gegen den Willen der Kirche staatlich-konfessionsneutral. SPD und FDP liberalisierten

1977 gegen den erbitterten Widerstand der Bischöfe und katholischen Verbände das Ehe- und Scheidungsrecht, und niemand denkt daran, zum alten Recht zurückzukehren. Auch beim Kampf um das Abtreibungsrecht hat die katholische Kirche höchstens Teilerfolge erzielt: Deutschland hat, anders als zum Beispiel Österreich, keine Fristenregelung, sondern ein sehr differenziertes Gesetz mit einer Beratungspflicht für Frauen, die überlegen, ein Kind abzutreiben – eine Frau aber, die zur Abtreibung entschlossen ist, kann dies auch tun. Das Lebenspartnerschaftsgesetz wird von einer Großen Koalition in Deutschland nicht ausgebaut, aber auch nicht rückgängig gemacht, auch wenn Papst Benedikt XVI. alle katholischen Politiker verpflichten möchte, sich gegen die Homo-Ehe zu engagieren. Dass die Bundesregierung schon unter der CDU-Ministerin Rita Süßmuth für Kondome beim Sex plädierte, um die Ausbreitung von Aids zu verringern, ist mittlerweile Geschichte; überhaupt bei allem, was mit Sexualität zusammenhängt, folgt keine Partei in Deutschland mehr der offiziellen katholischen Lehre.

Und doch ist die katholische Kirche eine politische Macht geblieben. Schon allein wegen der außergewöhnlich festen Verankerung ihres Status in der Verfassung. Artikel 140 macht die Bestimmungen der Weimarer Reichsverfassung zu Staat und Kirche zum Bestandteil des Grundgesetzes. Der Staat garantiert dort die Freiheit zur Religionsausübung (und andererseits die Freiheit des Bürgers von religiösem Zwang). Die Religionsgesellschaften ordnen und verwalten »ihre Angelegenheiten selbstständig innerhalb der Schranken des für alle geltenden Gesetzes«. Die großen Kirchen und eine Reihe weiterer religiöser Gemeinschaften sind Körperschaften des öffentlichen Rechts und dürfen unter anderem »aufgrund der bürgerlichen Steuerlisten« Kirchensteuer erheben. Das Grundgesetz schützt die kirchlichen Sonn- und Feiertage, es garantiert Gottesdienste und kirchliche Seelsorge »im Heer, in Krankenhäusern, Strafanstalten und sonstigen öffentlichen Anstalten«; Artikel 7 zudem den konfessionellen Religionsunterricht an staatlichen Schulen. Der Staat braucht letztlich Menschen, Institutionen, Gruppen, die über das gesetzlich Gebotene hinaus ethische und moralische Orientierungen und das daraus resultierende

Engagement in das Gemeinwesen hineintragen – und die größten Institutionen, die das tun, sind die Kirchen und Glaubensgemeinschaften. Deshalb sollte man sie stärken, ihnen einen Platz im Staatswesen garantieren.

Durch diese Regelungen ist vor allem der Binnenraum der katholischen Kirche immer noch eine Gesellschaft mit recht weitgehenden eigenen Regeln und Gehorsamspflichten. Der Bischof ist, so er nicht die bürgerlichen Rechte seiner Gläubigen berührt, der Herr seines Bistums, dem das Kirchenrecht einige kleine und die Gehorsamspflicht gegenüber dem Papst einige deutlich erkennbare Schranken setzt. Er kann Pfarrer maßregeln, ohne dass diese sich vor einem neutralen Verwaltungsgericht verteidigen könnten. Er – und jede katholische Institution – kann kirchliche Mitarbeiter entlassen, wenn sie entgegen der kirchlichen Vorschriften leben, in einer Ehe ohne Trauschein zum Beispiel, wenn sie als Geschiedene wieder heiraten oder sich zu ihrer Homosexualität bekennen. Muslimen, Juden und Atheisten ist es in der Regel unmöglich, einen Job bei der Kirche zu bekommen. Und wer bei der Kirche arbeitet, darf nicht streiken, verzichtet also auf eines der wichtigsten, im Grundgesetz garantierten Arbeitnehmerrechte. Auch Parteien, Gewerkschaften und Verlage genießen einen so genannten Tendenzschutz, der es ihnen erlaubt, Mitarbeiter zu entlassen, wenn sie gegen Grundsätze und Richtlinien ihres Arbeitgebers verstoßen. Doch keine Institution greift so sehr und so häufig in das dienstliche und private Leben der Mitarbeiter ein wie die katholische Kirche. Es hat immer wieder Versuche gegeben, gegen diese Regeln zu klagen, und vereinzelt haben auch Kläger Recht bekommen, zum Beispiel vor Jahren ein schwuler Gärtner, dem der kirchliche Arbeitgeber gekündigt hatte. Es wären auch Konflikte vorstellbar, die ein Verfassungsgericht in eine schwierige Lage bringen könnte, wenn zum Beispiel ein katholisches Krankenhaus einen Arzt entließe, weil er eine geschiedene Frau mit drei Kindern heiratet – die Richter müssten dann entscheiden, ob der Schutz von Ehe und Familie Vorrang hätte vor dem Recht der Kirche, ihre Angelegenheiten nach eigenen Maßgaben zu regeln. Bis nach Karlsruhe ist in solcher Fall bislang aber noch nicht gekommen, und alle anderen Streitigkeiten, die dort in diesem Bereich verhandelt wurden, gingen zugunsten der Kirche aus. Mit ihrem Sonderstatus gestaltet die katholische Kirche deutlich spürbar die politische und gesellschaftliche Wirklichkeit der Bundesrepublik mit – auch wenn die Kirchenoffiziellen nicht gerne darüber reden.

Schwieriger ist es in den vergangenen Jahrzehnten für die katholische Kirche geworden, direkt durch Appelle, Proteste, Interventionen, Vorschläge, Modelle und Ideen auf die Politik zu wirken. Es gibt eben nicht nur Prälat Jüsten in Berlin, sondern Hunderte Repräsentanten, Berater, Lobbyisten, die Einfluss auf die Politik nehmen wollen, und längst stimmen katholische Abgeordnete nicht mehr für das, was Papst oder Bischöfe für gut halten. Und doch hat die katholische Kirche immer noch einigen Einfluss auf die Entscheidungen der Politik. Sie ist die größte Institution im Land, eine Macht als Arbeitgeberin, und sie hat ein großes Wählerpotenzial, das immer noch mehrheitlich den Unionsparteien zugute kommt, aber längst nicht mehr in dem Ausmaß wie in den 50er und 60er-Jahren. Es tut also keine Partei gut daran, allzu hart die katholischen Wähler zu verprellen, und das tut auch keine Partei mehr. Selbst die Grünen haben sich von den alten Forderungen nach einer strikten Trennung von Kirche und Staat verabschiedet, nur noch der Hagener Kreisverband stellt von Parteitag zu Parteitag erfolglos einen entsprechenden Antrag. Kirchengegner alten Stils sammeln sich am ehesten noch in der PDS. Die Linkspartei ist auch die einzige im Bundestag vertretene Partei, mit der die deutschen Bischöfe sich nicht offiziell und regelmäßig treffen. In allen Parteien gibt es engagierte Katholiken, wie es überhaupt im Bundestag deutlich mehr aktive Christen gibt als im Durchschnitt der Bevölkerung. Konflikte gibt es mal hier und mal dort mit allen Parteien: Mit CDU und CSU um die Asyl- und Ausländerpolitik, die der Berliner Kardinal Georg Sterzinsky mal zur Empörung der Christdemokraten »eine Schande« nannte; mit SPD und Grünen um die Schulpolitik oder die Homo-Ehe, mit der FDP um Wirtschaftsliberalismus und soziale Gerechtigkeit.

Immer wieder haben auch kirchliche Stellungnahmen direkten Einfluss auf die Politik. Das »Sozialwort« der katholischen und der evangelischen Kirche, herausgegeben im Februar 1997 nach einem intensiven Konsultationsprozess, kritisierte heftig die gestiegene soziale Ungleichheit in Deutschland – eine prächtige Argumentationshilfe für SPD und Grüne gegen die schwarz-gelbe Koalition unter Helmut Kohl, die eineinhalb Jahre später abgewählt wurde. Im Rückblick galt vielen Beobachtern die Stellungnahme der Kirchen als erstes Zeichen dafür, dass in Deutschland der Wind des Wandels wehte. 2004 brachte die Kommission für gesellschaftliche und soziale Fragen der Deutschen Bischofskonferenz das Impulspapier *Das Soziale neu denken* heraus, das – in einer veränderten wirtschaftlichen Lage – sehr viel mehr Verständnis für Sozialkürzungen und Sparprogramme zeigte, eine Bestätigung für Kanzler Schröders Agenda 2010, zum Ärger der Parteilinken und vieler Fachleute bei der Caritas, wobei der große Protest gegen den Text ausblieb. Auch das Gesetz zum Import embryonaler Stammzellen wäre ohne das Engagement der Kirchen und zahlreicher christlicher Abgeordneter aus allen Fraktionen wesentlich liberaler ausgefallen als die gegenwärtige Regelung, dass nach einer strengen Prüfung nur Stammzellen, die vor einem bestimmten Stichtag gewonnen wurden, zu Forschungszwecken verwendet werden dürfen. Bundeskanzler Schröder und der damalige nordrhein-westfälische Ministerpräsident Wolfgang Clement wollten die Genforscher möglichst wenig behindern, die ethischen Bedenken ihrer Kritiker empfanden sie als übertrieben. Nach zwei Bundestagsdebatten, die wegen ihrer Ernsthaftigkeit und Ehrlichkeit Sternstunden des Bundestags waren, mussten sie einsehen, dass eine Mehrheit der Abgeordneten die Sorgen der Kirchen teilte.

So schlecht steht es also um den politischen Einfluss nicht, sonst hätten auch kaum so viele Politiker dem deutschen Papst Benedikt XVI. ihre Aufwartung gemacht, nach seiner Wahl in Rom im April und bei seinem Besuch des Weltjugendtags im August 2005. Und es ist durchaus möglich, dass dieser Einfluss der Kirchen in der Regierungszeit der Großen Koalition sogar wächst: einmal, weil die Christen, mit ähnlichen Prägungen und Orientierungen bei SPD und CDU, der Kitt dieser Koalition sein könnten. Und dann, weil die Institutionen außerhalb des Parlaments aufgrund der Schwäche der parlamentarischen Opposition stärker Kontrollfunktionen übernehmen müssen.

3. Eine Kirche in der Krise

Die Finanzkrise

Die katholische Kirche in Deutschland ist eine wohl geordnete Kirche, sie ist reich, sie hat Hunderttausende Angestellte, sie ist die größte Institution des Landes und die größte Bürgerbewegung, der größte Sozialkonzern, die größte Bildungseinrichtung, ausgestattet mit einigem politischem Einfluss. Und doch ist immer häufiger von der Krise die Rede, wenn Journalisten über die älteste noch heute existierende Institution im Land (und auf der Welt) schreiben. Es ist genauso häufig von der Krise die Rede, wenn Kirchenleute aus dem mittleren Management über ihre Kirche reden – Pfarrer, Kirchenangestellte, Ordinariatsmitarbeiter; und man muss schon mit einigem Aufwand suchen, bis man jemanden findet, der sagt: Es mag zwar das eine oder andere kleine Problem geben, aber insgesamt geht es der katholischen Kirche in Deutschland doch prächtig. Schreibt man über Wohlstand, Einfluss, Mitgliederzahl, Gestaltungsmöglichkeiten der katholischen Kirche, kommt man oft auf die Wörter »noch« und »immer noch«: Noch ist die Kirche reich, groß stark, wichtig – aber sie wird es nicht bleiben, jedenfalls nicht in der Weise, wie sie es heute ist. Die katholische Kirche ist eine Kirche des *Noch*: noch groß, stark, wichtig. Aber ein Wandel hat begonnen, wie er tiefer kaum greifen kann. Er wird die Kirche in den kommenden zehn bis 15 Jahren nicht weniger verändern als das Zweite Vatikanische Konzil, das vor nunmehr 40 Jahren zu Ende ging. Sie wird einen Teil ihrer institutionalisierten und überkommenen Macht verlieren; sie steckt tatsächlich in der Krise. Sie wird aus diese Krise heraus vielleicht neue Kraft gewinnen, neuen Glauben und neue Zuversicht – und neue Wege finden, das Leben in diesem Land mitzugestalten. Möglich ist das schon, aber sicher ist es nicht. Sicher sind nur die Abschiede, die in den kommenden Jahren auf die Kirche warten.

Georg Sterzinsky ist Kardinal in der Hauptstadt Berlin geworden und doch in vielem Pfarrer geblieben. Er trägt eine altmodische Brille und meist eine schlichte Soutane; späte Anrufer im Bischofshaus haben ihn schon mal selber am Telefon. Er nimmt sich, Terminplan hin oder her, Zeit für Gespräche. Ärgert ihn etwas, kann der freundliche Gottesmann das Gegenüber anraunzen wie ein Dorfpfarrer seinen Oberministranten – dann aber verträgt er auch Widerworte. Er engagiert sich für Flüchtlinge und Menschen, die illegal in Berlin leben; er, der in der DDR Priester und Bischof wurde, sagt, dass er immer noch fremdle, wenn er vor den Glasfassaden des Potsdamer Platzes stehe. Er ist ein konservativer Kapitalismuskritiker, der das gerade 75 Jahre alt gewordene Erzbistum Berlin regiert. Regiert er es noch? Nicht mehr so richtig, müsst seine ehrliche Antwort heißen. Den Bistumshaushalt zum Beispiel muss er einem Treuhandausschuss zur Genehmigung vorlegen, in dem Vertreter seiner Amtsbrüder prüfen, ob im katholischen Berlin auch ausreichend gekürzt und gespart wird. Denn Sterzinsky musste vor Jahren die anderen deutschen Bischöfe um viel Geld bitten, 50 Millionen Euro, und die liehen es ihm nur unter der Auflage, dass er einen Teil seiner oberhirtlichen Eigenständigkeit an den Treuhandausschuss abgibt und die Unternehmensberater von McKinsey ins Ordinariat lässt. Was blieb dem Kardinal anderes übrig? Bis zu 148 Millionen Euro Schulden hatte das Erzbistum mittlerweile, so ganz genau wusste das keiner. Und ein strukturelles Defizit von 13 Millionen Euro.

Nach der Wende waren der Ost- und der Westteil des katholischen Berlins zusammengewachsen, ohne dass die Strukturen angepasst worden waren. Die Gehälter der Ost-Mitarbeiter stiegen, zahlreiche Kirchen mussten renoviert werden, Verwaltungs- und Seelsorgeabteilungen gab es jetzt doppelt, und als Berlin Bundeshauptstadt wurde, übernahm es auch einige Zentralaufgaben, zum Beispiel den Aufbau der katholischen Akademie Berlin. Die Kirchensteuereinnahmen aber verringerten sich im Westen, im Osten blieben sie auf dramatisch niedrigem Niveau. Die evangelische Landeskirche, mit den gleichen Problemen konfrontiert, entschloss sich Mitte der 90er-Jahre zu einem drastischen Sparkurs, dem Hunderte von Stellen zum Opfer fielen und der unter den Beschäftigten Empörung gegen Landesbischof Wolfgang Huber und Bitterkeit hervorrief. Georg Sterzinsky war stolz darauf, nicht so hart zu kürzen wie sein evangelischer Amtsbruder – ein falscher Stolz, den das überalterte und zerstrittene Domkapitel nährte. Am Ende finanzierte das Erzbistum die laufenden Gehaltszahlungen über Kredite und war quasi pleite. Die reiche katholische Kirche hatte ihren ersten Sanierungsfall. Mittlerweile hat der Abbau von 440 Stellen begonnen, aus 210 Kirchengemeinden sollen 108 werden, Kirche und Grundstücke, wo immer möglich, sollen verkauft werden. Der Schuldenstand ist auf unter 60 Millionen Euro gesunken, selbst für einen Bettelbrief an die Gläubigen war sich das Erzbistum nicht zu schade – er brachte immerhin mehr als eine Million Euro. Von den 50 Millionen Euro Kredit benötigte das Erzbistum nur 30 Millionen – allerdings glaubt kein Bischof, dass er das Geld je zurückbekommt. Doch es stehen neue Kirchensteuerausfälle bevor, die Krise ist noch lange nicht vorbei. Die Stimmung ist und bleibt schlecht im Bistum, nicht nur Zeitungskommentatoren, sondern auch innerkirchliche Kritiker des Kardinals haben schon den Rücktritt, die Abberufung oder die komplette Entmachtung Sterzinskys gefordert. Aber eine Pleite hat noch niemandem in Rom geschadet.

Berlin sei ein Sonderfall, konnten sich noch vor zwei Jahren die Optimisten trösten. Ein trügerischer Trost. Auch Aachens Bischof Heinrich Mussinghoff muss Angestellte entlassen – er, der immer wieder Unternehmen kritisierte, wenn sie massenhaft Stellen abbauten, muss nun selber 300 Stellen streichen. Und bei der Kirche tun Entlassungen besonders weh; sie ist eben kein Industriebetrieb, die meisten Angestellten haben gern bei der Kirche gearbeitet, weil sie sich ihr verbunden fühlen, ihr vertrauen. Aber jetzt werden Einrichtungen aufgegeben, Kirchen verkauft oder umgewidmet, die Priester verzichten auf zehn Prozent ihres Gehalts. Und die Angestellten, die um ihren Job fürchten, demonstrieren gegen die Finanzplaner ihres Bistums; alle Katholikenräte der Regionen haben Generalvikar Manfred von Holtum das Misstrauen ausgesprochen. Dessen Aussagen dürften sie nicht trösten: »Nach dem Umbauprozess werden wir das Bistum nicht mehr wiedererkennen.« 2008 soll die Sanierung abgeschlossen sein, das Sparen soll aber weitergehen.

Auch vor dem Hildesheimer Bischofshaus gab es schon Demonstrationen, 300 Pastoral- und Gemeindereferenten protestierten dagegen, einen in 30 Jahren gewachsenen Berufsstand in die Bedeutungslosigkeit zu sparen. Drei Jahre lang wird das Bistum Hildesheim keine neuen Pastoralreferenten einstellen, das war eine der letzten Amtshandlungen des scheidenden Bischofs Josef Homeyer – sie soll ihn sehr unglücklich gemacht haben, wie auch das rigide Sparprogramm, das, man meint die Agenda 2010 wiederzuerkennen, *Eckpunkte 2020* heißt. Bis zum Jahr 2020, so lautet die Vorhersage der Finanzplaner, werden die Einnahmen um 30 Prozent sinken, also werden es die Ausgaben auch tun müssen. Die Zahl der Gemeinden wird halbiert, die Zahl der Verwaltungsstellen um 30 Prozent sinken, die Jugendbezirksstellen werden aufgegeben, zwei Bildungshäuser ebenfalls. Kurz: In 14 Jahren wird die katholische Kirche zwischen Cuxhaven und Hannoversch Münden sehr anders aussehen als heute.

So ähnlich sieht es auch im Bistum Essen aus, nicht anders im Erzbistum Hamburg. Dass die ostdeutschen Bistümer Erfurt und Magdeburg, Görlitz und Dresden-Meißen in der Finanzkrise stecken, ist bereits wie selbstverständlich. Es gibt kein katholisches Bistum in Deutschland, das nicht sparen muss, Stellen abbaut, Einrichtungen schließt. Die Situation ist im Grundsatz auch überall ähnlich: Die Kirchensteuereinnahmen sind 2004 um acht Prozent verglichen mit 2003 gesunken, 2005 dürften es noch einmal drei Prozent sein, dann rechnen die Finanzplaner mit ungefähr gleichbleibenden Erträgen bei ungefähr 3,5 bis 3,6 Milliarden Euro pro Jahr. Faktisch sinkt auch bei gleichbleibenden Einnahmen die Finanzkraft der Kirche – die wird in 15 Jahren bundesweit um 15–25 Prozent niedriger liegen als gegenwärtig, haben die Unternehmensberater von McKinsey ausgerechnet, deren Fachleute mittlerweile die Haushalte zahlreicher Diözesen durchforsten und umstrukturieren. Die Aussichten sind also trübe. Zwar ist die Austrittswelle der 90er-Jahre nach der Einführung des Solidaritätszuschlags längst abgeebbt, aber andere Faktoren wirken sich jetzt ungünstig auf die Budgets aus: Die Arbeitslosigkeit in Deutschland wird hoch bleiben, selbst wenn die Konjunktur wieder anspringen sollte. Die Zahl der Rentner, die keine Kirchensteuer zahlen, wird steigen – schon jetzt zahlt nur noch jeder dritte Katholik Kirchensteuer. Und welche Steuerreformen in den kommenden Jahren welchen Effekt auf die Einnahmen haben werden, kann selbst der gewiefteste Finanzreferent nicht vorhersagen. Insgesamt, das zeigt auch die geplante Mehrwertsteuererhöhung der Großen Koalition, wächst die Neigung des Staates, die indirekten Steuern zu erhöhen, die Lohn- und Einkommensteuer dagegen zu senken. Und solche Steuersenkungen senken auch jedesmal die Kirchensteuer. Die kirchlichen Finanzverwaltungen können aber nicht einfach die Mineralöl- oder Mehrwertsteuer erhöhen, wenn die Kasse leer ist. Alternativen bieten sich aus finanzpolitischer Sicht nicht: Alle anderen Formen der Finanzierung würden den Kirchen weniger Geld bringen oder die Verwaltung der Einnahmen extrem verteuern.

Gleichzeitig ist absehbar, dass die Personalkosten weiter steigen werden, sollten die Bistümer weiterhin ihre Angestellten in Anlehnung an den Bundesangestelltentarif bezahlen. Auch wenn im öffentlichen Dienst keine nennenswerten Gehaltssteigerungen zu erwarten sind – selbst der Inflationsausgleich stellt die Haushalte bei stagnierenden Einnahmen vor Probleme. Mittlerweile sind 60 bis 70 Prozent der kirchlichen Ausgaben Personalkosten, was den Spielraum beim Kürzen beschränkt: Entweder wird das Gehalt aller oder eines Teils der Mitarbeiter gesenkt, oder es müssen Stellen gestrichen, gar Menschen entlassen werden. Die Wurzel der Misere, sagen heute die Finanzexperten, reicht in die 80er-Jahre zurück: Damals schufen die Bistümer im Glauben an unabsehbar steigende Kirchensteuereinnahmen neue Stellen, vor allem in den Ordinariaten und den Dekanaten: hauptamtliche Frauen-, Umwelt-, Friedens- oder Geschiedenenreferenten, Beauftragte für natürliche Familienplanung und das Wallfahrtswesen, Referate für Jugend, für Theologie, den Verleih von 16-Millimeter-Filmen. Alles war irgendwie gut, alles war irgendwie wichtig, und alles zusammen wurde ziemlich teuer. Kirchliche Arbeitsstellen sind häufig Lebensarbeitsstellen, und geht der Inhaber in Rente, beginnt nicht selten ein kirchlicher Pensionsfonds mit seinen Überweisungen. Tragischerweise trifft deshalb die heutige Finanzmisere Diözesen wie das Erzbistum Bamberg heftiger als andere – dort wurden in

den 80er- und frühen 90er-Jahren mutig Seelsorgerinnen und Seelsorger eingestellt, zum Beispiel Pastoral- und Gemeindereferenten,
also Nichtpriester, damit nicht nur die Lebens- und Berufserfah-
rung von Klerikern die Kirche prägt. Die Entlassungswelle in
Berlin oder Aachen führt zu einer zumindest vorübergehenden
Klerikalisierung der Arbeit: Priester kann ein Bistum eben nicht
entlassen. Selbst Bischöfe, die sich ihrer sozialen Verantwortung
bewusst sind, sagen mittlerweile hinter vorgehaltener Hand, dass
auf Dauer die Bindung an den Bundesangestelltentarif für die
katholische Kirche nicht zu halten ist – außer es sinken auch dort
die Löhne und Gehälter.

Und doch ist die Finanzkrise nicht überall gleich dramatisch.
Naheliegend ist, dass es den großen Bistümern in den reichen Bal-
lungsräumen Frankfurt, Stuttgart oder München im Verhältnis besser geht als jenen im armen Norden oder Osten. Aber es gibt
auch Diözesen, die frühzeitig angefangen haben, Perspektiven für
ein Leben mit weniger Geld zu entwickeln. Der ehemalige Kölner
Generalvikar Norbert Feldhoff gehört zu den kirchlichen Finanzexperten, die früh die Entwicklung voraussahen – auch wenn sein
Chef Joachim Meisner immer Geld für Opus-Dei-Projekte oder
den Weltjugendtag übrig hat. Das Bistum Augsburg steht wirt-
schaftlich recht gesund da, dank der guten Arbeit des Finanz-
dezernenten Eugen Kleindienst, der heute in der deutschen Botschaft im Vatikan den Dialog von Politik und Kirche organisiert;
Limburg und Mainz haben sich früh auf die raueren Zeiten eingestellt, das Bistum Würzburg ebenfalls. Anderswo hat man die
Probleme vor sich her geschoben, Entscheidungen vertagt oder
ganz vermieden, Prioritätendebatten gescheut – die Kirche liebt
die Harmonie, nicht die harten Entscheidungen. So geschah es in
Berlin und Aachen, oder auch in Bamberg. Erst auf einer Klau-
surtagung erfuhr der neue Bischof Eduard Schick, dass sein Erzbistum bald pleite ist, wenn es so weiter wirtschaftet wie bisher
und jedes Jahr mehrere Millionen Euro aus den Rücklagen in den
Haushalt pumpt.

In dieser Situation müssten sich eigentlich die Finanzreferenten
und Generalvikare zusammensetzen und zu rechnen beginnen:
Wie viele Rücklagen, welches Immobilien- und Anlagevermögen

hat ein Bistum, wie werden sich in den kommenden zwei Jahren die Kirchensteuern entwickeln, wie viele Hauptamtliche pro Katholik beschäftigt das eine und das andere Bistum? Woher können Zusatzeinnahmen kommen, wie kann gespart werden, ohne die soziale Verantwortung zu vergessen? Doch genau dies geschieht nicht. Zwar haben mittlerweile 22 der 27 deutschen Diözesen eine Art Benchmarking vereinbart, doch die sieben bayerischen Bistümer sowie Münster und Paderborn machen nicht mit. Und auch bei den anderen bleibt der Vergleich unvollständig: Allzu transparente Finanzen würden ja auch bedeuten, dass man die Finanzpolitik der Bistümer vergleichen und jede Mitarbeitervertretung die Sparpolitik des Bischofs hinterfragen könnte. Diese Offenheit fürchten aber vor allem jene Bischöfe, die sich als unumschränkte Herrscher ihres Sprengels sehen und sich nicht gerne in ihre Arbeit hineinreden lassen.

Das Geld, genauer, das fehlende Geld, wird die katholische Kirche in Deutschland verändern, mehr vielleicht als manches päpstliche Lehrschreiben, mehr als alle Theologenkonferenzen. Das kirchliche Finanzsystem wird nicht zusammenbrechen, die katholische Kirche in Deutschland wird reich bleiben. Doch sie wird sich davon verabschieden müssen, dass es für alles und jeden einen Hauptamtlichen gibt, dass alles Wünschenswerte kirchlich finanzierbar ist. Das wird harte Konflikte mit sich bringen, denn ein Bistum muss sich entscheiden, was es weiterführt, gar ausbaut, und von was es sich verabschiedet: die Öffentlichkeits- oder die Frauenarbeit? Die Werbung für den Priester- und den Ordensberuf oder die Erwachsenenbildung? Den binnenkirchlichen Raum, die Sozialarbeit?

Die Mitglieder- und Säkularisierungskrise

Die Kirche hat Finanzprobleme, weil die Menschen aus der Kirche austreten – das ist ein weit verbreitetes Missverständnis. Die Austrittszahlen waren Mitte der 90er-Jahre am höchsten, als der neu eingeführte Solidaritätszuschlag in Höhe der Kirchensteuer viele Pro-Forma-Kirchenmitglieder dazu brachte, auszutreten und so die neue Abgabe auszugleichen. Seitdem ist der Kirchenaustritt kontinuierlich zurückgegangen; allerdings treten immer noch mehr als 100 000 Menschen im Jahr aus der katholischen Kirche aus. Sehr viel stärker wird sich in den kommenden 20 Jahren der demografische Wandel bemerkbar machen. Er wird die katholische Kirche härter treffen als andere Institutionen in unserem Land. Schon jetzt ist der katholische Christ mit durchschnittlich 55 Jahren älter als der Durchschnittsdeutsche; diese Schere wird sich noch vergrößern. Zwar wird insgesamt der Alterungsprozess der Gesellschaft durch die Zuwanderung gemildert, aber die meisten Zuwanderer sind inzwischen Muslime; ihre Kinder fallen als Nachwuchs für die katholische Kirche aus.

Man muss sich – um die Dramatik der Entwicklung zu sehen – nur die »Eckdaten des kirchlichen Lebens« anschauen, die die deutsche Bischofskonferenz jedes Jahr veröffentlicht. Die Zahl der Taufen ist zwischen 1990 und 2004 von fast 300 000 auf etwas mehr als 200 000 im Jahr zurückgegangen; die Zahl der katholischen Trauungen hat sich von 116 000 auf unter 50 000 mehr als halbiert. Da fällt es nicht ins Gewicht, dass die Zahl der Eintritte und Wiederaufnahmen von 8000 auf fast 14 000 gestiegen und die Zahl der Austritte in den 14 Jahren um 40 000 auf etwas mehr als 100 000 gesunken ist. Es gibt keine empörte Abkehr von der katholischen Kirche, aber das alltägliche Leben, die Normalität verändert sich, am stärksten dort, wo die katholische Kirche bislang noch recht stark ist: in Bayern, Baden-Württemberg, dem katholischen Münsterland und Oldenburger Land. Der sonntägliche Gottesdienstbesuch ist bundesweit von 22 auf 15 Prozent gesunken, zwischen 11,4 Prozent in Hildesheim und 24,2 Prozent in Erfurt – im Osten, in der katholischen Diaspora der ehemaligen DDR, ist der Mobilisierungsgrad der Katholiken höher als im Westen. Noch 1990 lag der Anteil der Gottesdienstbesucher in den vier Bistümern bei 30 Prozent und mehr. Der Gottesdienstbesuch galt lange Zeit als Indikator des katholischen Lebens, heute ist er dies nur noch begrenzt: Auch Katholiken, die sich selber als gläubig bezeichnen, gehen oft nur noch einmal im Monat oder seltener sonntags in die Kirche.

Noch ernüchternder sind die Umfragen über das Glaubenswissen der Kirchenmitglieder. Dass Jesus der Sohn Gottes ist, von den Toten auferstanden, zum Himmel aufgefahren, dass Gott kein abstraktes Prinzip ist, sondern eine konkrete Person ist, ein Du – das alles glaubt nur noch eine Minderheit, je nach Umfrage und Fragestellung mal ein Drittel, mal mehr, mal weniger. Man muss nicht mehr nach der Jungfräulichkeit Mariens vor, während und nach der Empfängnis Jesu fragen, um bei Katholiken ratlose Gesichter zu sehen und Antworten zu erhalten, die nach der kirchlichen Lehre falsch sind. Für viele Katholiken ist ihre Kirche zur »fremden Heimat« geworden, wie das die erste Mitgliederuntersuchung der Evangelischen Kirche in Deutschland vor nunmehr zehn Jahren formuliert hat und wie es auch für die katholische Kirche gilt: Man tritt nicht aus, geht aber vielleicht noch zu Weihnachten in die Kirche, lässt sich katholisch trauen, weil das die Oma so wünscht; man hält sich aber ansonsten fern vom Gemeindeleben, vertritt sein Christsein nicht offensiv, sondern betrachtet es eher als privaten Traditionsvorrat, von dem man in schlechten Zeiten zehren kann.

Die katholische Kirche steht damit aber vor einem Traditionsabbruch, dessen Konsequenzen heute kaum abzusehen sind. Die Zahl der Katholiken wird abnehmen, die Gemeinden werden altern. In Norddeutschland werden viele Kirchengemeinden zwanzig, dreißig Ortschaften umfassen, wer dort den Gottesdienst besuchen will, braucht ein Auto. Doch bereits auch in München ist am 1. Advent 2005 die erste katholische Kirche als Sakralbau aufgegeben worden, weil die Gemeinde so sehr geschrumpft ist, dass sie nicht mehr eigenständig bleiben kann; das Gebäude samt Grundstück steht nun zum Verkauf. So wird es mit Hunderten Kirchen passieren; wie weit die Ent-Kirchlichung des öffentlichen Raumes gehen wird, ist noch gar nicht abzusehen: In Berlin sind jetzt schon Dutzende evangelische und katholische Kirchen säkularisiert. Noch schwerer einzuschätzen ist, wie sich das katholisch religiöse Leben in Deutschland entwickeln wird. Wenn die Zahl der Taufen sich innerhalb von 14 Jahren um ein Drittel verringert, die Zahl der kirchlichen Hochzeiten sich im gleichen Zeitraum gar halbiert, dann spricht dies dafür, dass die katholische Kirche selbst als Begleiterin an den markanten Punkten eines Lebens oder wenigstens als Kulisse der verschiedenen Lebenswenden immer weniger gefragt ist.

Das katholische Familienleben, wie es bis in die 60er-Jahre hinein selbstverständlich war, ist eine Rarität geworden: mit Tisch- und Abendgebet, dem Heiligen Nikolaus statt dem Weihnachtsmann, einer bewusst gestalteten Adventszeit vor Weihnachten und Fastenzeit vor Ostern, sonntäglichem Kirchgang oder gar freitäglicher Fleischlosigkeit. Die meisten Kinder lernen das Vaterunser nicht mehr zu Hause, sondern im Religionsunterricht, vielleicht noch im kirchlichen Kindergarten – doch einen guten Teil der religiösen Erziehung delegieren viele katholische Eltern häufig an die Profis, weil sie selber Schwierigkeiten haben, ihren Glauben weiterzugeben.

Nun ist der Prozess zu vielschichtig und auch zu widersprüchlich, als dass er mit Säkularisierung oder Entkirchlichung befriedigend beschrieben wäre: Harvey Cox prophezeite in den 70er Jahren das Verschwinden der Kirchen und des Glaubens aus den Großstädten; es war eine Fehlprognose, und genauso wenig kann man aus den »Eckdaten des kirchlichen Lebens« errechnen, wann das Christliche in Deutschland verschwunden oder marginalisiert sein wird. Aber die Christlichkeit in Deutschland wird sich sehr ändern: Sie wird nicht mehr mit Kirchlichkeit gleichbedeutend sein. Sie wird sich zusammensetzen aus einem kleinen Kern von Hochengagierten und Gebildeten, einem Kreis von Sympathisanten und »treuen Fernstehenden«, die mal kommen und mal nicht, mal fromm sind und mal nicht, und einer ausfransenden Peripherie von undogmatischen Gottsuchern, synkretistischen Glaubensbastlern, Konfessionslosen, die mit ihren Kindern beten, und Agnostikern, die für die Kirchenrenovierung spenden – aber jedem Pfarrer, der klingelt, die Tür weisen.

Die Glaubwürdigkeitskrise

Das Land wird nicht heidnisch werden, aber die katholische Kirche wird missionarisch über den Kern der ohnehin Überzeugten hinaus wirken müssen, will sie ihre Botschaft erfolgreich verkünden. Sie wird um die Gläubigen werben müssen – um sie zu halten und dauernd zu binden. Und dazu wird sie im Wortsinn glaubwürdig sein müssen. Die Gläubigen, aber auch die Halb- und Viertelgläubigen müssen darauf vertrauen können, dass die katholische Kirche ihre Sorgen und Nöte, Freuden und Hoffnungen ernst nimmt, dass sie ihnen den Weg zu Gott und zum richtigen Leben zeigt. Doch mit dieser Glaubwürdigkeit sieht es schlecht aus.

Es ist an jenem Februartag 2003 wunderbares Föhn-Wetter, vom Freisinger Domberg aus hat man den Tag über die Alpenkette in ganzer Pracht sehen können, doch nun, am Abend, herrscht unter den Bischöfen, die zur Frühjahrs-Versammlung vor die Tore Münchens gereist sind, erschrockener Unglaube. Thomas von Mitschke-Collande, bei der Unternehmensberatung McKinsey zuständig für die Kirchen, hat die Ergebnisse einer Umfrage vorgetragen, und nun bekommt er einige Kritik zu hören: Die Fragen seien falsch gestellt, die ganze Erhebung problematisch. Kein Wunder: Das Ergebnis einer der größten Befragungen in Deutschland ist eine Katastrophe für die katholische Kirche.

Die Unternehmensberater haben gemeinsam mit dem Stern, T-Online und dem ZDF via Internet gefragt, welches Vertrauen die Deutschen in die verschiedenen Institutionen setzen. Mehr als 350 000 Menschen füllten die elektronischen Fragebögen aus; McKinsey ließ die Antworten mit allerlei Mathematik bearbeiten und durch eine klassische Umfrage ergänzen – das Ergebnis sei sehr repräsentativ, sagen die Macher. Die Deutschen sind dem zufolge insgesamt recht institutionenkritisch; sie vertrauen eher dem ADAC und den Umweltschutzorganisationen als der Rentenversicherung, dem Bundestag oder den Gewerkschaften. Am schlechtesten kommen die Parteien weg. Doch danach schon kommt die katholische Kirche: Nur noch elf Prozent der Deutschen vertrauen ihr; die 17 Prozent für die evangelische Kirche sind auch nicht üppig. Vielleicht ist es nicht richtig, das Vertrauen auf den Abschleppdienst eines Automobilclubs mit dem in die Kompetenz der Kirchen bei letzten Dingen zu vergleichen. Aber für eine Institution, die von ihrer Glaubwürdigkeit lebt, ist das schon ein herber Schlag. Vor allem: Anders als zum Beispiel bei den Parteien sehen die Befragten bei der Kirche kaum Änderungs-bedarf. Den meisten Deutschen ist die älteste und größte Institution der Welt gleichgültig geworden. Die Sozialträger Caritas und Diakonie dagegen schneiden gut ab – nur bei neun Prozent ist die Caritas in Misskredit geraten. Wo die Kirchen nicht als Institution wahrgenommen werden, steigt die Zustimmung – auch katholische Priester und evangelische Pfarrer schneiden in Umfragen besser ab als die Kirchen.

McKinsey-Direktor Thomas von Mitschke-Collande zeigt sich als nachdenklicher Mann, der gern mal ein paar Tage im Benediktinerkloster verbringt und dem das Katholische recht sympathisch ist; er verantwortet die Detailauswertung. Was der Studie zusätzliche Brisanz verleiht: McKinsey berät zu dieser Zeit mehrere deutsche Bistümer, auch das überschuldete Erzbistum Berlin. »Unsere Studie zeigt, dass die Kirchen insgesamt Probleme haben, dass aber die katholische Kirche in allen Bereichen deutlich schlechter abschneidet als die evangelische«, sagt er. Denn: »Wer selber mit sehr anspruchsvollen Maßstäben misst, der wird auch an sehr hohen Maßstäben gemessen.« 34 Prozent aller Katholiken halten ihre Kirche für »nicht veränderungsfähig«. Kurioserweise misstrauen sogar Katholiken ihrer eigenen Kirche häufiger (24 Prozent) als der protestantischen (16 Prozent). Und: Der Imageverlust geht bis weit in die eigene Mitgliedschaft hinein. Nur noch jeder vierte Katholik hält seine Kirche für sehr glaubwürdig. Bei der Frage »Sind Sie eher ein religiöser Mensch?« konnten sich 42 Prozent nicht entschließen, klar mit Ja zu antworten. Positive Antworten zum Gottesdienst kommen vor allem von den über 50-Jährigen; nur jeder dritte Katholik hat mehr als sechsmal im Jahr Kontakt zu einem Kirchenmitarbeiter. Wobei hier die Katholiken den Protestanten klar voraus sind: Drei von vier evangelischen Christen haben überhaupt keinen Kontakt mehr zur Institution.

Besonders schlecht kommt die katholische Kirche im Süden und Südwesten weg. In Bayern misstrauen ihr 56 Prozent aller Befragten, 26 Prozent der Katholiken; am wenigsten trauen die Mitglieder ihrer Kirche in den Bistümern Würzburg, Rottenburg-Stuttgart, Eichstätt, Augsburg und Bamberg. Im Norden und Osten dagegen sind die Katholiken wesentlich zufriedener: Ganz vorn liegt das Bistum Dresden-Meißen, gefolgt von Berlin, Osnabrück und Erfurt. Fast jeder zweite Ost-Katholik hat eine sehr hohe Meinung von seiner Kirche. Im Ansehen der Nicht-Katholiken liegt das Bistum Osnabrück vorn, gefolgt von Fulda, Bamberg und Magdeburg – ganz hinten liegen auch hier die Bayern: Augsburg, Würzburg, Regensburg und München. Weil im Norden und Osten die besseren Bischöfe, die netteren Pfarrer, die lebendigeren Kirchengemeinden sind? Näher liegt folgende Erklärung: In Süd- und Südwestdeutschland gibt es häufiger Menschen, die formell Kirchenmitglied sind, sich aber von der Kirche nichts mehr erwarten. Im Norden und Osten dagegen entscheiden sich die wenigen verbliebenen Katholiken bewusst für ihren Glauben und ihre Konfession und sind dadurch zufriedener mit dem, was sie dort vorfinden.

Die Katholiken, die regelmäßig den Gottesdienst besuchen, finden am häufigsten, dass sich bei den Kirchen und bei der Vermittlung von Glaube und Religion in die Gesellschaft hinein dringend etwas ändern muss – ein Thema, dass dem Rest der Befragten gleichgültig ist. Auch die Frage, ob Laien in der Kirche stärker mitbestimmen sollten, spielt nur noch in Kirchenkreisen eine Rolle. Zugespitzt lässt sich sagen: Jeder Bischof sollte über jeden froh sein, der sich Änderungen in der Kirche wünscht – wahrscheinlich gehört der zu den verbliebenen Kirchentreuen. Den stärksten Reformwunsch hegen die Kirchenangestellten. Sie finden zwar am häufigsten, dass die Kirche ihre Arbeit gut macht. Aber 41 Prozent sehen »dringenden«, weitere 25 Prozent »eher dringenden« Verbesserungsbedarf – zwei von drei Kirchenangestellten sehen also ihren Arbeitgeber mehr oder weniger tief in der Krise.

Es gibt Untersuchungen, die ein freundlicheres Bild von der katholischen Kirche zeichnen, die des Allensbach-Instituts zum Beispiel, deren Befragten der Kirche durchaus Kompetenz in Glaubensfragen attestieren und in ihr eine der Garantinnen des sozialen Zusammenhalts im Land sehen. Auch die weiteren jährlichen Untersuchungen des Perspektive-Deutschland-Teams beschrieben einige leichte Verbesserungen des Kirchen-Images; danach ist die Zahl derjenigen, die der Kirche absolut misstrauen, ein wenig gesunken, es gibt mehr Menschen, die sich Veränderungen wünschen und damit immerhin ihr Interesse zeigen. Spannend dürften weitere Auswertungen werden, wenn die Deutschen, religiös angewärmt, auf Papstwahl und Papstbesuch antworten. Doch die Wahrscheinlichkeit ist groß, dass der katholischen Kirche der zweitletzte Platz vor den Parteien bleiben wird, solange die Meinungsforscher nach der Glaubwürdigkeit der Institution fragen. Inzwischen hat auch mancher Bischof, der vor zwei Jahren in Freising noch ungläubig den Kopf schüttelte, verstanden: Die katholische Kirche steckt in einer Glaubwürdigkeitskrise. Sie erscheint langweilig gestrig –, obwohl sie doch das Heil der Menschen im Blick haben will.

Die Kommunikationskrise

Was macht ein Unternehmen, wenn es bemerkt, dass seine Kunden ihm nicht mehr zutrauen? Ein altbekanntes Produkt in altbekannter Qualität anzubieten? Oder wenn der Bedarf an diesem Produkt nachlässt, die Konkurrenz im Kundenstamm wildert? Zunächst einmal gerät es in helle Aufregung. Vielleicht feuert es den Geschäftsführer oder mehrere Abteilungsleiter, vielleicht verkracht sich der Aufsichtsrat für die nächsten Jahre; auf jeden Fall aber wird dieses Unternehmen sehr viel, vielleicht sogar alles dafür tun, dass die Glaubwürdigkeitskrise so schnell wie möglich überwunden wird. Es wird aufwändige Werbekampagnen starten; es wird versuchen, mit wichtigen Kunden ins Gespräch zu kommen, um mehr über sie und ihre Bedürfnisse zu erfahren. Es wird vielleicht ein Marktforschungsinstitut beauftragen, herauszufinden, was sich wo ändern muss, um zu alter Stärke zurückzufinden. Es wird schnell handeln, es wird viel Geld ausgeben. Denn eine Faustregel der Marktforscher lautet: Ist das Image erst einmal ruiniert, braucht man fünf Jahre harte Arbeit, um den Trend umzudrehen.

Seit mehr als zehn Jahren versuchen auch die Kirchen immer wieder, über Kommunikationsinitiativen und Imagekampagnen ins Gespräch mit Gläubigen, Halbgläubigen und Ungläubigen zu kommen. Katholischerseits machten die Bistümer Limburg, Mainz und Trier mit einer 200 000 Mark teuren Kommunikationskampagne in den frühen 90er-Jahren den Anfang; das Bistum Essen hat schon für den Eintritt ins Priesterseminar geworben. Auf den Plakaten sind Männer von Model-Agenturen zu sehen, weil die echten Seminaristen den Werbeleuten als nicht vorzeigbar erschienen. Die jüngste Aktion startete im Jahr 2002. Sie stammte von der evangelischen Kirche und fragte von Plakaten herab unter anderem: »Sind Fußballer unsere wahren Götter?« Die Aktion sollte die Gemeinden dazu bringen, auch mit Fernstehenden ins Gespräch zu kommen.

Alle diese Kampagnen waren letztlich Fehlschläge, außer es ging um konkrete Themenstellungen, zum Beispiel der Schutz des Sonntags (»ohne Sonntag gibt es nur Werktage«) oder die Werbung für einen kommerzreduzierten Advent (»kannst Du nicht warten?«), die beide von der evangelischen Kirche lanciert wurden, mittlerweile aber ökumenisch durchgeführt werden. Ein Teil der Misserfolge lässt sich mit schlechter Vorbereitung oder Durchführung der Aktionen erklären, mit der Unerfahrenheit der Beteiligten, mit den meist arg begrenzten Etats. Der wahre Grund liegt aber tiefer: Die Kirchen haben ein Kommunikationsproblem, das mit ein bisschen Public Relations-Arbeit nicht behoben werden kann.

Es beginnt damit, dass in der Kirche eine eigene Sprache gesprochen wird, die Außenstehenden fremder ist als dem Kirchenvolk der 50er-Jahre das Kirchenlatein. Besonders tragisch wird das immer wieder, wenn Kirchenleute auf Journalisten treffen und sich zeigt, dass es zwischen den beiden in den entscheidenden Momenten des Gesprächs keine gemeinsame Sprachebene mehr gibt –, weil Journalisten den innerkirchlichen Sprachcode nicht mehr verstehen und deuten können, und weil die Kirchenleute außerhalb ihres Sprachcodes nicht ausdrücken können, was sie sagen wollen. Man muss sich nur einmal die Predigten der deutschen Bischöfe zu Pfingsten anschauen, dem Fest der christlichen Begeisterung: Die meisten Ansprachen sind gebremst, abstrakt, wenig inspiriert, was an einem solchen Tag besonders auffällt. Kaum ein Pfarrer kann einem Außenstehenden erklären, was das katholische Eucharistie- vom evangelischen Abendmahl-verständnis unterscheidet – und was das mit seiner Gemeinde zu tun hat. Wem das katholische Innenleben fremd ist, dem ist inzwischen auch unerklärlich, was den Gemeinde- vom Pastoralreferenten unterscheidet und was den Weih- vom Erzbischof.

Schwerer wiegt aber, dass viele Kirchenmitarbeiter Mühe haben, für Gott und Glauben, Leben und Sterben, für die ersten und letzten Dinge des Lebens die richtigen Worte zu finden – Worte, die ohne falsches Pathos die Zuhörer ergreifen, die konkret sind und nicht theologisch überfrachtet. »Mit einfachen Worten ungewöhnliche Dinge sagen« – Nietzsches Ratschlag ist den Kirchen fremd. Ihre Vertreter haben sich eine sehr verquaste, unkonkrete, manchmal auch pseudopoetische Sprache angewöhnt, die einen das Gruseln lehren kann: »Da ist man halt ein Stück weit betroffen, wo man eine Strecke den Weg gemeinsam gehen wollte, um zu zeigen, dass die Liebe des Herrn ist wie Gras und Ufer, Wind und Weite.« Ob man wieder »mehr Himmel wagen« sollte? Oder wenigstens etwas mehr »durch die Stille hindurch hören«? So etwas ist nicht nur schlechtes Deutsch; solche Formulierungen sind Metaphern einer Insider-Kultur, die allen, die neu in eine Gemeinde kommen, signalisieren: Mach erst einmal einen Sprachkursus, wenn Du bei uns mitreden willst. Wenn ein Pfarrer vom »Aufbruch in der Kirche« redet, meint er in der Regel, dass die Katholiken frommer, engagierter, enthusiastischer werden – ein Journalist ohne Grundkenntnisse des Kirchenjargons dürfte eher eine ungesetzliche Handlung am Opferstock vermuten. Es ist ein Fortschritt, dass die Kirche die alten, starken Begriffe wie Sünde, Hölle, Strafe, Verführung nicht mehr so ungebrochen verwendet wie vor dem II. Vatikanischen Konzil. Sie hat sich vom angstmachenden Bild eines strafenden Gottes verabschiedet, der, eine Art Himmelspolizist, die Gläubigen nicht aus den Augen lässt. Inzwischen aber reden die Medien und die Werbung häufiger über Glaube, Liebe, Hoffnung, Sünde, Hölle und Himmel, Wunder, Engel und Teufel, Verführung, Beichte und Gebet als die Kirchen. Die Journalisten und Werbetexter tun das mit Augenzwinkern, der drastischen Bildkraft wegen, und weil sie glauben, es wäre witzig, wenn feiste Männer im Kardinalspurpur auf Plakaten von einer

Tiefkühlpizza künden, die eine Sünde wert sei. Besonders gelungen ist das selten, aber allen, die in der katholischen Kirche mit der Sprache umgehen, sollte das zu denken geben: Ihnen ist es bislang nicht gelungen, die alten Begriffe mit neuem Leben zu füllen oder neue von gleicher Kraft zu finden.

Diese Sprachschwierigkeiten wiegen umso schwerer, als das Bild der Kirche in der deutschen Öffentlichkeit von Konflikten bestimmt wird. Da gibt es hier den Fall eines Priesters, der heiratet und eine ratlose Gemeinde zurücklässt. Dort steht einer vor Gericht, weil ihm vorgeworfen wird, er habe Kinder und Jugendliche sexuell missbraucht – ein Delikt, das überall geschieht, wo Erwachsene, vornehmlich Männer, intensiv mit Kindern und Jugendlichen zu tun haben, der aber doppelt schwer wiegt, wenn ein Priester das Vertrauen der Kinder und der Eltern missbraucht, wenn jemand eine Kindheit zerstört, der sich in besonderer Weise Gottes Geboten verpflichtet sieht. Ein anderes Mal kommt eine Instruktion aus Rom, die Homosexuellen den Weg zum Priesteramt erschwert, oder ein Schreiben, das katholische Politiker dazu verpflichten möchte, immer und überall gegen jede Form der Homo-Ehe zu stimmen, dann eins, das – bis auf wenige Ausnahmen – die Gemeinschaft von Katholiken und Potestanten bei Abendmahl und Eucharistie ausschließt, dann ein anderes, das Frauen erklärt, das sie nie Priesterin sein dürfen. Es ist in den vergangenen Jahren wenig Ermutigendes und viel Verbietendes aus dem Vatikan gekommen, und so hat sich bei den Medien das Bild einer Kirche im Dauerkonflikt festgesetzt, mit einer mächtigen Zentrale, die darauf achtet, dass die Katholiken in Deutschland sich nicht zu viele Freiheiten herausnehmen. Inzwischen sind die Wahrnehmungsmechanismen der nichtkirchlichen Öffentlichkeit eingefahren: Aus dem Vatikan kann nichts Gutes kommen, die katholische Kirche insgesamt steht für autoritäre Strukturen, für Rückständigkeit und eine lebensferne Sexualmoral, die sich täglich als Doppelmoral erweist, weil Priester Sexualpartnerinnen und -partner haben. Und oft genug festigen die realen Ereignisse die Wahrnehmungen und Klischees; wer sich öffentlich als Katholik bekennt, erntet oft erstaunte Kommentare: »Du bist doch sonst eigentlich ganz vernünftig!« Die katholische Kirche hat keine Profilschwäche, wie sie häufig der evangelischen Kirche nachgesagt wird – die katholische Kirche hat eher Probleme mit dem zu klaren, starren Profil, an dem die Kirchenmitglieder manchmal selber leiden. Jüngst fragte eine Studie nach dem Selbstverständnis von katholischen und evangelischen Religionslehrern in Baden-Württemberg: Den Protestanten war zu 80 Prozent die Entwicklung eines konfessionellen Profils wichtig, die Katholiken fanden dies zu gleichem Anteil ein nachrangiges Ziel des Religionsunterrichts.

Der kirchliche Umgang mit diesen Konflikten und Wahrnehmungen ist immer noch unbefriedigend, trotz einiger Fortschritte in den vergangenen Jahren. Als klar wurde, wie viele Priester in den Vereinigten Staaten Kinder und Jugendliche sexuell missbraucht haben und weil lange das Problem kleingeredet und vertuscht wurde, sagte Kardinal Lehmann, der Bischofskonferenzvorsitzende, dies sei ein amerikanisches Problem. Dabei war klar, dass es nur eine Frage der Zeit sein würde, bis auch in Deutschland die ersten Missbrauchsfälle öffentlich werden würden. Die Reaktionen darauf waren in den Bistümern sehr unterschiedlich: Manchmal wurden die Journalisten, die recherchierten, als Kirchenfeinde beschimpft, anderswo arbeitete die Bistumsleitung eng mit Polizei und Staatsanwaltschaft zusammen, half den Eltern und ihren Kindern. Doch erst, als die öffentliche Kritik massiv wurde, verabschiedete die Bischofskonferenz einen einheitlichen Verhaltenskodex, wie innerhalb der Kirche mit Tätern und Opfern eines sexuellen Missbrauchs umzugehen ist. Ähnlich schlecht gingen die Bistümer mit dem Thema Zwangsarbeit um: Es war klar, dass im Zweiten Weltkrieg auch in kirchlichen Einrichtungen Zwangs- und Fremdarbeiter eingesetzt waren, und trotzdem ignorierten die meisten Bistümer das Problem, von rühmlichen Ausnahmen wie Rottenburg-Stuttgart abgesehen. Auch hier brachte erst eine durch die Bank schlechte Presse ein Umdenken; die Bischofskonferenz schuf einen eigenen Entschädigungsfonds, der inzwischen viel Gutes getan hat. Die Bonner Arbeitsstelle der Bischofskonferenz hat aus den beiden Desastern gelernt. Es gibt inzwischen eine engagierte Sprecherin, die sich um den Dialog mit den Journalisten bemüht, es gibt Gesprächskreise, es gibt deutlich mehr Offenheit. Aber in vielen Bistümern gilt Kritik immer noch schnell als antikirchlich, als Kampagne missgünstiger Journalisten, und diese Haltung setzt sich fort bis hinunter in die Pfarreien. Dass Konflikte immer auch Gelegenheiten sind, die Arbeit zu verbessern, mit Konfliktpartnern ins Gespräch zu kommen, hat sich dort noch nicht herumgesprochen.

Diese Sprachschwierigkeiten führen zu einem latenten Beleidigtsein der Kirchen, wenn sie mit der nichtkirchlichen Öffentlichkeit umgehen müssen. Das fängt bei den Bischöfen an: Noch immer ist es schwierig, ein Interview oder Statement eines Bischofs zu bekommen. Viele – und gerade die älteren – Hirten haben dein Eindruck, dass ihnen das nichts einbringt außer vielleicht Ärger mit Rom, wo man allzu offene Antworten nicht schätzt; also lassen sie es lieber gleich sein. Das geht bis hinunter zum Dorfpfarrer, der sich nicht gerne den Spiegel vorhalten und seine Entscheidungen hinterfragen lässt. »Ihr versteht uns ja doch nicht« – das ist die Grundhaltung vieler Kirchenvertreter. Ihr versteht unsere Kirchenstrukturen nicht, unsere Sprache, unsere Fähigkeit, die Wirklichkeit zwischen den Zeilen zu beschreiben oder durch das Nichtgesagte zu sagen. Ihr seid so unwissend geworden, eure Sprache so direkt und brutal; ihr wollt eure Klischees bestätigt sehen und interessiert euch nicht für das wahre Leben. Doch wenn jemand kommt und sich für dieses Leben interessiert, ist es auch nicht immer Recht: den Konservativen, weil sie fürchten vorgeführt zu werden. Den Liberalen, weil es ihnen schwer fällt zu erklären, warum sie nicht so offen oppositionell sind, wie sie das in der Politik vielleicht wären. Und allen zusammen, weil ihnen die Worte fehlen, um dem fremden Besucher zu erklären, wie das ist mit Gott und der Bibel, den Geboten und dem rechten Leben, mit Leiden, Tod, Auferstehung.

Die Krise des Priesteramts

Eine Kirche mit Imageproblemen, die sich mit der Kommunikation schwer tut, braucht glaubwürdige Menschen, die durch ihr Auftreten, ihr Leben, den Geist, den sie verbreiten, zeigen, dass es jenseits der Klischees gute Gründe gibt, sich in dieser Kirche zu engagieren. Das gilt zunächst einmal für jeden Katholiken, besonders aber für die katholischen Priester, die in besonderer Weise für ihre Kirche stehen: durch ihre Weihe, durch die Entscheidung, gehorsam und zölibatär zu leben und durch ihre herausgehobene Stellung als Spender der Sakramente, als Leiter der Eucharistiefeier. Von diesen Priestern gibt es allerdings immer weniger: 1992 noch mehr als 19 000, 2004 nur noch 16 326. Und es wird bald noch viel weniger geben, weil immer weniger junge Männer katholische Priester werden wollen: 1990 nahmen die Priesterseminare in Deutschland noch 470 Kandidaten neu auf, ein Jahr zuvor waren es gar 549 gewesen. Doch 2004 waren es nur noch 210. Selbst wenn aus finanziellen Gründen die Zahl der Gemeinden sich in den kommenden zehn, 15 Jahren bundesweit um 20–30 Prozent verringert, wird nicht mehr jede Gemeinde einen eigenen Priester haben können. Nun ist das in vielen anderen Ländern der Erde schon lange so, und in einem traditionell katholischen Land wie Brasilien muss sich ein Priester um drei- bis viermal so viele Gläubige kümmern wie in Deutschland, ein treuer brasilianischer Katholik sieht seinen Pfarrer vielleicht einmal im Monat. Doch die Krise des Priesterstandes in Deutschland geht viel tiefer, als es die Zahlen zeigen.

Um das zu spüren, muss man nach Münsterschwarzach fahren, in die Nähe von Würzburg. Die zwei mächtigen Türme der Benediktinerabtei überragen weithin das fränkische Land; ein wenig abseits, gegenüber dem Sportplatz der katholischen Schule, steht ein unauffälliges Gebäude – das Recollectio-Haus, in das sich Priester in Schwierigkeiten aller Art zurückziehen können. Dort trifft man Menschen wie Thomas Breuer. Als er Ende der sechziger Jahre die Priesterweihe empfing, da war er überzeugt: Ich bin berufen. Berufen, Gott zu den Menschen zu bringen und die Menschen zu Gott. Er war kein Naivling, der glaubte, wenn man nur eifrig bete, sei der Zölibat kein Problem. Er grinste über seine frömmelnde Tante, ärgerte sich, wenn Pfarrer Höllenangst verbreiteten. Aber die Kapläne in der Jugendarbeit hatten ihn begeistert, die Aufbruchstimmung nach dem Zweiten Vatikanischen Konzil machte ihm Hoffnung: Die Kirche würde anders werden – freier, begeisternder, der Zukunft zugewandt. Seine Krise kam auf leisen Sohlen. Breuer wurde Pfarrer und stellvertretender Dekan, obwohl es ihm den kalten Schweiß auf die Stirn trieb, wenn er Entscheidungen treffen musste. Er wurde immer weniger Seelsorger und immer mehr Gemeindemanager, hetzte von Taufe zu Trauung zu Beerdigung. Der Zusammenbruch kam, als die Gemeinde mit einer anderen zusammengelegt werden sollte. Die Pfarrgemeinderäte blockierten, der Streit beherrschte den Alltag, die Einsamkeit am Abend wurde unerträglich. Pfarrer Breuer bekam eine Grippe, die blieb und blieb; der Körper rebellierte gegen dieses Leben. Jetzt sucht er einen Neuanfang wie die anderen 17 Männer und Frauen, Priester, Mönche, Nonnen.

Seelisch krank zu werden als Priester ist immer noch ein Tabu, weshalb Thomas Breuer im richtigen Leben nicht Thomas Breuer heißt. »Aber es gibt viele, die eine Behandlung bräuchten«, sagt er. Nach Münsterschwarzach kommen die Sensiblen, die Änderungsbereiten. Die anderen leiden weiter, resignieren, verbittern. »Die Krise trifft vor allem die Pfarrer«, sagt Wunibald Müller, der Leiter des Recollectiohauses. Als er vor 15 Jahren die Arbeit begann, kamen die Nonnen – Männer geben nun mal ungern zu, dass sie Hilfe brauchen, und Pfarrer tun das noch weniger. Doch mittlerweile sind vier von fünf Gästen Gemeindepfarrer. Ein Berufsstand, eine Existenzform ist in Not. Die Zahl der Priester sinkt. Die jungen Männer, die sich in den fünfziger Jahren zahlreich weihen ließen, haben die Pensionsgrenze überschritten; in vielen Bistümern wird es in zehn Jahren ein Drittel weniger Priester geben als heute. Müller hatte schon Gäste, die sieben Gemeinden betreuen mussten. Wer will das auf sich laden? Der Priestermangel produziert auf diese Weise weiteren Priestermangel.

Auch wenn es so oft wiederholt worden ist, dass es ausgelutscht und langweilig klingt: Der Zölibat ist die häufigste Ursache der Krise. »Oft kommen Menschen, die unreif ihre Entscheidung fällen«, sagt Müller. Manchmal entdecken Priester ihre Homosexualität erst im Seminar oder nach der Weihe und versuchen sie zu verdrängen. Andere sind in ihrer Jugend sexuell missbraucht worden und flüchten vor ihrer eigenen, sie bedrängenden Sexualität, ins Keuschheitsgelübde. Meist ist die Sache jedoch wesentlich einfacher: Auch die Priesterweihe macht den Menschen nicht zum sexuellen Neutrum. Auch Priester verlieben sich, und oft gerade jene, die nicht abgehobene Pfarrherrn sein wollen – und es gibt Frauen (und Männer), die diese Liebe erwidern. Der amerikanische Psychologe Richard Sipe vermutet in seiner Untersuchung über Sexualität und Zölibat, dass mindestens jeder zweite Priester nach seinem Keuschheitsgelübde eine Sexualpartnerin, einen Sexualpartner hat. »Schuld« daran sind überwiegend nicht die berüchtigten »Zölibatsjägerinnen«, die es besonders reizt, einen Priester zu verführen. Wer die Geschichten aus den Selbsthilfe-Gruppen der vom Zölibat betroffenen Frauen hört, ahnt, wie viel Leid hinter vielen dieser Liebesgeschichten steckt, erst recht, wenn es aus dieser Beziehung heraus Kinder gibt. Die Mehrzahl der Priester zieht heute dann die Konsequenz und verlässt – oft nach langen inneren Kämpfen – den Priesterberuf, was aber bedeutet, dass die junge Familie sich eine neue Existenzgrundlage suchen muss, dass sie manchmal Anfeindungen aus der einstigen Gemeinde ausgeliefert ist.

Andere bleiben Priester und verheimlichen ihre Vaterschaft. Dann dürfen die Kinder nichts von ihren Vätern wissen oder das, was sie wissen, niemandem verraten. Oder es dürfen die Mitbrüder nicht wissen, was der Personalabteilung im Ordinariat meist dann kein Geheimnis mehr ist, wenn die ersten Alimente überwiesen werden. Die Spiegel-Redakteure Annette Bruhns und Peter Wensierski haben vor zwei Jahren Priesterkinder besucht und aus ihren Lebensgeschichten ein Buch gemacht (*Gottes heimliche Kinder*), das zeigt, wie sehr die Heimlichtuerei, das Verschweigen aber auch die Verantwortungslosigkeit mancher der geweihten Männer die Kinder ein Leben lang belastet. Priester, die ein Kind haben oder eine langjährige Freundin sind erpressbar, oft sind sie ganz besonders gehorsam und eifrig, aus schlechtem Gewissen heraus oder weil sie Angst haben, dass ihr Doppelleben öffentlich wird. Und auch die anderen, die den Zölibat mehr oder weniger halten, müssen sich immer mit Mutmaßungen, Verdächtigungen, dem Augenzwinkern der anderen Männer aussetzen: wenn sie mit ihrer Haushälterin in den Urlaub fahren (so sie überhaupt noch eine Pfarrhaushälterin finden), beim Fasching mit der Leiterin des

Kindergartens tanzen oder die Pastoralreferentin umarmen, wenn er in der Videothek oder nur in ihrer Nähe gesichtet wird. Für einen katholischen Pfarrer ist das Böse immer und überall, er steht unter ständiger Beobachtung. Das nagt, das verhindert Offenheit, das macht so viele Pfarrer, die Sonntags so selbstbewusst in der Kirche stehen, so verhuscht, wenn man sie im Alltag sieht.

Ein weiteres Problem des Priesterstandes ist in den vergangenen zehn Jahren verstärkt in den Blick der Öffentlichkeit gekommen: Ein wachsender Anteil der Priester ist homosexuell. Für heterosexuelle Männer wird es offenbar zunehmend unattraktiv, Kleriker zu werden, eine Reihe homosexueller Männer sucht dagegen, ob bewusst oder unbewusst, die brüderliche Gemeinschaft, das Männerbündische des Priesterstandes. Viele Schwule sind auch religiös besonders sensibel und spirituell begabt, sagt Titus Neufeld, der Sprecher der Arbeitsgemeinschaft schwuler Priester, der einst Franziskaner war – weil eben Homosexuelle sich intensiver als andere Menschen damit auseinander setzen müssen, warum sie anders sind als die Mehrheit. Wie viele Priester homosexuell sind, ist schwer zu sagen; es sind bis zu 20 Prozent, meint der Augsburger Theologe Hanspeter Heinz. Noch höher dürfte der Anteil in den Priesterseminaren liegen; aus den Vereinigten Staaten kommt die Nachricht, dass dort in einigen Seminaren jeder zweite Kandidat schwul ist. Theoretisch und theologisch gesehen ist es zunächst einmal gleichgültig, ob ein Priester keinen Sex mit Männern oder keinen Sex mit Frauen hat, und so beschloss auch die Regentenkonferenz der deutschen Priesterseminare 1995, dass nicht die sexuelle Orientierung bei der Zulassung zur Weihe eine Rolle spielen soll, sondern die glaubwürdig gemachte Bereitschaft, zölibatär zu leben. Doch die Priesterausbilder sehen inzwischen, dass dies so einfach nicht ist: Es gibt für angehende und für geweihte Priester einfach mehr Gelegenheiten, eine sexuelle Beziehung zu einem Mann aufzubauen als zu einer Frau. Und es gibt auch unter Deutschlands Priestern und Seminaristen »rosa Netzwerke« von Schwulen, die sich kennen, voneinander wissen, miteinander ins Bett gehen, sich gegenseitig bei der Geheimhaltung helfen, Karrieren über Liebesbeziehungen beschleunigen oder bremsen – und dies alles bis in die engeren Zirkel von Bistumsleitungen hinein. Auch hier bedingt die Geheimhaltungs- und Verschweigekultur Abhängigkeitsverhältnisse; die Verlogenheit im täglichen Leben ist oft groß, gerade weil die katholische Kirche praktizierte Homosexualität generell als Sünde betrachtet. Die Bildungskongregation des Vatikans hat im November 2005 eine Instruktion veröffentlicht, die offen schwulen Männern den Zugang zur Priesterweihe verwehrt. Das ist nun nichts neues, das Papier versucht aber nun eine Art Beweislastumkehr einzuführen: Ein Kandidat muss glaubhaft machen, dass er drei Jahre vor seiner Weihe sexuell enthaltsam gelebt hat, dann gilt seine Neigung als »überwunden«. Ein streckenweise geradezu kurioser Versuch, dem Problem Herr zu werden.

Die Krise des Priestertums ist aber nicht nur durch den Zölibat verursacht. Wunibald Müller vom Recollectio-Haus zeigt ein Wachsmalkreiden-Bild, entstanden unter der Anleitung der Pastoralpsychologin Schwester Julietta Görtz. Blaues, kaltes Wasser ist zu sehen, Schneckenhäuser und Muscheln liegen im Sand: gepanzerte Solitäre. Oft weinen hier im Kellerraum von Münsterschwarzach gestandene Würdenträger, wenn ihnen klar wird, was sie gemalt haben. Vielen Pfarrern gelingt es nicht, tiefe Beziehungen aufzubauen. Nicht zu sich, nicht zu anderen, und nicht zu Gott – obwohl sie sich dies alles von Herzen wünschen. »Eigentlich bin ich ganz anders, aber ich komme nicht dazu«, so empfindet Müller die Grundstimmung vieler Pfarrer. Der Theologieprofessor Konrad Baumgartner hat die typischen Schwierigkeiten eines katholischen Priesters so zusammengefasst: Sie glauben, vollkommen sein zu müssen. Sie können nicht Nein sagen, neigen zur Übererfüllung der an sie gerichteten Erwartungen, haben Angst vor Menschen, die ganz anders sind als sie. Schlechte Voraussetzungen in einer Welt, in der ein katholischer Priester längst nicht mehr der allseits verehrte Hochwürden ist, sondern höchstens ein bestaunter Exot. Kein Wunder auch, dass viele Pfarrer unter der Spannung zwischen den Erwartungen aus der Gemeinde und dem Druck der Hierarchie leiden – »jeder zweite Pfarrer tut das«, hat Müller beobachtet, »und hält das mal besser und mal schlechter aus«. *Priester im Modernisierungsstress* heißt eine Untersuchung des Wiener Pastoraltheologen Paul Zulehner, die diese Beobachtung stützt: Priester müssen heute Seelsorger, Sakramentenspender und Gemeindeleiter sein, Arbeitgeber, Psychologe, Pädagoge, ein guter Prediger, der bei allem intellektuellen Anspruch auch die Kinder begeistert. Eine Überforderung, sagt Müller: »Ein Pfarrer muss nicht die Finanzen der Gemeinde führen – er ist für das Sinnliche des Glaubens zuständig.« Für das, was zugleich erschüttert und fasziniert. Die Kirchen, sagt Müller, müssten ihre Priester befähigen, Seelsorger zu sein, auch verwundete Seelsorger. In der Kapelle des Recollectiohauses hängt ein Corpus Christi, gefunden auf dem Dachboden des Klosters, zerschlagen, zerkratzt, die Arme abgebrochen. Als der verstümmelte Herr Jesus aufgehängt wurde, gab es Protest. Doch dann wurde er akzeptiert: Der ist wie wir, bemerkten die Teilnehmer.

Doch immer noch stilisiert die Kirche ihre Priester zu heiligen Außenseitern, immer noch dürfen Laien in den Gemeinden viele Arbeiten nicht übernehmen, die ein Priester abgeben könnte, um sich seiner eigentlichen Begabung zu widmen – im Bistum Regensburg zum Beispiel soll nun der Pfarrer auch noch kraft Amtes Pfarrgemeinderatsvorsitzender sein. Dabei wissen die meisten Leiter der Priesterseminare meist um die Probleme der Männer, die Priester werden wollen – viele von ihnen sind übrigens nicht mehr so jung, haben schon einen Beruf ausgeübt, ein Studium hinter sich, wenn sie an die Pforte des Seminars klopfen. Die meisten Seminarleitungen sind problembewusst, leider nicht alle. In Eichstätt zum Beispiel nahm Bischof Mixa über Jahre hinweg Kandidaten auf, die in anderen Bistümern als ungeeignet abgelehnt worden waren – ein volles Priesterseminar, das macht sich gut gegenüber den Amtsbrüdern und in Rom. Heute gibt es für die Alumnen dort einen Verhaltenscodex, der neben anderen Merkwürdigkeiten vorsieht, dass der Priesterkandidat keine Jeans zu tragen hat, sondern Stoffhose – als gelte es, sich jede Lockerheit und Gelassenheit im Wortsinn vom Leibe zu halten. Das Seminar des westfälischen Bistums Münster dagegen versucht, sich einzustellen auf die Situation der neuen Priester. Seit vielen Jahren gehört ein Praxisjahr in einer Gemeinde nach der Diplomprüfung zum Pflichtprogramm – der Praxisschock ist zum größten Stolperstein auf dem Weg zur Weihe geworden. Wer einen Beruf hat, kann auch ohne Abitur Priester werden, das ist wichtig für die so genannten »Spätberufenen«, deren Anteil zunimmt – in Münster sind schon Unternehmer, ein pensionierter Schulleiter oder ein ehemaliger Gärtner Priester geworden. Die zukünftigen Geistlichen lernen Psychologie, absolvieren Kurse über seelische Krankheiten und Trauerbegleitung. Nach der Weihe erhalten die Kapläne Supervision. Der Regens des Priesterseminars legt Wert auf eine ganzheitliche Ausbildung; seine Priester sollen die Arbeitslosenzahlen der Gemeinde ebenso kennen müssen wie das neueste Kinoprogramm. »Wer vor seinen Problemen fliehen will, der ist hier falsch«, sagt Wilfried Hagemann. Trotz Priestermangels nimmt das Seminar nicht jeden, der an die Pforte klopft. Wer seinen Beruf aufgeben möchte, um Priester zu werden, über den fordert das Seminar ein 20-seitiges psychiatrisches Gutachten an.

Die katholischen Priester sind viel weniger uniform als oft dargestellt. Mancher lebt ein bewusst antibürgerliches Leben, in selbstgewählter Armut, nahe den Obdachlosen, Drogenabhängigen, den in die Armut gerutschten Familien. Andere sind tatsächlich der Vertreter des Geistigen und Geistlichen in ihrem Ort, ihrem Stadtviertel. Die meisten schlagen sich mal besser und mal schlechter durchs Leben – wer darüber ein wunderbares Buch lesen will: Petra Morsbach erzählt mit liebevoller Komik in ihrem Roman *Gottesdiener* das Leben des stotternden Priesters Isidor, der im Bayerischen Wald die moralische Instanz des Dorfes sein soll, das sich sonst wenig um Moral schert, der es allen seinen eigenwilligen Gemeindemitgliedern und seinen schwierigen Mitbrüdern Recht machen soll, der Gott sucht und sich heimlich verliebt.

Und doch verändert sich der Priesterstand schleichend. Wer heute katholischer Priester werden will, stößt auf mehr Unverständnis als einer, der den Himalaja mit dem Rad überqueren will oder der in einer Talkshow sein Innerstes nach außen stülpt. Dem Versprechen, gehorsam, arm und keusch zu leben, hängt nicht mehr der Weihrauchduft des Heiligen an, sondern der brenzlige Geruch des Hirnverbrannten. »Kann man da gar nichts machen?«, bekommen die Eltern eines Weihekandidaten im Bekanntenkreis zu hören; der Wunsch des eigenen Kindes, Priester zu werden, erfüllt inzwischen auch gut katholische Eltern mit Sorge. Wer ins Priesterseminar geht, hat also meist eine durchaus heftige Auseinandersetzung über seinen Lebensweg hinter sich, weshalb sich unter den Seminaristen einiger Trotz auf die Welt da draußen anstaut.

Und so sitzt eine sehr eng begrenzte Auswahl des deutschen Katholizismus im Seminar; und mit den Frauen ist die Hälfte dieser Kirche samt ihrer Geistesgaben vom Amt ausgeschlossen. Aber auch von den Männern kommen zunehmend die Konservativen, die einen Gegenentwurf zur sündigen Welt suchen und sehr genau wissen, wer und was katholisch ist und was direkt vom Teufel kommt. Es kommen die Elitären, die es nur gut und richtig finden, dass der Rest der Welt ihre Entscheidung nicht versteht, und es kommen die Weltflüchtigen, die im Priesterberuf eine Gelegenheit sehen, ihre persönlichen Probleme religiös zu überhöhen. Es fehlt der Mittelbau, sagen inzwischen viele Professoren, die die jungen Theologen ausbilden. Es gibt die Hervorragenden, die aus tiefer Überzeugung heraus Priester werden – und es gibt die wachsende Zahl der Problemfälle. Der Paderborner Kirchenkritiker Eugen Drewermann hat vor über 15 Jahren mit dem Buch *Kleriker* eine Art Psychogramm von Priestern veröffentlicht: Wer mit den Unsicherheiten des Lebens nicht zurechtkommt, flüchte in die Welt der festen kirchlichen Regeln. Auch andere Untersuchungen haben seit den sechziger Jahren die Schattenseiten der Priester-Persönlichkeit analysiert: Priester sind demnach stärker introvertiert als andere Menschen, haben Angst vor Kritik und vor Fehlschlägen, neigen zu Depressionen, konnten sich seltener aus einer starken Mutterbindung lösen, außer durch die Flucht in den Schoß von Mutter Kirche. Drewermann musste sich damals die Kritik gefallen lassen, dass er den Priestertyp der 50er- und 60er-Jahre beschreibe, der mit dem Priester der 80er-Jahre nicht mehr viel zu tun habe. Inzwischen sagen ältere Pfarrer erschrocken über ihre jungen Kapläne: Drewermanns Analyse stimmt – heute erst recht.

Die Krise des Klerus wäre noch viel dramatischer, gäbe es nicht in den meisten Gemeinden mittlerweile Laientheologen, Männer wie Frauen – Gemeindereferenten mit einer Fachhochschulausbildung und Pastoralreferenten, die wie die Priester universitär ausgebildete Diplomtheologen sind. Die Zahl der Gemeindereferenten stieg von 3900 im Jahr 1995 auf 4500 – mehr als zwei Drittel von ihnen sind Frauen. Im gleichen Zeitraum erhöhte sich die Zahl der (besser bezahlten) Pastoralreferenten von 2200 auf 3000, hier überwiegen die Männer. Die Laientheologen arbeiten in den Gemeinden mit, sie sind Jugendarbeiter, Religionslehrer, Bildungsreferenten, Krankenhaus- oder Gefangenenseelsorger. Sie entlasten die Pfarrer, sie ergänzen ihre Talente, oft gerade, weil sie Familie haben – wobei der Entlastung Grenzen gesetzt sind: Die Laienpredigt zum Beispiel, die nach der Würzburger Synode probehalber erlaubt war, hat der Vatikan wieder verboten. Viele Pfarrer sind froh, wenn der Pastoralreferent trotzdem ab und zu die Aufgabe übernimmt. Die Sorge der Kleruszentriker, die professionellen Laien könnten den Priestern etwas wegnehmen, halten die meisten für unbegründet.

Und doch sind die Laientheologen mittlerweile ein gefährdeter Berufsstand. Einige Bistümer haben erklärt, in den kommenden Jahren keine Pastoralreferenten einstellen zu wollen, sie sind vielen Bischöfen inzwischen schlicht zu teuer. Auch Gemeindereferentenstellen werden in den kommenden Jahren eingespart werden – Laien kann die Kirche entlassen, Priester nicht. Dramatischer ist aber, dass die Zahl der Theologiestudenten stark zurückgegangen ist. Auch Gottes Forscher stecken trotz ihrer guten Position an den Universitäten in der Krise. Die theologischen Fakultäten sind ins Visier der Sparkommissare in den Bundesländern geraten. Am stärksten sind sie ausgerechnet im katholischen Bayern mit seiner ausgesprochen christlich geprägten CSU-Landesregierung unter Beschuss. Dort gibt es, kirchenstaatsvertraglich abgesichert, sechs katholische und zwei evangelische Fakultäten, dazu die katholische Universität Eichstätt. Zu viel, sagt der bayerische Rechnungshof schon seit Jahren, zu viel, sagten im Frühjahr 2005 auch Bayerns Hochschul-Rektoren und schlugen vor, vier der acht theologischen Fakultäten zu schließen. Das Konkordat ist in Bayern nicht mehr heilig, und irgendwann wird es einen Weg geben, den Vertrag zu ändern und einige der Fakultäten zu schließen. Und trotz aller Proteste sagen das intern auch die Professoren. Denn in Bayern hat sich innerhalb von 16 Jahren die Zahl der Theologiestudenten um 60 Prozent verringert. Bundesweit zählte das statistische Bundesamt im Wintersemester 1997/98 noch fast 9500 katholische Theologiestudenten, im Wintersemester 2002/2003 waren es nicht mehr 7500; Anfang der 80er-Jahre waren es zwischen 11 000 und 12 000. Die Zahl der Lehramts-Studenten ist dagegen nicht eingebrochen: Religionslehrer im Staatsdienst, das finden junge Leute noch attraktiv, Diplomtheologe im Kirchendienst offenbar immer weniger.

Lange konnten die Ordinariate unter den Diplom- und Fachhochschultheologen die besten aussuchen; die Zeiten sind vorbei. Der Kirche gelingt es immer seltener, junge Frauen und Männer mit Abitur zu überzeugen, dass Theologie das Studienfach ihrer Wahl ist –, ob sie nun Priester oder Laientheologe werden wollen. Und auch dadurch kommen ihr die Eliten im positiven Sinne abhanden: die Menschen, die begeistern können, die aber auch intellektuell herausragen, die Menschen, die anderen Leuchtturm und Wegmarke sein können. Es geht um mehr als darum, wie viele Angestellte sich die katholische Kirche in zwanzig Jahren noch leisten kann. Die Krise der Priester und Laientheologen ist zutiefst eine Krise der Berufungen.

Die Krise der Reformer

Um die Finanzen steht es schlecht, das Volk macht sich rar, das Vertrauen ist selbst bei den Engagierten hin, und das Personal steckt in der Krise – in der Politik schlüge nun die Stunde der Opposition. Sie würde die Regierung vor sich her treiben, zu Änderungen zwingen, peinliche Untersuchungsausschüsse durchsetzen, eine Kommunal- und Landtagswahl nach der anderen gewinnen und nach der nächsten Bundestagswahl an der Regierung beteiligt sein, und sei es in einer Großen Koalition. Doch die katholische Kirche ist nun mal keine Demokratie. Und auch wenn sie vor demokratischen Elementen weniger Angst haben müsste, als sie es derzeit hat – es gibt eben keine organisierte Opposition, die, von der Unzufriedenheit des Kirchenvolkes getragen, an die Spitze der Kirche kommen könnte, um es besser zu machen als die vorige Leitung oder um nach einiger Zeit wieder abgewählt zu werden.

Gleichgültig, was man theologisch oder kirchenrechtlich über eine innerkirchliche Opposition sagen kann – der katholischen Kirche würde eine konstruktive, argumentativ und organisatorisch starke Opposition gut tun. Doch offiziell kann es sie nicht geben, es greift der starke Arm der Kirchendisziplin ein, wenn sie zu stark wird, sich zu erkennbar formiert, zu grundsätzlich formuliert. Das hat die Befreiungstheologie erfahren, das hat Hans Küng erfahren, das hat der französische Bischof Jacques Gaillot erfahren, das haben selbst die deutschen Bischöfe erfahren, als sie bei der Schwangeren-Konfliktberatung eine andere Auffassung vertraten als der Papst und der Präfekt der Glaubenskongregation. Und so gelten alle jene Bischöfe und Pfarrer, Theologieprofessoren, Pastoralreferenten oder einfache Kirchenmitglieder, die ihre Kirche ändern und in einem mehr oder weniger liberalisierenden Sinne öffnen wollen, irgendwie als Reformer. »Reformer« ist ein diffuser Begriff, er umfasst jene, die glauben, dass es in der katholischen Kirche einen Reformbedarf gibt, und die sich dafür einsetzen, dass diese Kirche deshalb nicht so bleibt, wie sie ist. »Reformer« können also Bischöfe sein, Jugendverbände, das Zentralkomitee der deutschen Katholiken, einzelne Theologen und ganze Pfarreien.

Der Begriff »Reformer« passt am ehesten zu den Gruppen der Initiative Kirche von unten (IKvu) und dem Kirchenvolksbegehren »Wir sind Kirche«. Bald 30 Jahre ist die IKvu inzwischen alt, sie entstand also in der selben Zeit und aus der gleichen Situation heraus wie die Partei der Grünen: Der katholische Teil der Friedens-, Frauen-, Ökologie- und Eine-Welt-Bewegung sah sich von der offiziellen Kirche nicht vertreten; die vom Zölibat betroffenen Frauen waren so ausgegrenzt wie die Schwulen, die christlichen Sozialisten und die Kirchensteuergegner. Der gerade gewählte Papst Johannes Paul II. verschärfte die Gegensätze, indem er gegen die Befreiungstheologie und gegen andere kritische Theologen vorging; das Zentralkomitee der deutschen Katholiken, dominiert von Unionsmitgliedern, schloss alles vom Kirchentag aus, was nicht ins christdemokratisch-katholische Weltbild passte. In dieser Situation war der von der IKvu organisierte »Katholikentag von unten« eine geniale Idee. Er war origineller und bunter als das offizielle Katholikentreffen, hier hatten die Stars der Szene wie Leonardo Boff, Norbert Greinacher und Kans Küng ihre großen Auftritte, auch für brave Gemeindekatholiken und Kirchentagsbesucher gehörte es zum guten Ton, wenigstens mal kurz bei den alternativen Katholiken vorbeizuschauen. Vor zehn Jahren dann entstand die Kirchenvolksbewegung »Wir sind Kirche«, zunächst in Österreich: Im Protest gegen Wiens Kardinal Hermann Groer, vom Papst bewusst als konservativer Nachfolger des berühmten und verehrten Kardinals König eingesetzt, sammelten die Initiatoren erst in Österreich 500 000 und dann in Deutschland 1,8 Millionen Unterschriften für eine umfassende Kirchenreform. In Deutschland reagierten die Bischöfe und das ZdK zunächst scharf ablehnend, mussten dann aber sehen, dass viele ihrer engagierten Gemeindemitglieder unterschrieben und Unterschriften sammelten: den Wunsch nach Aufhebung des Zölibats, dem Zugang zum Priestertum auch für Frauen, nach einer »geschwisterlichen Kirche«, die eine »Frohbotschaft statt Drohbotschaft« verkündet. Die damalige ZdK-Vorsitzende Rita Waschbüsch wurde auch deshalb nicht mehr wiedergewählt, weil sie unterschätzt hatte, wie viele der Laienvertreter aus den Verbänden und Diözesanräten mit den Anliegen des Kirchenvolksbegehrens sympathisierten.

So gesehen ist die katholische Opposition in den vergangenen 25 Jahren sehr erfolgreich gewesen. Eine-Welt-Läden gibt es in jeder zweiten Kirchengemeinde, und die Mehrheit der katholischen Bischöfe denkt globalisierungskritisch, so, wie es Papst Johannes Paul II. vorgemacht hat. Christliche Homosexuellen-Gruppen haben ihren Platz auf dem offiziellen Katholikentag gefunden, »Wir sind Kirche« hat dort sogar eigene Podien und arbeitet bei der Vorbereitung des Katholikentreffens mit. Jede Umfrage unter Deutschlands Katholiken ergibt eine klare Mehrheit zugunsten der Opposition, wenn es um den Zölibat geht oder um den Gebrauch künstlicher Verhütungsmittel, um mehr innerkirchliche Demokratie oder um die Rolle der Frauen. Auch Kampagnefähigkeit und Medienecho sind ausgesprochen gut, wie die beiden ökumenischen Gottesdienste am Rande des ökumenischen Kirchentages 2003 zeigten: IKvu und »Wir sind Kirche« luden gemeinsam mit einer evangelischen Gemeinde zweimal zur eucharistischen Gastfreundschaft ein – einmal waren die evangelischen Christen zur katholischen Eucharistie geladen, einmal die Katholiken zum evangelischen Abendmahl; beides hatte Papst Johannes Paul II. kurz vor dem Kirchentag noch einmal ausdrücklich verboten. Die beiden Gottesdienste wurden zum meistbeachteten Einzelereignis in der Zeit des Kirchentages, nimmt man die Eröffnungs- und Abschlussfeier einmal aus. IKvu und Kirchenvolksbewegung hatten gezeigt, wo die Ökumene schmerzhaft endet – und dass viele Katholiken nicht bereit sind, sie dort enden zu lassen.

Und trotzdem haben die »Kirche von unten« und die Kirchenvolksbewegung einiges von ihrer Strahlkraft verloren. Das liegt einmal am Erfolg der innerkirchlichen Kritiker: Inzwischen trägt das Zentralkomitee viele Konflikte aus, die früher die IKvu ausgetragen hätte – um die Stellung der Laien in der Kirche oder um den Schwangeren-Beratungsverein Donum Vitae zum Beispiel. Dann klingt vieles der spätsozialistischen Kapitalismuskritik, der Friedens- und Ökorhetorik der IKvu gestrig, wie sich überhaupt in beiden Vereinigungen weitgehend die innerkirchlichen Alt-68er, Friedens-, Umwelt- und Frauenbewegten gefunden haben und nun langsam älter werden, die Männer rauschebärtig und in Cordhosen, die Frauen im Schlabberkleid. Wir sind Kirche hat immerhin eine muntere Jugendabteilung, die IKvu hat die intelligenten jungen Männer der christlichen Schwulenbewegung als undogmatische Muntermacher, doch auf junge, kritische Frauen und Männer, die vielleicht gerade der Gemeinde-Jugendarbeit entwachsen und ein neues Betätigungsfeld suchen, wirken beide Gruppen in der Regel nicht sonderlich anziehend. Viele kritische Katholiken haben sich in den letzten 20 Jahren an den Kirchenstrukturen abgearbeitet, ohne dass die sich geändert hätten – entsprechend bitter klingen viele katholische Christenrechtler. Es ist bezeichnend, dass die erfolgreichste Zeitschriftengründung aus dem linkskatholischen Spektrum, *Publik-Forum*, inzwischen längst über dieses Spektrum hinausgewachsen ist – anders wäre eine Auflage von mehr als 40 000 Exemplaren unmöglich.

Die Mehrzahl der jüngeren Kirchenmitglieder hält zwar eine Kirchenreform für dringend nötig, doch leidend in einer Organisation zu bleiben und immer wieder gegen uneinnehmbar scheinende Mauern anzurennen, das ist ihre Sache nicht. Sie engagieren sich für konkrete Projekte, für Flüchtlinge, den Umweltschutz, einen Friedens- oder Hilfseinsatz im Ausland, aber nicht mehr für die Laienpredigt, das Frauenpriestertum, die Abschaffung des Zölibats. Viele junge Familien haben in den vergangenen Jahren die Basisgemeinden verlassen, weil ihnen das selbstverwaltete Christentum zu stressig und zu fordernd geworden ist. Es gibt keine offiziellen Mitgliederzahlen im hierarchiekritischen Katholizismus, doch man kann davon ausgehen, dass die Minderheit derer, die sich bei der »Kirche von unten« oder in der Kirchenvolksbewegung engagieren, in den vergangenen zehn Jahren kleiner geworden ist. Die klugen Vertreter der Initiativ- und Reformgruppen wissen auch, dass sie nicht die Basiskatholiken oder das Kirchenvolk repräsentieren – die Basis der katholischen Kirche wählt CDU oder CSU, verehrt immer noch den Herrn Pfarrer, solange er nichts Unangenehmes sagt (und würde ihm auch eine hübsche Frau gönnen), lässt bei der Sexualität den Papst einen guten Mann sein, hält aber auch die Homo-Ehe für ekelhaft, wallfahrtet zum nächsten Marienheiligtum und lässt sich zu Weihnachten ein schönes Esoterik-Buch schenken. Die kritischen Katholiken sind eine Avantgarde, die für die Weite der katholischen Kirche steht und dafür, dass diese Kirche mehr Möglichkeiten hat, als sie selber glaubt. Sie muss, wie alle Avantgarden, weiter nach vorne preschen als die Mehrheit des Volkes, sie muss Dinge ausprobieren, sie soll etwas riskieren, sie darf sich auch irren, sie darf übertreiben. Das Gedankenspiel, Papst Benedikt würde am kommenden Sonntag nach dem Angelusgeläut verkünden, er werde ab nun erfüllen, was die IKvu und »Wir sind Kirche« schon so lange fordern, dürfte auch hellsichtige Reformkatholiken mit leisem Schauder erfüllen: Es gäbe ein heilloses Durcheinander. Propheten werden eben nicht Papst. Und selten war es so schwer wie heute, ein Prophet zu sein – in diesen visionsarmen Zeiten.

4. Eine Kirche im Richtungsstreit

Verdeckte und offene Konflikte: Die Bischofskonferenz nach dem Generationenwechsel

Im Exerzitienhaus des Klosters Himmelspforten gibt es eine automatische Tür, die mit den Journalisten ihr Spiel treibt: Immer wieder geht sie auf, alle Hälse recken sich, und es kommt: Niemand. Einmal zieht ein kleiner Mann seinen Rollkoffer durch das Halbrund der Wartenden, es ist der philippinische Erzbischof Orlando Quevedo, der am Abend vorher Gast der deutschen Bischöfe war, die sich in Würzburg zur Frühjahrsvollversammlung getroffen haben. »Not me«, ruft er und grinst, »I am from the east, but I am not the Messias!« Um kurz nach elf Uhr an diesem 20. Februar 2008 gibt es dann Bewegung: Erst kommt Kardinal Lehmann, der scheidende Vorsitzende der Bischofskonferenz, und nach ihm – Robert Zollitsch, der Erzbischof von Freiburg. Im dritten Wahlgang haben die 69 anwesenden Bischöfe und Weihbischöfe ihn zu ihrem Sprecher gewählt. Nicht Reinhard Marx, den neuen Erzbischof von München und Freising, den Vorwärtsdrängenden, den Favoriten.

Ein Bischofskonferenzvorsitzender hat wenig formelle Macht, er ist ein Moderator, der Sprecher gleichberechtigter Bischöfe, die im Zweifel in ihrem Bistum tun und lassen können, was sie wollen: Der einzelne Bischof zählt im Kirchenrecht, nicht die Bischofskonferenz. In Deutschland jedoch sind die Konferenzvorsitzenden traditionell stark. Die Kardinäle Joseph Frings aus Köln, Julius Döpfner aus München und Joseph Höffner wieder aus Köln waren zu ihrer Zeit die Gesichter ihrer Kirche. Und das ist die vergangenen fast 21 Jahre auch Karl Lehmann gewesen, der Bischof von Mainz. So ist diese Wahl im Februar 2008 ein wichtiges Ereignis für das katholische Deutschland und darüber hinaus für die gesamte Bundesrepublik.

Schon von der Erscheinung her ist der damals 69-jährige Zollitsch das Gegenteil des 54-jährigen Marx. Wo Marx die Fülle des

Leibes und des Lebens verstrahlt, ist Zollitsch asketisch, schmal und ein bisschen blass; wo den neuen Münchner Erzbischof das Selbstbewusstsein füllt, steht sein Freiburger Amtsbruder eher schüchtern vor den Mikrofonen und wartet brav, bis Kardinal Lehmann die Vita des künftigen Vorsitzenden heruntergelesen hat: geboren im ehemaligen Jugoslawien, heimatvertrieben, 20 Jahre Personalchef in Freiburg, Erzbischof in Freiburg. Ein freundlicher, herzenswarmer Mann, dem man bedenkenlos die Kinder zur Aufsicht überlassen würde. Ihn als geborenen Sprecher der größten Glaubensgemeinschaft in Deutschland zu sehen, fällt dagegen schwer.

Doch das hieße, Robert Zollitsch zu unterschätzen. Der Freiburger Erzbischof war als Chef des Verbandes der Diözesen Deutschlands (VDD) schon seit drei Jahren eine der grauen Eminenzen im deutschen Katholizismus. Über den VDD finanzieren die deutschen Bistümer den internen Finanzausgleich und ihre gemeinsamen Aufgaben, von der Entwicklungshilfe bis zur Medienarbeit. Seit vier Jahren leitet er das zweitgrößte deutsche Bistum; er gilt als guter Seelsorger und Personalchef, dem nichts fremd ist, was dem Kirchenpersonal im Leben widerfahren kann. Zudem signalisiert seine Selbstironie: Ich nehme mich und meine Ämter nicht so wichtig.

Dreimal wählen an diesem Dienstag die Bischöfe, ohne Personaldebatte und Kandidatenvorstellung, sie schreiben einfach auf einen weißen Zettel, wen sie für den Richtigen halten. Schon im zweiten Wahlgang hat der Freiburger die einfache Mehrheit; Reinhard Marx, den die Sitzordnung neben Zollitsch platziert hat, reicht ihm da die Hand und gratuliert. Im dritten ist dann nicht mehr eine Zweidrittelmehrheit nötig, sondern nur noch die einfache, da reicht es für Zollitsch. Schon bei der Anreise waren offenbar viele Bischöfe entschieden, den Freiburger zu wählen. Selbst dort, wo die katholische Kirche sich demokratisch organisiert, funktioniert sie anders als die weltliche Demokratie. Dort geht es meist so zu wie bei der Klassensprecherwahl: Man wählt den Lautesten und Aktivsten, entweder, weil man überzeugt ist, dass er es am besten machen wird – oder weil man weiß, dass er dauernd dazwischenquatschen wird, wenn man einen anderen wählt. In einer Partei hätte die Freude über das Talent von Marx, die eigene Sache öffentlichkeitswirksam darzustellen, über das Unbehagen gesiegt, dass da einer die anderen dominieren könnte. In der katholischen Kirche geht es andersherum: Dort überwiegt die Sorge, wenn einer zu viel Ehrgeiz zeigt.

Die Wahl von Würzburg ist aber auch eine Richtungswahl: Reinhard Marx ist der Kandidat des Vatikans und (wenn auch nicht nur) der Konservativen in der Bischofskonferenz – er vereint menschliche Offenheit, politisches Gespür und Linientreue; noch in der Woche vor der Wahl hatte er einen Termin bei Papst Benedikt XVI. Und Robert Zollitsch ist der Favorit der Liberalen und des bisherigen Konferenzvorsitzenden Lehmann, der mehr als zwanzig Jahre lang die Bischofskonferenz geleitet hat. Es waren dramatische Wochen seit jenem Tag in der Vorweihnachtszeit 2007, als Kardinal Lehmann mit Herzproblemen ins Krankenhaus musste und klar wurde, dass er das Amt des Vorsitzenden würde abgeben müssen. Lehmann wollte Marx nicht als Sprecher der Bischöfe sehen, jedenfalls noch nicht so früh; der Aufstrebende sollte sich erst in München bewähren. So sprach er Zollitsch an und warb mit der gebotenen Diskretion für den Freiburger. Es gibt sogar Gerüchte, dass Lehmann auch deshalb so früh – am 15. Januar 2008 – seinen Rücktritt vom Amt erklärte, um die Chancen von Marx zu schmälern, der erst wenige Wochen zuvor Münchner Erzbischof geworden war. Auch wenn Lehmann im Januar zu schlecht aussah, um das Gerücht zu verifizieren, es sagt viel über die Gefühlslage des Konferenzvorsitzenden aus.

Offiziell gibt es unter den Hirten natürlich keine Fraktionen, keine Opposition und keine Kirchenpolitik. Bischöfe sind nach außen hin zunächst einmal eins im Glauben, man duzt sich, kennt sich noch vom Studium in Rom oder anderswo. Trotzdem gibt es unterschiedliche Richtungen und Strömungen, wie es sie in einer Institution dieser Größe einfach geben muss. »Es ging bei der Wahl auch um die Inhalte«, sagt ein Bischof aus dem Norden, »und viele Brüder wollten die Linie nicht, für die Marx steht.« Zollitsch ist theologisch offener für Kirchenreformen als Marx und hat auch schon zu erkennen gegeben, dass der Zölibat, die Ehelosigkeit von Priestern, nicht ewig bestehen müsse. Er steht für eine katholische Kirche, die den Zweifel nicht verteufelt und den Glauben nicht als festgeschnürtes Paket betrachtet. Zollitsch steht für Kontinuität, er arbeitet mit dem bisherigen stellvertretenden Vorsitzenden Heinrich Mussinghoff aus Aachen ebenso weiter wie mit dem Sekretär der Bischofskonferenz, Hans Langendörfer. Und Lehmann, der ab nun als einfaches Mitglied der Konferenz im Plenum sitzt, behält einigen Einfluss.

Und Marx? Er sei nicht enttäuscht, heißt es von jenen Bischöfen, die ihn unterstützt haben. Aber das dürfte bestenfalls die halbe Wahrheit sein, zu deutlich war zu spüren, wie sehr sich Marx das Amt wünschte. Dabei kann er sich trösten: Er ist der kommende Mann der Bischöfe. »Die Frage, vor der wir standen, lautete nur: Marx jetzt oder Marx später«, sagt ein Bischof. 2014, wenn Zollitschs Amtszeit endet, wird Marx 60 Jahre alt und ist im besten Vorsitzendenalter.

So ist der Generationenwechsel an der Spitze der katholischen Kirche an diesem sonnigen Februartag noch einmal aufgeschoben worden – Zollitsch steht für die Konsolidierung der Bischofskonferenz, nicht für die Neuausrichtung. Die meisten der 27 deutschen Bistümer haben in den vergangenen Jahren einen neuen Bischof bekommen – so viel Führungswechsel war noch nie im deutschen Katholizismus der Nachkriegszeit. Und egal, wie demokratisch oder egalitär man denkt: Auch die Führungspersönlichkeiten entscheiden über Ansehen, Glaubwürdigkeit und Ruf einer Institution. Gerade in der katholischen Kirche. Sie ist hierarchisch aufgebaut, und diese Hierarchie wird theologisch begründet. Da ist es schon erheblich, wenn die Hälfte der Hirten mehr oder weniger neu im Amt ist. Der Vorsitzende aber bleibt einer aus der Gruppe der 70-Jährigen, die in den vergangenen 20 Jahren die Kirche prägten.

Er steht für die Generation, die das Zweite Vatikanische Konzil geprägt hat, für jene Bischöfe, die als junge Soldaten, Flakhelfer, Reichsarbeitsdienstler oder Hitlerjungen den Krieg samt Not und Todesangst erlebten und sich nach dem Krieg entschieden, Priester zu werden. Sie entstammen auffallend häufig einfachen Elternhäusern – der Vater von Papst Benedikt XVI. war Polizist, Kardinal Meisners Mutter stand am Fließband. Für sie bot die katholische Kirche eine selbstverständliche Heimat, aber auch Bildung, ein Studium im Ausland, bevorzugt in Rom, eine Karriere, Selbstverwirklichung. Als 1965 das Zweite Vatikanische Konzil endete, waren sie junge Professoren oder aufstrebende Pfarrer. Alt geworden sind sie aber in einer Kirche in der Finanz-, Mitglieder- und Vertrauenskrise. Auch wenn sie sehr unterschiedliche Menschen sind, haben sie doch vergleichbare Biographien, ähnliche Prägungen, die gleichen Erlebnisse. Entsprechend trat das Bischofskollegium weitgehend einig und einheitlich auf, nach außen hin zumindest. Konflikte trugen die Hirten hinter verschlossenen Türen aus.

Mit 75 Jahren muss ein Bischof dem Papst seinen Rücktritt anbieten, der Ruhestand beginnt für sie also zehn Jahre später als bei den Spitzenkräften in Politik, Wirtschaft, Wissenschaft. In der Regel nimmt der Papst das Rücktrittsangebot an, nur Kardinäle bleiben oft im Amt, bis sie 80 sind und das papstwahlfähige Alter überschritten haben. Ist ein Bischofsstuhl vakant, beginnt die Zeit der Fragebögen. Der Nuntius, der Botschafter des Papstes, schickt sie an »verschwiegene und zuverlässige« Personen: Wer kennt Kandidaten? Seit mindestens fünf Jahren muss der Kandidat Priester sein und mindestens 35 Jahre alt, Doktor der Theologie, frei von Erbkrankheiten, gesund, belastbar. Er muss sich auszeichnen durch »überzeugte und treue Anhänglichkeit an die Lehre und das Lehramt der Kirche«, besonders, wenn es um »das Priesteramt, die Priesterweihe von Frauen, die Ehe und Familie, die Sexualität und die soziale Gerechtigkeit« geht. Unerlässlich sind die »tägliche Feier der Eucharistie und des Stundengebetes« sowie »marianische Frömmigkeit«; hilfreich sind die »Förderung der Menschenrechte«, eine »väterliche Haltung« sowie »Geschick und Tüchtigkeit in der Verwaltung«. Wer zu diesem Kandidatenpool gehört – das zu diskutieren gehört zu den beliebtesten Gesellschaftsspielen der kirchlichen Zirkel. So flattern die Gerüchte durch die Pfarrhäuser, Pfarrkonvente und Akademietagungen.

Für die Priester, Professoren, Generalvikare oder Weihbischöfe, die tatsächlich auf die Erwählung hoffen dürfen, beginnt eine schwierige Zeit. Mögen sie auch vor Ehrgeiz brennen – sie müssen es verbergen, sich in rhetorischer Demut üben: Ich bin nicht würdig, aber wenn es dem Herrn und der Kirche gefällt, lasse ich mich in die Pflicht nehmen. Was nach Selbstbewerbung aussieht, ist ein Karrierekiller, wer zu häufig als Kandidat genannt wird, kommt in Schwierigkeiten. Ein Kandidat darf nicht als Papstkritiker auffallen, er darf sich aber auch nicht beim Kirchenvolk allzu unbeliebt machen. Da wundert es nicht, dass es zu wenige gute und gleichzeitig im Vatikan akzeptierte Kandidaten gibt. Viele Weihbischöfe sind Seelsorger, aber keine Chefs; viele Generalvikare Verwalter, aber keine Charismatiker; viele Professoren intelligent, aber abgehoben; mancher erfahrene Weihbischof gilt im Vatikan als unzuverlässig. In der Generation der 55- bis 60-Jährigen spürt man den Priestermangel, der überarbeitete Männer mit Herzinfarkt-Risiko produziert. Mehrmahls musste der Nuntius Nachnominierungen nach Rom schicken, weil man dort mit den Kandidaten nicht zufrieden war. Und immer häufiger bitten Auserwählte um Bedenkzeit: Sie wollen sich das Amt nicht antun.

Und was macht nun der Vatikan mit all den Kandidaten, die in demütigem Ehrgeiz auf Erhörung hoffen? In Bayern darf der Papst aus den verschiedenen Kandidatenlisten frei den neuen Bischof aussucht. Im Rest des Landes gilt im Großen und Ganzen die Regelung des Preußenkonkordats, das dem jeweiligen Domkapitel ein Mitspracherecht einräumt: Das Domkapitel, der erweiterte Führungszirkel des Bistums also, schickt Vorschläge nach Rom. Der Papst wählt drei Kandidaten aus, und aus dieser Dreierliste wählt das Domkapitel den neuen Bischof, der dann noch vom Papst bestätigt werden muss – und auch von der jeweiligen Landesregierung. Spötter sagen, der Papst setze gern einen Japaner, einen Chinesen, und den, der es werden soll, auf die Liste, und tatsächlich ist die Wahlfreiheit der Ortskirche beschränkt. Wie sehr, zeigte sich 1989 im Erzbistum Köln, wo Papst Johannes Paul II. gegen den heftigen Widerstand des Domkapitels und des Kirchenvolks den Berliner Kardinal Joachim Meisner an den Rhein versetzte. Personalpolitik ist Machtpolitik, das weiß man im Vatikan so gut wie in jedem Ministerium und in jedem Unternehmen. Papst Johannes Paul II. hat in den achtziger Jahren die liberale niederländische Bischofskonferenz umgekrempelt, er hat im lateinamerikanischen Episkopat Gegner der Befreiungstheologie installiert. In Österreich haben die päpstlichen Implantate eine pastorale Katastrophe verursacht: Der Wiener Kardinal Hans Hermann Groer war wohl pädophil, dem St. Pöltener Bischof Kurt Krenn wurde ein Sex-Skandal im Priesterseminar zum Verhängnis.

So war, bevor das große Wechseln in Deutschland begann, auch in Deutschland die Sorge groß, der Vatikan plane einen konservativen Durchmarsch. Der aber ist in Deutschland ausgeblieben. Papst Johannes Paul II. – und dann auch Benedikt XVI. – haben auch Vertreter des dialogoffenen Teils der katholischen Kirche zu Bischöfen ernannt. Und doch haben sich die Machtverhältnisse in der Bischofskonferenz verschoben. In Bayern, wo mittlerweile jedes Bistum einen neuen Chef erhalten hat, sind fast nur konservative Bischöfe zum Zug gekommen: der Trierer Bischof Reinhard Marx in München-Freising, der Dogmatikprofessor Gerhard Ludwig Müller in Regensburg; Georg Schraml, der Regensburger Weihbischof in Passau; Walter Mixa, der Eichstätter Bischof, in Augsburg; der Fuldaer Weihbischof Ludwig Schick in Bamberg; der Kölner Weihbischof Friedhelm Hofmann in Würzburg. Immer wieder hat Kardinal Lehmann versucht, auch in Bayern seine Favoriten durchzubringen, er ist immer wieder gescheitert. Lediglich in Eichstätt kam mit dem Benediktiner-Abt Gregor Maria Hanke einer seiner Kandidaten zum Zuge.

Nun muss das Etikett »konservativ« nicht bedeuten, dass ein Bischof seine Sache schlecht macht. In Bayern hat die römische Personalpolitik allerdings inzwischen zu einer dramatischen Situation geführt. Vor allem der streitbereite Regensburger Bischof Gerhard Ludwig Müller sorgt für Unruhe: Er hat den bestehenden Diözesanrat aufgelöst, unbotmäßige Pfarrer und Laien abgestraft – auch viele seiner Amtsbrüder sind entsetzt. Allerdings hat auch Bischof Schraml in Passau den von seinem Vorgänger Franz Xaver Eder eingeleiteten Prozess der pastoralen Neuorganisation faktisch gestoppt. Und Walter Mixa, der neue Augsburger Bischof, hat die Zahl der Laien in den Entscheidungsgremien seines Bistums verringert und Dirk Hermann Voss, den in der Paneuropa-Union des Otto von Habsburg engagierten Verleger seiner Kirchenzeitung, zum Öffentlichkeitsbeauftragten gemacht.

Insgesamt hat der »schwarze Block«, wie Spötter die Schar der Würdenträger nannten, Risse bekommen. Die Risse überdeckt die Bischofskonferenz oft dadurch, dass sie Strittiges von der Tagesordnung fern hält. Auch suchen noch viele der neuen Bischöfe ihre Linie, wollen sich noch nicht einordnen lassen oder trauen sich noch nicht, allzu offen ihre Positionen zu vertreten. Im Frühjahr 2007 unternahm die gesamte Konferenz eine Pilgerreise ins Heilige Land – die einwöchige Tour, die überschattet war von unbedachten Äußerungen einiger Bischöfe zum israelisch-palästinensischen Konflikt, hat viele Bischöfe menschlich einander näher gebracht. Manchmal aber brechen die Konflikte auf. Gleich am ersten Amtstag Zollitschs erschien im »Spiegel« ein Interview mit dem neuen Vorsitzenden. Dort sagte er: Der Zölibat, die Ehelosigkeit der Priester also, sei zwar »ein Geschenk«, aber »theologisch nicht notwendig«. Schon am Nachmittag ließ der Regensburger Bischof Gerhard Ludwig Müller per Pressemitteilung antworten: »In einem schnellen Interview konnte zum Thema Priestertum und Zölibat nicht alles so differenziert gesagt werden, wie es theologischen Ansprüchen genügt.« Dass Müller ein Interview des Konferenzvorsitzenden derart abqualifizierte, zeigte, wie tief der Unmut der konservativen Fraktion sitzt. Als Kardinal Lehmann in seiner letzten Amtshandlung als Konferenzvorsitzender in München Kardinal Friedrich Wetter verabschiedete, fehlten geradezu demonstrativ jene Bischöfe, denen der Lehmann-Zollitsch-Kurs nicht gefällt: Gerhard Ludwig Muller aus Regensburg, Wilhelm Schraml aus Passau, Walter Mixa aus Augsburg. Lehmann soll in der Sakristei des Liebfrauendoms getobt haben.

Zollitsch, Meisner und die anderen: Wer wichtig ist und wichtig werden könnte

Robert Zollitsch, Erzbischof von Freiburg

Jetzt muss er kämpfen. Robert Zollitschs Kopf sinkt nach unten, er ruckt ihn hoch, reißt die Augen auf. Dämmerlicht fällt durch die blauen Fenster der Sankt-Lukas-Kirche. Vorne am Pult redet die Professorin Ursula Nothelle-Wildfeuer über »Sehbedingungen für Kirche und Welt«, wozu die »personenzentrierte Hermeneutik« gehöre. Was sicher klug ist, aber der Festakt geht seit 16 Uhr, es ist schwül, es gab ein Festessen. Doch der Freiburger Erzbischof Robert Zollitsch möchte eins anders machen als Kardinal Karl Lehmann, sein Vorgänger als Chef der Bischofskonferenz: Der schlief bei Vorträgen manchmal ein, übermüdet von seinen 16-Stunden-Arbeitstagen. Zollitsch will wach bleiben. Schließlich ist die Sache wichtig, um die es geht: Das Margarete-Ruckmich-Haus wird 80. Frau Ruckmich bildete die ersten Gemeindehelferinnen aus; heute bereiten sich hier Gemeindereferenten auf ihren Beruf vor. Mancher Bischofskollege importiert in den Zeiten des Priestermangels Geistliche aus Polen oder Indien, Zollitsch setzt auf den Einsatz der Laientheologen. Insofern ist es ein Signal, dass Robert Zollitsch hier sitzt. In der Ansprache versucht er sich in Fußball-Rhetorik, spricht vom »Trainingslager der Leidenschaft für Christus«; statt »Europameisterschaft« sagt er »Europapartnerschaft«. Weil er die Silben falsch betont, wird die Rede zum Singsang und hört sich an, als spräche der nette Opa zu den Enkeln. Nach der Wahl zum Bischofskonferenzvorsitzenden galt der fast 70-Jährige als bodenständig, langweilig, eben als Übergangskandidat. Schmeichelhaft war das nicht.

Dann aber hat der nette, ältere Herr aus Freiburg überrascht. Er hat gesagt, die Ehelosigkeit der katholischen Priester müsse nichts Ewiggültiges sein. Er hat auf dem Katholikentag in Osnabrück gezeigt, wie wenig er von der Karfreitagsbitte hält, die der Papst für den alten Messritus formuliert hat und für die Bekehrung der Juden betet; am Ende einer christlich-jüdischen Gemeinschaftsfeier haben er und der Augsburger Rabbiner Henry G. Brandt sich herzlich umarmt. Da sagt und tut einer ganz ohne Pathos, was er denkt und glaubt, das hat Zollitsch Respekt verschafft. Und es macht neugierig. »Ach«, sagt Robert Zollitsch und lächelt, »für mich war die Wahl zum Vorsitzenden keine Überraschung.« Spricht man mit ihm persönlich, dann fehlt der Singsang, dann sitzt da ein Mann, der mit leiser Ironie erzählt, wie Freunde ihn im Vorgriff auf die Niederlage trösten wollten. Wo er doch schon wusste, dass die Mehrheit für ihn stand. Gedrängt hat er nicht.

Was mit dem 25 November 1944 zu tun hat, dem Tag, an dem die Kindheit des sechsjährigen Robert zerbricht. Titos Partisanen kommen nach Philippsdorf, das bei den Serben Filipovo heißt, und befehlen, dass alle Deutschen zwischen 16 und 60 Jahren sich melden müssen. 212 Menschen sind es, auch Roberts Bruder Josef ist dabei, er ist gerade 16 geworden. Dann hört er die Schüsse. Sieht die weinenden Mütter, Frauen, Kinder; keiner der Männer kehrt zurück. Er kommt nach Gakovo, wo die Partisanen die Donauschwaben zusammenpferchen. Das Bild, wie einer »einfach eine Frau erschießt, um zu zeigen, wer hier über Leben und Tod herrscht«, hat sich Zollitsch ins Gedächtnis gegraben. Er überlebt, die Familie kann fliehen und findet in Mannheim eine neue Heimat. Das Alter hat das Schreckliche aus den Träumen vertrieben. »Das Dunkle aber bleibt«, sagt er. Dass Jesus mit den Leidenden leidet, lasse »die Antwort ahnen«. Ahnen, nicht wissen. Er ist ernst als Kind und entscheiden als Priesteramtskandidat, er sucht das Versöhnende, Geborgene, Brückenbauende. Als er 60 wird, besucht er das Lager, in dem er interniert war. »Ich frage mich immer, wie kann ich einen Weg zum Anderen finden«, sagt er. Die Krawallmacher, die Zuspitzer sind ihm fremd, ebenso Menschen, die mit Wörtern hantieren wie mit einer Pistole. Deshalb würde er nie, wie der Augsburger Bischof Walter Mixa, einen »Gebärmaschinen«-Vergleich in die Welt setzen oder wie der Kölner Kardinal Joachim Meisner fordern, die CDU solle das christliche »C« aus dem Namen streichen. Das macht es ihm im Politikbetrieb schwer, wo es manchmal doch darauf ankommt, auf die Sahne zu hauen. Der neue Konferenzvorsitzende nähert sich dieser Politik mit Vorsicht, er hat mit Bundespräsident Horst Köhler gesprochen und Angela Merkel, der Kanzlerin, er hat die Parteispitzen getroffen und erfreut festgestellt, dass die Grünen für seinen Besuch vom üblichen Wasser auf Wein umgestellt haben. Auf dem Katholikentag in Osnabrück, wenige Wochen später, hat er dann die Partei für ihre Familienpolitik kritisiert.

Manchmal wird Zollitsch das Leise als Schwäche ausgelegt, das aber verkennt seine Stärken: Der Mann kann mit Menschen reden. Und er kann warten, bis er dran ist. Zollitsch gehörte nicht zu den Überfliegern, die zum Studium nach Rom geschickt wurden, wie Hans Küng oder Kardinal Lehmann. Er ist in Freiburg geblieben, hat zehn Jahre das Collegium Borromaeum geleitet, das Priesterseminar – die Zeit nennt er heute seine glücklichste. Er war mehr als zwanzig Jahre Personalchef des Erzbistums, niemand kennt hier die Leute so gut wie er. Trotzdem war er Außenseiter, als Erzbischof Oskar Saier zurücktrat. Und wurde doch Bischof; manchmal hat das katholische Prinzip, die Demütigen zu erheben, seine Vorteile. Jetzt war er dran, der Spätberufene. Was das bedeutet, kann man an diesem Morgen sehen. Da ist eine Delegation aus Mühlhausen zu Gast und schenkt ökologisch korrekten Wein aus dem Pfarrgarten, den Zollitsch vor zwei Jahren geweiht hat; den drei Weinprinzessinnen gibt Zollitsch die Hand, statt sie politikerhaft zu busseln. Dann erzählt er etwas über den Raum, in den er seine Gäste geladen hat. Das Erzbischöfliche Ordinariat ist ein über und über bemalter Bau aus der Jugendstilzeit; der Thomas-Nörber-Saal ist der bunteste Raum von allen. Aber er hat etwas Unkonventionelles, Leichtes. Lange lagerten hier Schreibtische, einige Male regte Zollitsch an, den Saal besser zu nutzen. Dann wurde er Bischof und »die Leute mussten mir gehorchen«. Er hat gewartet, bis er dran war, und gehandelt.

Das ist sein Prinzip. Er hat angesichts des Priestermangels und sinkender Gläubigenzahlen die Gemeinden in Seelsorgeeinheiten zusammengefasst, hat die Proteste der Gemeinden ausgehalten und das Gegrummel mancher Priester. In der Bischofskonferenz war er Vorsitzender des Verbandes der Diözesen Deutschlands (VDD), über den die Bistümer ihre gemeinsamen Aufgaben finanzieren, und Zollitsch machte den heiklen Job so, dass jeder Bischof mindestens einen Grund hatte, ihm dankbar zu sein. Verglichen mit dem Apostel Paulus, den die katholische Kirche im Jahr 2009 besonders feiert, ist das nicht sehr beeindruckend. Paulus erlitt Schiffbruch und wurde halb zu Tode gepeitscht, aber er redete unerschrocken in den Zentren der Welt über seinen Glauben. Zollitschs Stärken liegen dagegen im Einzelgespräch und in der guten Verwaltung der ihm übertragenen Aufgaben. Und so lautete die Kritik: Die Bischöfe hätten das Weiter so gewählt, nicht den mutigen Generationenwechsel. In Wahrheit aber ist die Wahl des freundlich leisen Seelsorgers logisch: Die katholische Kirche in Deutschland ist, wie Zollitsch ist. Sie ist nicht die Kirche der lauten Bekenner, der kleinen Schar. Sie ist die größte Institution in Deutschland, sie vereint Heilige und Halbüberzeugte; sie ist die Kirche der vielen Menschen, die haupt- und ehrenamtlich in Gemeinden, Verbänden, Sozialeinrichtungen versuchen, die Welt ein bisschen besser zu machen. Für diese Kirche steht Zollitsch. Er steht für eine Bischofskonferenz, die nicht lauthals den Niedergang der Moral beklagt. Und er steht für eine selbstbewusst eigenständige Ortskirche. Auch in der Selbstironie Zollitschs steckt ein Bekenntnis: Hier kommt nicht die Ecclesia triumphans, sondern die Kirche, die um ihre Grenzen weiß. Mit Zollitsch marschiert der Apostel Paulus den langen Marsch durch die Institution.

Wobei nicht alle das Ausgleichende schätzen. Am Samstagmorgen hat der Erzbischof zu einem »Tag der Betriebsräte« geladen, mehr als 100 sind gekommen. Zollitsch sagt, wie wichtig Betriebsräte sind, er singsangt wieder, am Ende steht freundlich unbegeisterter Applaus. Der Erzbischof hätte deutlicher sagen können, was er vom Neoliberalismus hält, finden einige. Das aber ist nun einmal nicht seine Art. Er redet da lieber mit den Leuten. Hört zu, wenn sie erzählen, wie sicher geglaubte Arbeitsplätze auf einmal unsicher werden. »Wir müssen die Welt wahrnehmen, wie sie ist«, sagt er später, als die Betriebsräte wieder auf der Heimreise sind. Er hat sich ins Gärtlein des Bischofshauses zurückgezogen, wo er drei Dutzend Rosenstöcke hat pflanzen lassen. Nun duftet es, Hitze und Lärm der Stadt bleiben draußen; wann immer es geht, nimmt der seine Akten hinaus an den runden Tisch mit der wölkchenübersäten Leinendecke. Die Welt wahrnehmen, wie sie ist. »Es hilft nichts, ein theologisches Programm zu entwerfen und dann zu versuchen, die Wirklichkeit an ihm zu messen«, sagt Zollitsch, »wir müssen umgekehrt fragen: Was will Gott uns sagen, wenn er uns in diese Wirklichkeit stellt?« Deswegen halten ihn manche im Vatikan für einen »Superprogressiven«, wie die italienische Zeitung *La Stampa* schrieb. Dabei ist Zollitsch tief fromm. Aber das geht in Rom manchmal unter, wenn einer auf die Laien setzt oder mit Ulrich Fischer, seinem Amtsbruder von der badischen evangelischen Kirche, einen Rahmenvertrag unterzeichnet, dass sie gemeinsam tun wollen, was die Kirchen gemeinsam tun können. In Rom »existiert manchmal ein falsches Bild von uns«, sagt er, dagegen will er ankommunizieren. Bald nach der Wahl saß er Papst Benedikt XVI. gegenüber, sprach mit ihm, wie sich die Bischofskonferenz entwickeln soll. Es geht ihm um kleine Schritte.

Am Sonntag ist Diakonenweihe auf der Bodensee-Halbinsel Reichenau. Der See liegt da wie das Mittelmeer, vier junge Männer werfen sich auf den Boden vor dem Altar, Zollitsch ist gerührt, als er die Hand der Männer hält, die versprechen, ehelos und gehorsam zu leben. Dieses Jahr sind 15 ins Priesterseminar eingetreten, vergangenes sogar 20, ungewöhnlich viele, einen richtigen Grund dafür kennt niemand. Im Seitenschiff der romanischen Kirche in Mittelzell hängt das Bild, wie Pirmin im 8. Jahrhundert auf die Insel kam; der Legende nach krochen bei der Ankunft des Heiligen alle Schlangen und giftigen Würmer von der Insel in den See. Zollitsch greift das auf: »Wo das Evangelium gelebt und verkündet wird, hat das Böse keine Chance«, sagt er. Und bittet die jungen Männer, die Welt nicht als Jammertal zu sehen, sondern als Zeichen Gottes in der Zeit. Die historische Bürgerwehr spielt den Zapfenstreich, dabei gibt es kaum einen weniger militärischen Menschen als Zollitsch, der, die Schultern nach vorne gezogen, das alles in demütiger Ironie über sich ergehen lässt. Nun steht er in der Hitze und redet, der Schweiß steht ihm auf der Stirn. Redet, hört zu, redet, als Gegenbild zum Brachialen, Durchsetzungsstarken und Lautsprecherhaften, dass sonst in Politik und Gesellschaft Konjunktur hat.

Reinhard Marx, Erzbischof von München

Der Neue ist so anders als der alte Erzbischof. Reinhard Marx steht in der Münchner ehemaligen Karmeliterkirche, wo das Erzbistum München und Freising häufig Empfänge gibt. Sechs Priester will er zu »Geistlichen Räten« erheben. Zunächst aber hebt er das Glas. Es ist auf den Tag genau drei Jahre her, dass Joseph Ratzinger zum Papst gewählt wurde. Gebetet habe man ja schon zuvor im Dom, sagt er, also könne man nun mit gutem Gewissen einen Toast auf den Papst ausbringen: »Hoch, hoch, hoch!«, ruft er, und manche der Geistlichen Räte blicken irritiert. Kardinal Friedrich Wetter stellt sein Glas erst einmal ab.

Der Mann kann ganze Räume füllen, und meist füllt er sie mit guter Laune. Lehnt sich im Sitz zurück, dass die Knöpfe seines Hemdes über der barocken Figur spannen, und lacht, dass die Luft zittert. Oder er zieht eine seiner dicken Zigarren hervor, steckt sie an und pafft genießerisch den Rauch in die Luft. Kommt eine kritische Frage, lässt er, statt zu antworten, die Zigarre einfach aus dem Mund fallen – ein Slapstick sagt mehr als tausend Worte. Als die katholischen Bischöfe im Februar 2008 einen Bootsausflug auf den See Genezareth unternahmen, sah er unter der schwarzen Sonnenkappe aus wie ein spätpubertärer Harley-Davidson-Fan. Reinhard Marx, Jahrgang 1953, fällt auf in der Schar der deutschen Bischöfe – und manchmal bricht dieser westfälische Frohsinn, der sich an keine Konvention hält, über die auf Dezenz hin trainierten Kirchenmänner regelrecht herein.

Zumindest die Münchner Zigarrenhändler können sich vorbehaltlos freuen, als im Dezember 2007 die wichtigste Personalie im deutschen Katholizismus der vergangenen Jahre in Rom und München bekannt gegeben wird. Friedrich Wetter allerdings, Marx' Vorgänger, tut sich heute manchmal schwer mit der Rasanz seines Nachfolgers. Wo Wetter vorsichtig formulierte, sagt Marx geradeheraus, was er denkt, wo Wetter fast menschenscheu ist, sucht der Neue die Versammlungen und verschiedenen Öffentlichkeiten: beim Maibaumaufstellen in der Schwabinger Akademie, im Englischen Garten, wo er im Talar spazieren geht und mit den Leuten spricht. In der U-Bahn auf der Fahrt von seiner Wohnung in Schwabing zum Ordinariat in der Rochusstraße, wo sich der Bischof ein Büro hat einrichten lassen, weil er dabei sein will im operativen Geschäft. Er sitzt in der »Münchner Runde« im Bayerischen Fernsehen als ambitionierter Sozialpolitiker neben Bayerns Ministerpräsident Günther Beckstein oder prangert zum 1. Mai gemeinsam mit dem evangelischem Landesbischof und dem bayerischen DGB-Chef Minijobs und überlange Arbeitszeiten an. Wenn er kritisiert, dann tut er das fundiert.

Seit Jahren schon stand der Kirchenmann aus Westfalen auf den innerkirchlichen Beförderungslisten, er ist unter den jüngeren Bischöfen – und das sind im deutschen Katholizismus die unter 60 – das größte Talent. Könnte er in Köln Kardinal Meisner beerben? In Berlin auf Kardinal Sterzinsky folgen und den medien-gewandten Hauptstadtbischof geben? Dann ist es etwas überra-schend München geworden, mit 1,8 Millionen Katholiken das drittgrößte Bistum in Deutschland. Marx wird, wenn er nicht die Jungfrauenschaft Mariens in Abrede stellt, Kardinal werden. Er ist automatisch Vorsitzender der Freisinger Bischofskonferenz der bayerischen Bistümer. Dass die Mitbrüder ihn in Würzburg nicht zum Vorsitzenden wählten, hat ihn erkennbar getroffen – anderer-seits muss er nicht im Gram versinken: Er ist der kommende Mann in dieser Bischofskonferenz. Er ist auch einer der politi-schen Köpfe im Episkopat. Legendär ist ein Auftritt 1998 auf einer Tagung der Grünen in Münster, auf der er vor dem Wahl-sieg von SPD und Grünen entscheidend dazu beitrug, dass sich das Verhältnis der Partei zur katholischen Kirche entspannte.

Und Marx hat schon Kirchengeschichte geschrieben – als Mitautor des Gemeinsamen Sozialworts der Kirchen, das 1997 herauskam. Das Papier betont den Vorrang der Arbeit vor dem Kapital; auch wenn es die Eigenverantwortung des Einzelnen her-vorhebt, wurde es damals als Kritik an der Sozialpolitik der Regie-rung Kohl gesehen. Dabei ist der einstige Sozialethik-Professor alles andere als ein Linker – die Katholische Nachrichtenagentur hat für ihn das schöne Wort »neosozial« geprägt. Aber er ist mit den Debatten ums Soziale vertraut: Mit 36 war der Sohn eines Schlossermeisters Direktor des Dortmunder Sozialinstituts »Kom-mende«, einer Schnittstelle zwischen Kirche und Politik. An sei-nem 43. Geburtstag ernannte Papst Johannes Paul II. ihn zum Weihbischof, dem damals bundesweit jüngsten. So wie er 2001 mit 48 Jahren der jüngste Diözesanbischof war, als der Papst – Iro-nie der Geschichte – Marx nach Trier schickte. Dort glänzte er mit politischen Stellungnahmen vom Irak-Krieg über die Sozialrefor-men bis hin zur Globalisierung. In Trier aber haben die Katholi-ken auch jenen Reinhard Marx kennen gelernt, der im Zweifel keinen Kompromiss eingeht. Er hat seinem Bistum eine tiefgrei-fende Strukturreform verordnet: Gemeinden werden zusammen-gelegt; die Zahl der Dekanate soll sich halbieren. Einwände, dass er die Reform mit Hilfe weniger Getreuer einfach durchziehe und die Position der Laien schwäche, hat er locker-raunzig vom Tisch gewischt. Den emeritierten Professor Gotthold Hasenhüttl suspendierte er vom Priesteramt, als der am Rande des Ökumenischen Kirchentages 2003 in Berlin auch evangelische Christen zur Kommunion einlud – wobei der Bischof dies ohne große Begeisterung tat und Hasenhüttl offensichtlich den Bruch gesucht hatte. Er hat der jungen Theologin Regina Amnicht-Quinn die Lehrerlaubnis verweigert, auch mancher Pfarrer weiß ein Lied zu singen, wie er vom Bischof in den Senkel gestellt wurde.

Auch in München hat er seit seinem Amtsantritt am 2. Februar 2008 ein ordentliches Tempo vorgelegt. Zum Amtsantritt hat Marx gesagt, er wolle seine Kirche neu sammeln und senden; was genau das bedeuten wird, ist bislang unscharf geblieben. Nur einem hat Marx schnell Kontur gegeben: Er will Pastoralreferenten und Diakone künftig keine Gemeinden mehr leiten lassen, wie dies als Notlösung in München bislang möglich war. Jede Gemeinde wird ihren Pfarrer haben, verspricht der Bischof. Woher die kommen sollen, sagt er nicht; nur sechs angehende Priester hat er 2008 zu Diakonen geweiht. Also muss die Zahl der Gemeinden der Zahl der vorhandenen Kleriker angepasst werden. Welche Konflikte das in München mit seinen Traditionspfarreien und seiner selbstbewussten Pfarrerschaft bringen wird, ist noch nicht abzusehen. Dem Klima im Bistum mag das alles nicht gut tun, in Rom aber kommt gerade diese Mischung an: Da kann einer locker mit Journalisten plaudern und die Kirche gut gelaunt repräsentieren – ohne eine Haaresbreite von der Linie abzuweichen. »Wer den Zeitgeist heiratet, ist morgen schon Witwer«, sagt Marx. Er verstehe sich als »Muntermacher im Glauben« und wolle das »Zeugnis eines fröhlichen und zufriedenen Priesters geben«, statt an Diesem und Jenem in der katholischen Kirche zu leiden. Trotzdem war Marx für Papst Benedikt XVI. nicht von Anfang an der geborene Kandidat für München – er favorisierte lange den Regensburger Bischof Gerhard Ludwig Müller; erst, als der streitlustige Müller sich hoffnungslos verrannte im Streit um einen Fall von sexuellem Missbrauch im seinem Bistum, rückte er offenbar von dieser Lösung ab. Die Bischofskongregation in Rom wurde mit dem Fall nicht befasst – die dort vertretenen deutschen Kardinäle Lehmann und Meisner hatten also keine Möglichkeit, mitzuentscheiden. Zu den Bewährungsauflagen für Marx wird die Vorbereitung des ökumenischen Kirchentags 2010 gehören – und, wie er die bayerische Bischofskonferenz leitet, denn das ist nicht leichter, als den laizistischen Bund für Geistesfreiheit zu missionieren. Der Bamberger Erzbischof Ludwig Schick galt lange als Favorit für den Posten in München, auch dem Augsburger Walter Mixa wurden Ambitionen nachgesagt, dem Regensburger Bischof Gerhard Ludwig Müller sowieso. Müller und Mixa haben in den vergangenen Jahren ihr Amt eigensinnig und konfliktträchtig geführt; sie in die Disziplin der Freisinger Bischofskonferenz einzubinden, dürfte mühsam werden. Hier könnte Marx die Durchsetzungsstärke helfen. Oder der Trick mit der Zigarre: Einfach mal, wenn die Debatte verfahren ist, das Ding aus dem Mund fallen lassen.

Kardinal Meisner, Erzbischof von Köln

Ein Diözesanmuseum wird eröffnet. Das ist ein Anlass der Freude. Schließlich hat der Bau des Kölner Museums Kolumba, entstanden auf einer im Zweiten Weltkrieg zerstörten Kirche, nur höchstes Lob erfahren. Der Kölner Erzbischof, Kardinal Joachim Meisner, der den Bau gefördert hat, hält die Predigt im Einweihungsgottesdienst, der vorab verteilte Text lässt zunächst eine wenig aufregende Ansprache erwarten. Doch dann kommen die Sätze, die alles verändern: »Vergessen wir nicht, dass es einen unaufgebbaren Zusammenhang zwischen Kultur und Kult gibt«, sagt Joachim Meisner. »Dort, wo die Kultur vom Kultus, von der Gottesverehrung abgekoppelt wird, erstarrt der Kultus im Ritualismus, und die Kultur entartet.« Der Kardinal sagt nicht: »Entartete Kunst«, wie die Nationalsozialisten jene Werke nannten, deren Schöpfer sie verfolgten. Aber das Wort »entartet« bleibt. Ein Sturm der Entrüstung pfeift dem Kardinal um die Ohren. Nach fünf Tagen entschuldigt sich Meisner, halbherzig, aber immerhin. Das Wort »entartet« ist ein Lapsus. Doch es ist ein Fehler, der viel über das Denken des Urhebers verrät. Es ist ja nicht der erste Satz des Kölner Erzbischofs, der sein Vokabular, seine Parallelen und Vergleiche aus der NS-Zeit beziehen würde. Die Abtreibungspille RU 486 hat Meisner schon in die Nähe von Zyklon B gerückt, dem Mordgift der Nationalsozialisten – beide ermöglichten die anonymisierte Tötung von Leben. Zum Dreikönigstag 2005 hat er den Kindermord von Bethlehem, die Untaten Stalins und Hitlers und die Abtreibungen in eine Reihe gestellt. Erst auf den Protest hin nahm er Hitler aus der Reihe. Wenn Meisner loslegt, stöhnen die Kritiker und jubeln die Fans. Es gibt Menschen, die sammeln Meisner-Zitate wie andere Leute Briefmarken.

Warum er das tut? Weil Meisner eine Mission hat. Eigentlich, hat er einmal gesagt, sei er ja ein konfliktscheuer, harmoniebedürftiger Mensch. Aber, so hat er hinzugefügt, »manchmal muss man deutlich werden, wenn man sich um der Botschaft willen Gehör verschaffen will.« Und es sei Aufgabe der Kirche, »das Menetekel an die Wand zu malen.« Durch die Predigten und Ansprachen des Kardinals zieht sich ein roter Faden: Sitte und Moral in Westeuropa erodieren, das Abendland ist sich der Werte nicht mehr bewusst, die es tragen, es hat das christliche Menschenbild disponibel gemacht, die christliche Kultur ins Allgemeine aufgelöst, so, wie Gerhard Richter, der Künstler, das Fenster im Kölner Dom zu Meisners Ärger in tausend Farbpartikel aufgelöst hat. Die katholische Kirche muss gegen diesen Verfall kämpfen, einmal, indem sie selber eine Gegenkultur lebt und stützt, dann aber auch, indem sie die Fehlentwicklungen der Moderne und Postmoderne anprangert: drastisch, notfalls laut und überzeichnend. Papst Gregor der Große sagte im 6. Jahrhundert nach Christus: »Besser, es gibt Skandal, als dass die Wahrheit zu kurz kommt. Meisner hat das radikalisiert: Ohne Skandal geht die Wahrheit in der Medienlandschaft unter. Greenpeace denkt da nicht sehr anders.

Das Bewusstsein Meisners, auf einer großen Missionsreise durch die westliche Moderne zu sein, ist auch mit seiner Biographie zu erklären. Geboren wird er am Weihnachtstag 1933 in Breslau; mit 12 Jahren vertreibt ihn die Rote Armee aus der Heimat, der Vater ist im Krieg gefallen. Mutter und Sohn kommen ins Thüringische; die Witwe steht am Fließband der Konservenfabrik, um die Familie durchzubringen. Es ist ein armes Leben und ein Leben in der Unterdrückung: Katholiken sind in der stalinistisch geprägten DDR schlicht Staatsfeinde. Schon früh reift Meisners Entschluss, Priester zu werden. Mit 17, gleich nach der Banklehre, tritt er 1951 in das Norbertuswerk bei Magdeburg ein. Im diffamierten DDR-Katholizismus ist das Bekenntnis gefragt, nicht die Differenzierung. Einmal verbrennen alle Jungs der Kaufmanns-Klasse ihre Russisch-Bücher, um zu zeigen: Wir wollen keine Kommunisten sein, erzählt er. Glorifizieren wolle er die Zeit nicht, sagt er, und doch ist Meisners Ostalgie der eigenen Art häufig spürbar. »Wenn ich als Bischof in den Osten fuhr, wusste ich, du kannst die Mitra einpacken«, sagt er, »im Westen wusste ich nie, ob den Sturzhelm oder die Bischofsmütze.« Das Bekenntnis habe »substanzieller« sein müssen, »insofern war Honecker einer unserer besten Exerzitienmeister.« Eine arme Kirche, als Minderheit belächelt, stark durch den Zusammenhalt. In ihr steigt Pfarrer Meisner zum Weihbischof von Erfurt auf. Und dort begegnet er 1975 dem Mann, der über seine Karriere entscheidet. An der Herbstwallfahrt der thüringischen Katholiken nimmt auch der Erzbischof von Krakau teil: Karol Wojtyla, der spätere Papst. Weihbischof Meisner hält eine zehnminütige Predigt, deren Kernsatz heißt: »Wie im Himmel, so auf Erden – und nicht: Wie auf Erden, so im Himmel«. Es ist das Gegenprogramm zum innerweltlichen Heilsoptimismus der Kommunisten. Das habe dem polnischen Gast gefallen, sagt Meisner. Fast 25 Jahre später habe ihm der Papst erzählt: »Von meinem Erfurt-Besuch 1975 weiß ich nur noch, was der Weihbischof Meisner gepredigt hat, und was es zum Mittagessen gab.« Und er habe geantwortet: »Heiliger Vater, ich merk' mir nur, was es zum Mittagessen gab. Die Predigten merk' ich mir schon lange nicht mehr.«

1980 holt der neue Papst überraschend den politisch unerfahrenen Weihbischof an die Spitze des geteilten Bistums Berlin. Dort fällt Meisner mit einem von ihm inspirierten Friedenswort der Bischöfe auf, es kritisierte scharf die Wehrerziehung und die Militarisierung des Alltags in der DDR. Im Westen stiftet er, weniger politisch, einen Marienwallfahrtsort im Herzen Preußens und versetzt unbotmäßige Pfarrer. Ob die Berufung nach Köln im Jahr 1989 eine Beförderung ist oder ob der diplomatisch wenig geschickte Meisner weggelobt werden soll, ist nicht geklärt. Fest steht: Meisner will nicht Erzbischof von Köln werden – erst der Marschbefehl des Papstes beendet für ihn alle Zweifel. Und die Kölner wollen keinen Kardinal Meisner am Rhein. Das Domkapi-

tel verweigert sich hartnäckig den Vorschlägen aus Rom. Ein Kir-
chenkampf bricht los, an dessen Ende kommt Meisner doch nach
Köln, was 163 Theologen veranlasst, gegen die »Entmündigung
der Ortskirchen« zu protestieren. Von einer »Zwangsehe« sprach
man damals. Heute sagt Meisner: »Köln ist mein Zuhause, aber
nicht meine Heimat. Die bleibt bei mir Breslau.«

Inzwischen stemmt er aber leutselig zur Karnevalszeit Kölsch-
fässchen und gehört zu Köln wie der Dom, der launische FC oder
das Rheinhochwasser. Der Kölner Katholizismus ist weit – und
doch sind die Risse in Köln tief. Der Kardinal lässt die konservativen Pfarrer Karriere machen und fördert das Opus Dei nach
Kräften. Er trennte sich rüde von seinem langjährigen Sprecher
Manfred Becker-Huberti und stellte den Opus-Dei-Mann Stephan
Georg Schmidt ein; dass beim Kölner Weltjugendtag 2005 Papst
Benedikt XVI die angehenden Priester in der Opus-Dei-Kirche
Sankt Panthaleon empfing, war ein Zeichen. »Nachtragend wie
ein Elefant« sei der Kardinal, sagen seine Kritiker, launisch, selbst-
mitleidig, kulturpessimistisch. Andere loben Meisners Mut, unbe-
queme Wahrheiten auszusprechen. Wenn er sagt: »Seit 100 Jahren
werden keine Höllenpredigten mehr gehalten. Und die Konsequenz? Wir haben hier die Höllen errichtet.« Oder wenn er die
68er-Generation »metaphysische Asylanten« nennt, die ihre Kinder bei der Suche nach Gott allein ließen. Meisner ist ein Funda-
mentalist, schimpfen seine Gegner. »Im Grunde müsste man stolz
darauf sein, fundamental zu denken«, entgegnet der Kardinal.
Auch die katholische Kirche in Deutschland ist ihm zu satt und
wenig entschieden. Sie sei wie ein Luxusauto mit großer Karosse-
rie, aber schwachem Motor, hat er in einer seiner bildstarken
Ansprachen gesagt. Die katholischen Verbände mit ihrer Diskus-
sionskultur sind ihm fremd. Den Katholikentagen und besonders
dem ökumenischen Kirchentag 2003 hat er vorgeworfen, die
Gläubigen zu desorientieren; mit der evangelischen Kirche, so sagt
er, werde die Ökumene schwieriger, seit sie Bischöfinnen hat und
Homo-Paare segnet.

So war Kardinal Meisner in der Bischofskonferenz eine Art
Oppositionsführer gegen den Konferenzvorsitzenden Kardinal Karl
Lehmann aus Mainz, der für ein liberales, dialogorientiertes Kir-

chenmodell stand, für den die starken Worte Meisners vor allem eins tun: Porzellan zerschlagen. Innerhalb der Bischofskonferenz vertritt Kardinal Meisner eine Minderheitenposition, auch Bischöfe, die mit ihm vielleicht inhaltlich übereinstimmen, meiden allzu enge Bündnisse mit ihm. Das zeigte sich auch bei der Wahl Zollitschs zum Bischofskonferenz-Vorsitzenden: dass Meisner offensichtlich Marx unterstützte, dürfte dem Neu-Münchner eher Stimmen gekostet als gebracht haben. Aber Kardinal Meisner hat als Erzbischof der wichtigsten, von der Zahl der Mitglieder und dem Etat her größten Diözese in Deutschland Gewicht. In Rom zählen der Kardinalstitel, das Bistum und der Grad der Papsttreue mehr als die Position in der Bischofskonferenz. Und so hat Meisner eine nicht zu unterschätzende Macht. Er hat 1999 mit einem Brief an den Papst den Kompromiss zunichte gemacht, mit dem die Mehrheit der deutschen Bischöfe in der staatlichen Schwangeren-Konfliktberatung bleiben wollte – nachdem er zuvor diesem Kompromiss noch zugestimmt hatte. Und er hat Papst Benedikt XVI. 2005 nach Deutschland geholt, gegen alle Bedenken der Amtsbrüder, die vor allem die hohen Kosten der Veranstaltung fürchteten. Der Weltjugendtag mit mehr als einer Million Teilnehmer beim Abschlussgottesdienst dürfte der Höhepunkt seiner Amtszeit in Köln gewesen sein. Vor allem aber betreibt Meisner eine geschickte Personalpolitik. Er wirbt in Rom für seine Bischofskandidaten und hat einige durchgesetzt: in Augsburg und Würzburg, Passau und Paderborn. Als nach dem Tod von Papst Johannes Paul die anderen Kardinäle aus Deutschland noch Trauergottesdienste diesseits der Alpen abhielten, da war Meisner schon längst in Rom und sammelte Stimmen für seinen Favoriten Ratzinger. Meisners Freundschaft zu Benedikt XVI. ist nicht so tief wie die zu Karol Wojtyla, zu unterschiedlich sind der intellektuelle Papst und der emotionale Meisner. Aber Meisners Wort behält Gewicht.

Und auch in Deutschland findet er Verbündete für seine Auffassung, dass ein Bischof lieber mal auf den Putz hauen statt bis zur Unkenntlichkeit differenzieren sollte. Im Frühjahr 2008 sprach der Augsburger Bischof Walter Mixa davon, dass die Kinderkrippenpolitik der Großen Koalition die Frauen zu »Gebärmaschinen« degradiere. Es folgte ein kollektiver Aufschrei der Journalisten,

Politiker, Frauenverbände, Sozialträger, und trotzdem traf man in diesen Tagen einen sehr mit sich selbst zufriedenen Bischof Mixa. »Wenn wir nicht provozieren, hört uns keiner«, sagte er, und: »Hätte sonst jemand darüber diskutiert, ob und wie Kinder zu ihrer Mutter gehören?« Was inhaltlich so konservativ daherkommt, funktioniert nach sehr modernen Maßstäben: Die Bischöfe von Augsburg und Köln haben die Gesetze der Mediengesellschaft erkannt, sie prägen und besetzen Begriffe, sie überzeichnen, um gehört zu werden – hätte Mixa lediglich gesagt, die Förderung von Kinderkrippen finde er mit dem christlichen Familienbild schwer vereinbar: Niemand hätte aufgehorcht. Und es gibt genug begeisterte Zuschriften, um die Kirchenmänner zu bestätigen. Endlich greifen wir das Gefühl gerade konservativer Katholiken auf: Wir wollen nicht in die dumpfe Ecke gestellt werden, wenn wir es richtig finden, dass Frauen daheim bei ihren Kindern bleiben. Wir wollen nicht als Banausen gelten, wenn wir viele moderne Kunstwerke für abgedrehtes Zeug halten. Es ist das Bild einer Kirche, die eine Gegenkultur aufbaut und pflegt, die jenen Heimat bietet, die der Pluralismus ratlos lässt, die nicht jede Woche ihr Leben neu durchdenken wollen, die sich sonntags ein bisschen Sicherheit wünschen.

Es gibt auch einen Joachim Meisner jenseits dieser Konflikte. Wer den kennen lernen will, der muss einen Kindergottesdienst mit ihm besuchen. Da setzt er sich mitten unter die Kinder, redet ungezwungen mit ihnen, und die Kinder mögen ihn. Dorfpfarrer habe er immer werden wollen, sagt der mächtige Kardinal. Und man glaubt es ihm. Er hat an seinem eigenen Nachruf mitgewirkt, den die Kollegen vom WDR über ihn gedreht haben – dort warten jetzt also die Bilder und Worte des Kardinals auf dessen Ableben. Und auf der Israel-Reise kam es zu einer denkwürdigen Begegnung zwischen dem Kardinal und dem Autor dieses Buches: Sie sind das also, sagt er, nimmt die Hand des Journalisten, sieht sie sich an: »Was hat diese Hand schon alles geschrieben!« Pause. »Sie werden sich einmal für das alles verantworten müssen!« Der Journalist holt Luft zur Erwiderung. Da sagt der Kardinal: »Ich aber auch!« Und lacht.

Gerhard Ludwig Müller, Bischof von Regensburg

Der Krach geht schon bei der Bischofsweihe los, im November 2002. Gegenüber dem Domeingang, auf der anderen Straßenseite, begrüßt eine kleine Gruppe von »Wir sind Kirche« den neuen Bischof mit Transparenten, die ihn auffordern, der Hirte aller Katholiken des Bistums zu sein. Ein Affront, findet Gerhard Ludwig Müller. Und setzt den Deggendorfer Dekanatsrat Johannes Grabmeier ab – schließlich ist seine Frau Diözesansprecherin von »Wir sind Kirche«, und die Kirchenvolksbewegung richte sich »gegen das zur göttlichen Verfassung der Kirche gehörende Bischofsamt«. Erst Nuntius Giovanni Lajolo beendet den bizarren Streit darüber, wer sich hier bei wem entschuldigen muss und ob ein Bischof einfach so einen Dekanatsratsvorsitzenden absetzen darf. Und so geht es weiter: Ein Pfarrer wird in Frühpension geschickt, weil er mit - nach einem Rezept der spanischen Bischofskonferenz gebackenes – Fladenbrot die Eucharistie gefeiert hat. Ein anderer vom Dienst suspendiert, weil er den Bischof angezeigt hat, weil der ihn wiederum in einer Predigt jenseits aller Anständigkeitsgrenzen beleidigt habe. Bischof Müller regiert von Konflikt zu Konflikt. Nirgendwo im katholischen (und auch evangelischen) Deutschland werden diese Konflikte derart persönlich verletzend, aus derart absurden Anlässen und so skurril im Verlauf ausgetragen. Und immer geht es um Müllers persönliche Verletztheiten, um sein übersteigertes Verständnis vom Bischofsamt, um das Gefühl, verfolgt zu sein, vor allem von den missgünstigen Journalisten. Ein altehrwürdiges Bistum wird zum Provinzpossenstadel, unter Gläubigen und Mitarbeitern geht die Angst um.

Zwei Streitigkeiten aber gingen weit über das Provinzielle hinaus. Der eine geht um den Status der Laienvertretungen in der katholischen Kirche: Bischof Müller hat 2005 ohne Rücksprache mit dem Diözesanrat die Satzung der Pfarrgemeinderäte geändert und, als darüber ein Streit mit dem Diözesanratsvorsitzenden Fritz Wallner entstand, den bisherigen Diözesanrat aufgelöst. Nun gibt es zwei Laienvertretungen im Bistum: einen Pastoralrat, dessen Mitglieder der Bischof ernennt, und ein Diözesankomitee, in das vom Bischof bestimmte Verbände und Gemeinschaften ihre Vertreter entsenden. Nach dem weltweit geltenden Kirchenrecht ist das möglich – nur gilt in Deutschland seit der Würzburger Synode ein Sonderrecht, dass dem Kirchenvolk mehr Mitwirkung einräumt als anderswo. Und Müller hat sich vom Vorsitzenden der Kleruskongregation, Kardinal Dario Castrillón Hoyos, zwei – der jeweiligen Taktik des Bischofs überraschend angepasste – zustimmende Schreiben besorgt. Auch andere Bischöfe, findet der Kurienmann, sollten dem Beispiel Regensburgs folgen. Bis jetzt allerdings hat kein Bischof Müllers Rätesystem übernommen.

Dramatischer und menschlich belastender war der Konflikt um einen Priester, dem vorgeworfen wurde, mindestens einen Jungen sexuell missbraucht zu haben. Bald kam heraus, dass der Mann einschlägig vorbestraft war; die Bistumsverwaltung und der Bischof hatten jedoch einem Gutachten vertraut, das den Priester als für ausreichend therapiert und für ungefährlich hielt. Nur: Die Leitlinien zum Umgang mit Fällen sexuellen Missbrauchs, auf die die Deutschen Bischöfe sich verständigt haben, sehen vor, dass einschlägig vorbestrafte Kirchenmitarbeiter nicht mehr mit Kindern und Jugendlichen arbeiten dürfen – der Priester hätte demnach nicht mehr Pfarrer einer Gemeinde mit Jugendarbeit, Erstkommunion-, Firm- und Ministrantengruppen werden dürfen. Dies hätte Müller noch als tragischen Fehler darstellen können, doch er bestand darauf, alles richtig gemacht zu haben und wieder einmal Opfer einer missgünstigen Presse zu sein. Daraufhin aber gingen die Recherchen der Medien erst richtig los und förderten immer mehr Ungereimtheiten zutage: Wieso gab es nur ein Gutachten – von einem Therapeuten, der den Priester betreute? Hatte es nicht in Regensburg schon einige Missbrauchsfälle gegeben, bei denen die Bistumsleitung abstritt, leugnete, verharmloste, die Opfer als unglaubwürdig darstellte? Gab es nicht immer Gerüchte von sexuellen Verfehlungen bis hinauf zur Leitungsebene des Bistums? Und was waren die Leitlinien der Bischöfe wert, wenn jeder sie in seinem Bistum nach Belieben missachten konnte? Müller litt unter dem Missbrauchsfall, aber er brachte es nicht fertig, einen Fehler zuzugeben. Und am Ende saß die ganze Kirche auf der Anklagebank.

Entsprechend sauer sind mittlerweile viele Bischöfe über den Regensburger Kollegen. Und sie rätseln, was den zu Sylvester 1948 geborenen, fast zwei Meter großen Mann antreibt. Dabei ist Müller hoch intelligent und ein international anerkannter Theologe, dessen tausend Seiten umfassende Dogmatik ein Standardwerk ist. Er pflegt Freundschaft mit dem Befreiungstheologen Gustavo Gutierrez und hilft immer wieder in Peru als Seelsorger der Armen aus. Er sei eben nicht der »Direktor einer Folklore-Bewegung«, sagt Müller, und wo es ums Bekenntnis gehe, da könne auch schon mal Staub aufgewirbelt werden. Als der gebürtige Mainzer den 25. Jahrestag seiner Priesterweihe feierte, hat er in einer tiefen, für ihn ungewöhnlich persönlichen Predigt gesagt: Weil er sich so tief mit Gott verbunden wisse, sei ihm »jeder Anflug von Angst und Furcht völlig fremd«. Ein Gottvertrauen, das beeindruckt, das großzügig sein lässt und mutig. Das aber in die Katastrophe führt, wenn ihm jeder Selbstzweifel fehlt, wenn das Selbstverständnis obsiegt, das die Blues-Brothers unsterblich gemacht hat: Wer im Auftrag des Herrn unterwegs ist, der kann ruhig den ein oder anderen Crash bauen.

Viele Bischöfe haben versucht, Müller zu raten, vergebens. In Deutschland dürfte Müller keine Karrierechancen mehr haben, obwohl er bis zuletzt der Favorit des Papstes für den Erzbischofsstuhl in München war, doch spätestens der Missbrauchsfall im Bistum verhinderte die Ernennung. Aber der Regensburger Bischof hat im konservativen Katholizismus nach wie vor wichtige Freunde. Wobei seine Chancen zur Weiterentwicklung offenbar in Rom liegen: 2008 wurde Müller Mitglied der Glaubenskongregation, seitdem heißt es, er könnte nach Rom wechseln – als Sekretär der mit dem Staatssekretariat wichtigsten Behörde der Kurie, wenn nicht gar als ihr Präfekt.

Kardinal Karl Lehmann, Bischof von Mainz

Kann man einen zu den wichtigsten Bischöfen in Deutschland zählen, der vom Amt des Bischofskonferenzvorsitzenden zurücktreten musste, weil das Herz nicht mehr konnte? Der kurz vor Weihnachten 2007 vor dem Altar zusammenbrach und im Juli 2008 erneut einen Schwächeanfall erlitt, der nicht weiß, wie lange er noch Bischof von Mainz sein kann, wenn er sich nicht bald erholt? Die Antwort heißt im Fall von Kardinal Karl Lehmann: ja.

Weil kein anderer Bischof in den vergangenen zwei Jahrzehnten die katholische Kirche in Deutschland geprägt hat als Kardinal, Mitglied der Bischofskonferenz, einer der großen Intellektuellen seiner Kirche – und des ganzen Landes.

Rom, 21. Januar 2001. Papst Johannes Paul II. verkündet die Namen neuer Kardinäle. Zwei Deutsche sind darunter: Walter Kasper, der Sekretär des Rates für die Einheit der Christen, und Leo Scheffczyk, der 80-jährige Münchner Dogmatik-Professor. Ein Name fehlt, wieder einmal: der des deutschen Bischofskonferenz-Vorsitzenden Karl Lehmann. Der wird nie Kardinal, lautet die einhellige Einschätzung. Hatte Lehmann nicht immer wieder seine Auseinandersetzungen gehabt mit Papst Johannes Paul II. und Kardinal Joseph Ratzinger, dem Präfekten der Glaubenskongregation? Lagen nicht überhaupt Welten zwischen seinem Versuch, Glaube, Kirche, Philosophie, Naturwissenschaft, Politik und moderne Gesellschaft miteinander zu versöhnen, und dem Bestreben Kardinal Ratzingers, der Kirche gerade in der Unterscheidung zu Liberalismus und Pluralismus Profil zu geben? Doch nur wenige Tage später, am 26. Januar, erreicht Lehmann ein Anruf aus der Apostolischen Nuntiatur – er werde am Sonntag unter jenen Bischöfen sein, die der Papst in einer Art Nachnominierung zum Kardinal ernennen werde. Am 20. Februar tritt er vor den Papst, empfängt die Kardinalswürde. Wahrscheinlich haben sich einige polnische Bischöfe für den Deutschen eingesetzt. Lehmann hat für seine Anliegen gekämpft, aber er hat es nie zum Bruch kommen lassen. Er ist ein Unbequemer, aber kein Rebell.

Geboren wird Lehmann am 16. Mai 1936 in Sigmaringen, als Kind eines Schulmeisters, der erst eine Stelle findet, als er pro forma in die NSDAP eintritt (und dann wegen mangelndem Eifer zwangsversetzt wird). Nach dem Krieg ist das Geld knapp, so ermöglicht erst die Aufnahme im Sigmaringer Erzbischöflichen Knabenkonvikt den Besuch des Gymnasiums: Nach dem glänzenden Abitur will Lehmann Priester werden, geht 1956 nach Freiburg, ernst, nüchtern, entschlossen. Nach drei Semestern schickt ihn Erzbischof Eugen Seiterich nach Rom, ins Collegium Germanicum-Hungaricum. Das ist seit 1552 die Kaderschmiede der Deutschen in Rom. Die Aufnahme unter die 25 Erwählten ist meist der Beginn einer Kirchenkarriere – für so unterschiedliche Menschen wie den Theologen Hans Küng, den Münchner Kardinal Friedrich Wetter oder den späteren Nuntius in Berlin, Erwin Ender. Lehmann promoviert in Philosophie über Martin Heidegger, erst dann wird er Doktor der Theologie. 1964 wird er Assistent des Jesuiten Karl Rahner in München, der einer der wichtigsten theologischen Berater des Zweiten Vatikanischen Konzils ist. 1968, mit 32 Jahren, wird Lehmann Professor in Mainz, 1971 geht er nach Freiburg.

Als er 1983 Bischof von Mainz wird, ist Lehmann ein herausragender Vertreter der Aufbruchs-Generation, die vom Konzil geprägt ist. Er hat als Forscher die starren Denkschemata seiner Kirche verändern geholfen. In der Würzburger Synode, deren theologischer Berater er war, ist er für die Laienpredigt eingetreten; er hat erklärt, wie sehr er sich daran stört, das Katholiken und Portestanten kein gemeinsames Herrenmahl feiern können. Er gilt als einer der wichtigsten katholischen Theologen im ökumenischen Dialog und als einer der Besten seines Faches, ist Mitglied der Theologenkommission der Kurie. Lehmann versucht erfolglos im »Fall Küng« zu vermitteln – manche Analyse teilt er mit dem Tübinger, doch die Schärfe, mit der Küng argumentiert, ist Lehmann fremd. Mangelnden Mut und zu viel Diplomatie werfen ihm daraufhin seine Kritiker vor, das wird Lehmann noch öfter hören. Schon vier Jahre nach seiner Bischofsweihe wird er Bischofskonferenzvorsitzender. Vor allem die jüngeren Weihbischöfe und Bischöfe wollen ihn und nicht den betulicheren Münchner Kardinal Wetter. Für Rom ist das ein Affront.

In Deutschland aber wird Lehmann zum Gesicht der katholischen Kirche. Er ist Gesprächspartner der Journalisten und der Politiker, der Wirtschaftsvertreter, Gewerkschafter, Natur- und Geisteswissenschaftler; er steht für eine Kirche, die sich auf die Welt einlässt, ohne sich mit ihr gleichzumachen. Die Abtreibungsdebatte ist das beste Beispiel dafür: Immer wieder erklärt Lehmann, dass die hohe Zahl der Abtreibung ein Skandal sei. Gleichzeitig aber weiß er, dass ein demokratischer Staat Gesetze erlassen muss, die regeln, wann ein Abbruch straffrei bleibt und wann nicht – und er weiß auch, dass die Wirklichkeit schwangerer

Frauen sehr anders sein kann als von der kirchlichen Lehre vorgesehen. Auch deshalb beteiligt sich die Mehrheit der Bischofskonferenz an der Schwangerenberatung. Seinen Kritikern und Gegnern, allen voran dem 2001 verstorbenen Fuldaer Erzbischof Johannes Dyba und dem Kölner Kardinal Joachim Meisner ist dies zu viel Kompromiss. Sie setzen sich durch. Lehmann wird 1999 eindrucksvoll im Amt des Vorsitzenden bestätigt, doch er ist beschädigt: Der Kölner Kardinal Joachim Meisner ist ein mächtiger Opponent geworden; bei vielen Bischofsernennungen kommt Lehmann mit seinen Vorstellungen nicht durch. Lehmann arbeitet weiter wie bisher, von morgens um sechs bis nachts um zwei. Aber er gerät an seine Grenzen. Irgendwann macht das Herz nicht mehr mit.

Am Abend vor seiner letzten Wiederwahl im Jahr 2005 hat Lehmann ein Grundsatzreferat gehalten, das viel über seine Einstellungen sagt. Die Säkularisierung biete der katholischen Kirche die Chance, den Glauben neu zur Sprache zu bringen, erklärt er, wenn sie sich den Anfragen ihrer Zeitgenossen stellt. Der Pluralismus sei also »mit dem Mut zum eigenen Standort anzuerkennen«, mit »Mut zur geistigen Offensive. Eine Predigt gegen die Verzagten und Pessimisten, aber auch gegen jene, die sich weltflüchtig in die Sakristei zurückziehen wollen.

Wer sonst wichtig ist

Gebhard Fürst, Bischof von Rottenburg-Stuttgart. »Kommen Sie morgen um viertel vor sieben«, hat Gebhard Fürst gesagt, da singen wir im Bischofshaus das Morgengebet der Mönche. Nur: Um sieben Uhr ist noch niemand da, der öffnen könnte. Fürst überlegt kurz, kramt in der Hosentasche, und auf einmal hat der Besucher den Schlüssel zum Bischofshaus in der Hand. Um viertel vor sieben füllen morgendumpfe Männerstimmen die Kapelle; der Bischof kann beim Psalmensingen das schwäbische Idiom nicht verbergen. Zum Frühstück gibt es Marmelade und Nutella und Müsli. Fürst war 14 Jahre lang Direktor der katholischen Akademie in Stuttgart, dort hat er Tagungen über Kirchenasyl und Zwangsarbeit im Nationalsozialismus organisiert, über Frauenpriestertum und Kirchenreform. Dass er 1999 Bischof und Nachfolger des an die Kurie gewechselten Walter Kasper wurde, war eine Überraschung. Fürst ist ein Nachkriegskind, er stammt nicht mehr aus dem geschlossenen Katholizismus der 50er Jahre, ihn haben die experimentierfreudigen 60er und 70er Jahre geprägt. Er engagierte sich in der Katholischen Jungen Gemeinde (KJG); die sich zunehmend an den innerkirchlichen Autoritäten rieb. Wirklich revolutionär war das alles nicht. Wohl aber für einen, der aus Bietigheim kommt, dessen Vater Gärtner war und die Mutter Hausfrau. Für Fürst war die kirchliche Jugendarbeit eine Freiheitsbewegung, hin zu politischem Bewusstsein. Sie war der Grund, weshalb er Priester wurde, auch heute fühlt er sich den Verbänden des Zentralkomitees der deutschen Katholiken verbunden, deren oberster Geistlicher er ist. Und deshalb ärgert er sich, wenn katholische Kirche und Unfreiheit in Eins gesetzt werden. In seinem Bistum hat er einen »Prozess zur Entwicklung pastoraler Prioritäten« angestoßen, damit aus der Spar- eine Perspektivdebatte wird. Fürst ist leutselig, er kann mit Dekanen und Obdachlosen reden, mit Ordensschwestern und Alleinerziehenden. Und er hat in seinem Bistum Zeichen gesetzt, hat die Entschädigung ehemaliger Zwangsarbeiter, die in kirchlichen Einrichtungen eingesetzt waren, vorangetrieben, gehörte zu den Bischöfen, die für die größtmögliche Offenheit im Umgang mit sexuellem Missbrauch durch Priester eintraten. Das weckt manchmal unerfüllbare Erwartungen. Fürst hat sich in die komplexen Fragen der Bio- und Medizinethik eingearbeitet, ist der Experte der Bischofskonferenz in der Debatte um die Forschung an embryonalen Stammzellen und therapeutisches Klonen, Sterbehilfe und Patientenverfügungen. Aus dem Nationalen Ethikrat ist er allerdings ausgeschieden, die Arbeitsbelastung sei zu hoch. Sein bundesweiter Einfluss ist dadurch zurückgegangen, zur Enttäuschung derer, die ihn gern bundesweit stärker präsent sähen.

Franz-Josef Bode, Bischof von Osnabrück. Bei seiner Ernennung im Jahr 1995 war er mit 44 Jahren der jüngste Bischof in Deutschland. Auch jetzt gehört der amtierende Jugendbischof zu den jüngeren Hirten, aber er kann schon einige Erfahrung vorweisen. Dass es einen Bischof Bode gibt, ist manchem Süddeutschen erst mit dem Katholikentag 2008 in Osnabrück aufgefallen, der fröhlich, gutorganisiert und mit vielen Besuchern aus der Region ein großes Fest war. Auch, weil Bode das Wir-Gefühl im Bistum gestärkt hat, konnten die Osnabrücker in die Bresche springen, als die Essener ihre Einladung zurückziehen mussten, weil für einen Katholikentag kein Geld mehr da war. Er hat ein gutes Verhältnis zu den Jugendverbänden gefunden – was nicht allen seinen Jugendbischofs-Vorgängern gelang. Er hat im Bistum ein Zukunftsgespräch initiiert, hat im Jahr 2000 ein eigenes Schuldbekenntnis für die Gewalttaten der Kirchen in der Vergangenheit gesprochen, er drängte früh auf ein konsequentes Vorgehen bei Fällen von sexuellem Missbrauch, und er sorgte dafür, dass 2005 der Weltjugendtag in Köln die gesamte Bandbreite der kirchlichen Jugendarbeit umfasste, nicht nur den konservativ-papsttreuen Ausschnitt. Das alles leise, aber wirkungsvoll.

Ludwig Schick, Erzbischof von Bamberg. Der Kirchenrechtler, Jahrgang 1949, galt lange er als aussichtsreichster Kandidat für die Wetter-Nachfolge in München. Als ehemaliger Weihbischof des Fuldaer Erzbischof Johannes Dyba ist er theologisch konservativ, ohne starr zu sein, man kann mit ihm reden, und den ersten großen Konflikt im Bistum hat er einigermaßen überstanden. Das von ihm gepflegte Bild vom joggenden Bischof, der den Leuten nahe ist, bekam nämlich eineinhalb Jahre nach dem Amtsantritt einige Risse: Auf einer Klausur mussten ihm seine engsten Mitarbeiter gestehen, dass das Erzbistum quasi pleite ist. In einer Panikreaktion verkündete Schick einen Einstellungsstopp für alle diplomierten Laientheologen, und manches, was er zur Begründung sagte klang so, als halte er die Pastoralreferenten generell für überflüssig. Ein Sturm der Entrüstung brach los – erschrocken dementierte Schick. Es gelang ihm die Vorwürfe einigermaßen auszuräumen – und auch in den folgenden Jahren den Bistumshaushalt zu konsolidieren. Allerdings muss er mit einem schrecklichen Fall von sexuellem Missbrauch im Bistum umgehen: Ein Domkapitular soll vor 30 Jahren als Direktor eines Knabenseminars Buben missbraucht haben – noch nie stand ein so hochrangiger Geistlicher in Deutschland unter diesem Verdacht. Schick hat den Mann suspendiert, aber er sieht sich dem Vorwurf ausgesetzt, die Staatsanwaltschaft zu spät informiert zu haben.

Walter Mixa, Bischof von Augsburg. Spätestens seit seiner Aussage, die staatliche Kinderkrippenpolitik degradiere Frauen zu »Gebärmaschinen«, die Kinder erst bekommen, dann aber nicht betreuen sollen, kennt ihn ganz Deutschland. Mixa gehört zu den konservativen Bischöfen. In Eichstätt, wo er bis 2005 Bischof war, verschliss er drei Leiter des Priesterseminars, auch, weil er Kandidaten aufnahm, die nach Ansicht der Regenten, der Seminarleiter, nicht geeignet waren; als Militärbischof – das Amt hat er seit dem Jahr 2000 inne – fiel er einmal dadurch auf, dass er Geld für eine katholische Einrichtung mit über die bosnische Grenze nehmen wollte, die Behörden sahen das als Schmuggelversuch. Bei den Soldaten kommt seine offene und unkomplizierte Art an, er redet mit den jungen Männern beeindruckend offen über Leben und Tod und über die Verantwortung des Soldaten in einer Auseinandersetzung, die er persönlich ablehnt: Mixa kritisierte den Irak-Krieg scharf, auch dem Bundeswehreinsatz in Afghanistan steht er skeptisch gegenüber. Seine Entscheidung, die Zahl der Laien in den kirchenleitenden Funktionen im Ordinariat zu verringern, hat in Augsburg für Ärger gesorgt. Mixa – auch der 1941 Geborene ist ein Heimatvertriebener – gilt als wichtiger Unterstützer von Kardinal Meisner.

Joachim Wanke, Bischof von Erfurt. Wenn einer weiß, was es heißt, als Katholik in der Minderheit zu leben, einer amen Kirche ohne Macht und Einfluss anzugehören – dann ist das der Erfurter Bischof Joachim Wanke. Seit 1981 ist er Bischof in Erfurt, 39 Jahre jung war er damals, er hat in der DDR dafür geworben, dass die 3-Prozent-Minderheit der Katholiken als Sauerteig in der Gesellschaft wirkt, er tut das heute noch. In Erfurt gibt es Weihnachtsgottesdienste für Zweifler und Ungläubige; für Wanke ist es auch selbstverständlich, dass die Christen (nicht nur) in dieser Situation zusammenarbeiten: Er ist in der Arbeitsgemeinschaft christlicher Kirchen der katholische Vertreter, er engagierte sich im ökumenischen »Konziliaren Prozess für Gerechtigkeit, Frieden und Bewahrung der Schöpfung«. Das Urteil des 1941 geborenen Wanke hat Gewicht. Allerdings ist sein Engagement durch gesundheitliche Probleme begrenzt.

Werner Thissen, Erzbischof von Hamburg. Seit 2003 ist der ehemalige Münsteraner Weihbischof Hirte des 1995 errichteten Erzbistums Hamburg. Der studierte Betriebswirtschaftler gilt als guter Seelsorger und hervorragender Prediger; er hat eigene Gedichte verfasst und zehn Jahre lang das »Wort zum Sonntag« gesprochen. Seine Ernennung galt als Zeichen dafür, dass der Vatikan mehr Einfühlungsvermögen in die Deutsche Situation hat, als Kritiker manchmal denken.

Heinrich Mussinghoff, Bischof von Aachen. Ähnliches gilt für Heinrich Mussinghoff, der immerhin stellvertretender Vorsitzender der Bischofskonferenz ist. Aber auch er hatte in den vergangenen Jahren vor allem damit zu kämpfen, dass sein Bistum über Jahre hinweg über die Verhältnisse gelebt hatte und nun Stellenabbau und ein eisernes Sparprogramm fällig waren. In der Bischofskonferenz ist vor allem Mussinghoffs kirchenjuristischer Sachverstand gefragt; den nutzt er, nach außen hin wenig auffallend, nach innen aber sehr wirkungsvoll.

Gregor Maria Hanke, Bischof von Eichstätt. Weltweit bekannt wurde er durch einen Lapsus. Als die Bischöfe durchs Heilige Land pilgerten und fassungslos vor der Mauer standen, die Palästinenser von Israelis trennt, da nahm er das Wort Ghetto in den Mund, und von überallher prasselte die Kritik auf ihn hernieder, manchmal in ungerechtfertigter Härte: Hanke ist alles andere als ein Antisemit. Profil gewinnen könnte der junge Bischof (Jahrgang 1955) im Umgang mit der katholischen Hochschule Eichstätt: Er hat dem bereits gewählten Direktor Ulrich Hemel die Ernennung verweigert, weil er aus seiner Sicht nicht ins Profil der Hochschule passt. Hanke setzt da viel aufs Spiel: Gelingt es ihm, aus der wenig profilierten und von Insiderbiotopen geprägten Universität eine Stätte der unabhängigen und doch nicht nur am Nützlichkeitsdenken orientierten Forschung zu machen, schreibt er Universitätsgeschichte. Schafft er das nicht, wird er derjenige sein, der die Idee der katholischen Universität zu Grabe trägt. Das wäre keine schöne Aufgabe für einen, der seine Gefühle nicht vergräbt, wie so viele in der Politik, der Wirtschaft oder eben in einer Kirche. Der jüngste Sohn einer heimatvertriebenen Lehrerfamilie studierte in Eichstätt Theologie, nach einem Studienjahr in London verließ er das Priesterseminar und wurde Religionslehrer an einer Berufsschule. 1980 schloss er sich der Benediktinerabtei Plankstetten an, ging noch einmal nach Oxford, gründete, zurück in Plankstetten, ein Begegnungshaus. 1993 wählten ihn seine Mitbrüder zum Abt. Hanke machte die Landwirtschaft des Klosters zu einem ökologischen Musterbetrieb. Als ihn Papst Benedikt 2006 zum Bischof ernannte, gab es zum Fest nach der Weihe Bio-Fleisch und Dinkelbier; der Dienstwagen des Bischofs fährt mit Rapsöl. Solche Typen sind selten in der Bischofskonferenz. Und das könnte seine Stärke werden.

Wie sich die Bischofskonferenz verändert hat? Sie ist schwerer einzuschätzen als noch vor zehn Jahren. Viele wichtige Bischöfe sind pensioniert: Es fehlen die mitreißenden Bekenner wie der asketische Franz Kamphaus aus Limburg. Es fehlen Hirten wie der intellektuelle Joseph Homeyer aus Hildesheim und der ausgleichende Reinhard Lettmann aus Münster. Viele der erfahrenen Bischöfe, die im Amt sind, haben die Folgen der Finanzkrise zu bewältigen, am bittersten der Berliner Kardinal Sterzinsky. Viele der Neuen, Franz-Peter Tebartz-van Elst, müssen erst noch ins Geschäft finden. Das Spitzenpersonal, das die katholische Kirche durch den tiefsten strukturellen Wandel seit dem Zweiten Weltkrieg hindurch führen muss, ist nicht schlecht – aber manchmal auch nicht mehr als frommes Mittelmaß. Es fehlt die Generation der unter 50-Jährigen, es fehlen zwei oder drei Visionäre, die eine Bischofskonferenz mitreißen können. Es sind – bis auf wenige Ausnahmen – die Bischof geworden, die ins Raster passen: intelligent und gebildet, kirchenpolitisch zuverlässig, nicht allzu auffällig. Wobei mancher, der als unauffälliger Kompromisskandidat ins Amt kam, plötzlich zum Propheten wurde: allen voran Papst Johannes XXIII., der Papst des II. Vatikanischen Konzils.

Der deutsche Papst und die deutsche Kirche
Es ist der Abend des 19. April 2005, die Redakteure der Bild-Zeitung erfinden gerade die »Wir sind Papst«-Schlagzeile, doch der Jesuitenpater Martin Maier fühlt sich nicht so, als sei er gerade auch ein bisschen Papst geworden. Dabei hätte er mehr Grund

dazu als die Kollegen des Boulevardblattes, denn Joseph Ratzinger hat immer wieder Beiträge in der Jesuitenzeitschrift *Stimmen der Zeit* veröffentlicht, deren Chefredakteur Pater Maier ist. Die meisten Texte hatte der Präfekt der Glaubenskongregation allerdings verfasst, um wieder ins richtige katholische Licht zu setzen, worüber irgendwelche Theologen seiner Ansicht nach den Scheffel des Relativismus gestellt hatten. Für ihn war die Zeitschrift, die einst der von den Nationalsozialisten hingerichtete Alfred Delp leitete, unter Maier zu kritisch geworden. Maier müsse weg, hatte der oberste Glaubenshüter kurz vor der Wahl zum Papst dem damaligen Jesuitengeneral, Peter-Hans Kolvenbach, klargemacht. Und so stellte sich Pater Maier, als ein lächelnder Papst Benedikt am Balkon des Petersdoms erschien, darauf ein, sich demnächst neuen Aufgaben widmen zu dürfen.

Doch nun sitzt Maier in seinem kleinen Büro in der Münchner Kaulbachstraße, ist immer noch Chefredakteur und wundert sich: Der strenge Joseph Ratzinger tritt als Benedikt XVI. nicht als Zuchtmeister seiner Kirche auf, sondern zurückhaltend, manchmal sogar zögernd, so zögernd, dass ihn die italienischen Zeitungen inzwischen sogar als Zauderer kritisieren. Er hat sich mit seiner ersten Enzyklika Zeit gelassen; das Lehrschreiben ist ein bemerkenswertes Dokument über die Liebe als Wesen Gottes und Grund der Kirche, über die Solidarität und die Caritas, und nicht so sehr über Verbote und Distanz zur Welt. Er hat sich mit seinem alten Kritiker Hans Küng getroffen, er hat – wenn auch noch sehr begrenzt – im Oktober 2005 der Bischofssynode mehr Transparenz und Diskussion verordnet. Als lächelnder Papst ist er zum Weltjugendtag gereist und im Herbst 2006 durch Deutschland gefahren, bejubelt auch von Menschen, die sonst keine Kirche von innen sehen. Und so reibt sich nicht nur Pater Maier verwundert die Augen: Hat nicht jener Joseph Ratzinger demonstrativ die Einladung zum ökumenischen Kirchentag ausgeschlagen und hat statt dessen Buben in Oberbayern gefirmt? Hat er nicht immer wieder die angebliche Selbstherrlichkeit gerade der Theologie in Deutschland kritisiert und Theologen gemaßregelt, zuletzt noch den Schweizer Theologen Josef Imbach, der ein erschütterndes Buch darüber geschrieben hat, wie hilflos man in einem Lehrbeanstandungsverfahren ist? Berichteten deutsche Bischöfe nicht von einem manchmal eisigen Kardinal, der alle Argumente vom Tisch wischen konnte? Der in Schreiben wie *Dominus Jesus* eine unnötige Schärfe hineinbrachte und den evangelischen Christen erklärt, sie seien keine Kirchen im »eigentlichen Sinn«? »Man hat Joseph Ratzinger in Deutschland immer falsch eingeschätzt«, sagt Kardinal Lehmann – er kann immerhin belegen, dass er es schon gesagt hat, bevor aus dem Glaubenswächter der lächelnde Papst wurde. Tatsächlich ist das Bild vom vatikanischen Universalbösewicht Ratzinger nie gerecht geworden. Ein neuer Mensch allerdings trat auch nicht an jenem 19. April 2005 auf den Balkon des Petersdoms. Das in den ersten Jahren dieses Pontifikats deutlich geworden:

• Auch als Papst betont Ratzinger, dass die katholische Kirche ihren Glaubensschatz bewahren müsse, den sie im Kern unversehrt durch die Jahrhunderte getragen habe und den sie nun nicht für kleine Münze an die Moderne verkaufen dürfe. Der Vorwurf einiger Kritiker, Joseph Ratzinger halte die Entwicklung der Kirche für seit den Kirchenvätern oder spätestens seit Thomas von Aquin für abgeschlossen, ist eine Polemik, aber frei von Wahrheit ist sie nicht. Das zeigt sich daran, wie Ratzinger das Zweite Vatikanische Konzil begreift: Für ihn war es notwendig, um überfällige Reformen zu beschließen, um die überlieferten Glaubenswahrheiten klarer darzulegen. Dieser Prozess ist mit dem Ende des Konzils abgeschlossen, weshalb das Ja der Konzilsväter zum Zölibat und das Nein zur Frauenordination so wenig in Frage gestellt werden darf wie der Beschluss zur hierarchischen Konstitution der Kirche. Gerade deutsche Theologen sehen das Konzil dagegen als Ermutigung, die Fenster der Kirche offenzuhalten und die Reform der katholischen Kirche voranzutreiben; Ratzinger wiederum hat dies als selbstherrliche Usurpation des Konzils kritisiert.

• Joseph Ratzinger hat früh und scharf erkannt, dass die katholische Kirche in Westeuropa auf dem Weg zur Minderheit ist und neu ihren Platz in der säkularisierten Welt finden muss. Dabei setzt er auf die kleinen, entschiedenen geistlichen Gemeinschaften, die aus tiefem Glauben und hoher Verbindlichkeit heraus als

Sauerteig in Gesellschaft und Politik hinein wirken. Deshalb ging es beim Streit um die Schwangerenkonfliktberatung auch grundsätzlich darum, wie ein katholischer Christ Zeugnis in der Welt ablegen soll. Indem er sich notfalls auch auf ein System einlässt, das man selber als nicht optimal empfindet, um zu retten, was zu retten ist – so lautete die Antwort der meisten deutschen Bischöfe. Indem man nicht zum Komplizen eines Abtreibungssystems wird, antwortete dagegen Kardinal Ratzinger. Die Auseinandersetzung über diese beiden möglichen Wege ist noch nicht vorbei, das zeigt der latente Konflikt um den Beratungsverein »Donum Vitae«, den nach dem Ausstieg der Bischöfe prominente Katholiken vor allem aus dem Zentralkomitee gegründet haben. Was den Bischöfen verboten ist, kann den Laienkatholiken nicht erlaubt sein, diese Auffassung hat Benedikt klargestellt. Auf Wunsch des Papstes hat die Bischofskonferenz erklärt, dass, wer sich bei Donum Vitae engagiert, nicht in katholischen Gremien, Verbänden, Werken in die Leitung kommen kann. Das trifft prominente Kirchenmitglieder wie den ehemaligen bayerischen Landtagspräsidenten Alois Glück und Bildungsministerin Annette Schavan, die Ex-Bundestagsabgeordnete Christa Nickels oder den ehemaligen Bundestagspräsidenten Wolfgang Thierse.

- Montag, 18. April 2005, 10 Uhr morgens. Vor dem Konklave bitten die 114 Kardinäle im Petersdom um den Beistand des Heiligen Geistes. Die Predigt hält Joseph Ratzinger, als Kardinalsdekan in der papstlosen Zeit der mächtigste Mann seiner Kirche. Er wirkt müde und angespannt, doch was er sagt, klingt programmatisch: »Wie viele Winde der Lehre haben wir in den letzten Jahrzehnten erlebt!«, sagt Ratzinger. »Wie viele ideologische Strömungen! Wie viele Moden des Denkens. Das Schifflein des Denkens vieler Christen ist nicht selten von diesen Wellen bewegt worden, umhergeworfen von einem Extrem zum andern. Vom Marxismus zum Liberalismus, bis zur Libertinage; vom Kollektivismus zum radikalen Individualismus; vom Atheismus zu einer vagen religiösen Mystik; vom Agnostizismus zum Synkretismus und so weiter. Jeden Tag entstehen neue Sekten, und es verwirklicht sich, was der heilige Paulus über den Betrug der Menschen sagt, über ihre Bosheit, in den Irrtum zu führen. Einen klaren christlichen Glauben zu haben, gemäß dem Credo der Kirche, wird häufig als Fundamentalismus etikettiert. Dabei erscheint der Relativismus, das heißt, das Sich-treiben-Lassen hierhin und dorthin von jedwedem Wind der Lehre, als die einzige Haltung auf der Höhe der Zeit. Es bildet sich eine Diktatur des Relativismus heraus, die nichts als definitiv anerkennt und die als letztes Maß nur das eigene Ich und seine Wünsche gelten lässt.« Dem setzt der künftige Papst einen Glauben entgegen, »der nicht den Wellen der Mode und der letzten Neuheit folgt«, sondern »zutiefst verwurzelt ist in der Freundschaft mit Christus«. So redeten die Päpste Pius IX. und Pius X. gegen den Modernismus. Manche Beobachter glauben, Benedikt sei auch wegen dieser Predigt gewählt worden. Eine Glaubensgemeinschaft, die auf einen persönlichen, erlösenden Gott vertraut, hat einen Absolutheitsanspruch, der im Glauben selber begründet ist. Andererseits stößt dieser Absolutheitsanspruch auf Grenzen. 1966 hat Ratzinger in einem Vortrag in der katholischen Akademie in München gesagt: »Die Erfahrung der Relativität aller menschlichen Gegebenheiten und aller geschichtlichen Gestaltungen gehört zu den prägenden geistigen Bestimmungen unserer Epoche.« Das Christliche stehe deshalb in der Spannung zwischen seiner begrenzten zeitlichen und räumlichen Ausdehnung und seiner universalen Heilsbotschaft. Die Predigt vor dem Konklave löst dieses Spannungsverhältnis zu Gunsten des Absolutheitsanspruchs auf, und da er nicht mehr für das gesamte Abendland gelten kann, soll er wenigstens innerhalb der Kirche gelten. Sie muss die Bordwände erhöhen, damit Liberalismus und Sozialismus und Nihilismus nicht ins Boot schwappen. Ratzingers Ansprache ist ein Beispiel dafür, dass der hoch gerühmte Theologe oft überraschend unhistorisch denkt, denn die katholische Kirche hat sich gerade in den Auseinandersetzungen mit den Zeitströmungen – vielfach nach schmerzhaften Prozessen – weiterentwickelt. Ohne die Herausforderung durch den Sozialismus gäbe es keine katholische Soziallehre; ohne die Aufklärung hätte die Kirche nicht gelernt, dass die universalen Menschenrechte auch ihre Sache sind. Wer will, kann im Satz von der Diktatur des Relativismus Joseph Ratzingers (berechtigte) Skepsis gegenüber allen innerweltlichen Heilsversprechen sehen. Wer will, kann aber auch die scharfe, polemische Abgrenzung der Kirche zur Welt erkennen. Dass die Sentenz aus der Predigt ihm wichtig ist, hat Benedikt XVI. dadurch gezeigt, dass er sie auch in mehreren Ansprachen als Papst verwendet hat. In Italien und Spanien hat er auch Politik mit ihr gemacht, indem er die spanischen Bischöfe im Kampf gegen ein Lebenspartnerschaftsgesetz unterstützte und die italienischen in der Volksabstimmung über ein liberaleres Gentechnik-Gesetz. Er hat katholische Politiker darauf verpflichtet, gegen Abtreibungs- oder Lebenspartnerschaftsgesetze zu kämpfen – was die katholische Kirche noch in so unnötige wie erfolglose Kulturkämpfe verwickeln könnte.

- 12. September 2006, draußen ist ein strahlender Spätsommertag, drinnen in der Regensburger Universität redet Joseph Ratzinger über das Verhältnis von Glaube und Vernunft. Um die Welt gehen wird diese Rede vor allem wegen der Passage, in der der Papst den byzantinischen Kaiser Manuel zitiert, der wiederum Mohammed kritisiert – ein weiterer Beleg dafür, dass Benedikt für historische Empfindlichkeiten wenig Gespür hat, und dass es ihm durchaus auch darauf ankommt, die Differenzen zwischen Christentum und Islam offensiv darzustellen. Von tieferer Bedeutung ist allerdings, was der über das Verhältnis von Glaube und Vernunft sagt: Beide gehören zusammen, erklärt er, der Glaube ist vernünftig, und die Vernunft braucht den Glauben, um ihre Grenzen zu erkennen. Der Papst spricht sich gegen Zwangsbekehrungen aus, aber vertritt die These, dass Martin Luther und Immanuel Kant, die Aufklärung und die Moderne daran gearbeitet hätten, Vernunft und Glauben zu trennen. Ist also die Geschichte der Reformation und der Aufklärung eine Geschichte des Niedergangs? Gibt es die wahre Verbindung von Vernunft und Glaube nur in der katholischen Kirche? Der Papst lässt das in der Rede offen, wer will kann sie aber so lesen: Außerhalb der katholischen Kirche ist das Verhältnis von Glaube und Vernunft defizitär.

- Den Reformstau in der katholischen Kirche ist Papst Benedikt bislang nicht angegangen. Es bleiben die Probleme von Zentrale und Ortskirche, es bleibt die notwendige Kurienreform, es bleibt die nicht mehr erklärbar starre Haltung beim Gebrauch künstlicher Verhüttungsmittel (seit Jahren arbeitet eine Arbeitsgruppe zur Frage, ob Ehepaare, bei denen ein Partner mit HIV infiziert ist, Kondome benutzen dürfen – Ergebnisse gibt es noch nicht), dem Verhältnis zur Sexualität, besonders zur Homosexualität, es bleibt die ewig schwierige Frage, wie viel Demokratie und Moderne die katholische Kirche braucht. Alle diese Fragen ist der Papst bisher nicht angegangen. Manche sagen: Zum Glück.

Insgesamt ist Benedikt XVI. doch den Linien treu geblieben, die er als Kardinal Joseph Ratzinger und als Professor Ratzinger entwickelt hat: Er thematisiert immer wieder das Verhältnis von Glaube und Vernunft, wobei die katholische Kirche die vernünftigste Form des Glaubens ist. Er hat die so genannte alte lateinische Messe nach dem tridentinischen Ritus aufgewertet und ist damit den Traditionalisten entgegengekommen, um das zu erreichen hat er sogar die Karfreitagsbitte in dieser Messform so formuliert, dass sie – anders als im ordentlichen Ritus – für die Bekehrung der Juden betet, zur Empörung vieler Juden. Die von der Kirche abgespaltenen Traditionalisten haben es ihm nicht gedankt. Ähnlich in der Ökumene: Zur Enttäuschung der Protestanten redet und verhandelt der Vatikan derzeit vor allem mit den orthodoxen Kirchen; zwischen Katholiken und Orthodoxen gibt es weniger Lehrunterschiede, doch bislang lehnt vor allem die Russisch-Orthodoxe Kirche Annäherungen ab, ein Papstbesuch in Moskau, über den die Kurie seit Jahren verhandelt, steht in den Sternen. Auch das Jesus-Buch, das er als Papst veröffentlicht hat, ist einerseits ein beeindruckendes Zeugnis der persönlichen Glaubenssuche, spiegelt aber auch sein Misstrauen gegenüber der wissenschaftlichen Theologie. Es gibt also einigen Konfliktstoff – zerstreiten müssen sich der Papst und die Katholiken seiner Heimat deswegen aber nicht.

Kommt der Rollback?
Die konservativen Gruppen, die Logik der
konservativen Vision und ihre Gefahren

Auf ihrer Homepage präsentiert das Opus Dei stolz einen Brief des Papstes an den »hochverehrten Bruder Javier Echevarría Rodríguez, Titularbischof von Cilibia und Prälat der Personalprälatur vom Heiligen Kreuz und Opus Dei« vom 9. Juli 2005. Benedikt XVI. gratuliert dem Chef des »Werkes Gottes« zum goldenen Priesterjubiläum:

»*Wenn Du in Deinen Priestern und Laien den Wunsch nach Heiligkeit und den apostolischen Eifer wachhältst, dann siehst Du nicht nur, wie die Dir anvertraute Herde wächst, sondern Du leistest auch der Kirche einen wirksamen Dienst bei der so dringend nötigen Evangelisierung der heutigen Gesellschaft. (...) Wir übermitteln Dir, verehrter Bruder, dieses Zeichen Unserer Liebe und Wertschätzung und erteilen Dir aus ganzem Herzen Unseren apostolischen Segen, nicht ohne auf die Fürsprache der Allerseligsten Jungfrau und Gottesmutter Maria sowie des heiligen Josemaria Escrivá de Balaguer hin die Gnade Gottes zu erflehen. Unser Segen gilt ebenso den Bischöfen, den Priestern und den Männern und Frauen, die zu dieser hochgeschätzten Personalprälatur vom Heiligen Kreuz und Opus Dei gehören, sowie allen, die voll Freude an der Feier dieses bedeutsamen Jubiläums teilnehmen.*«

Kein Zweifel: Die umstrittene Personalprälatur, gegründet 1928 von dem spanischen Priester Josemaria Escrivá (1902-1975), kann mit dem Wohlwollen von Papst Benedikt rechnen. Vieles von dem, was Joseph Ratzinger gesagt, geschrieben und getan hat, spricht den Opus-Leuten aus dem Herzen, manches von dem, was das »Werk« tut und wie es sich intellektuell-elitär präsentiert, hat auch Joseph Ratzinger gefallen. Das Opus Dei hat, wie viele andere konservative Gruppen, für die Wahl des obersten Glaubenshüters zum Papst geworben, und auch, wenn nur wenige Kardinäle offen mit der weltweit 85 000 Laien und Priester umfassenden Bewegung sympathisieren, darf die Wirkung dieser Werbung nicht unterschätzt werden. Das Opus Dei umschmeichelt die Bischöfe und Kardinäle der Welt, und das Werk hat – dank der Förderung durch Papst Johannes Paul II., vor allem auf der unteren und mittleren Referentenebene, wichtige Posten in der Kurie besetzt. Als zum Beispiel die Jesuiten sich aus dem Übersetzungsdienst zurückzogen, weil es im Orden nicht mehr genügend sprachkundige und entbehrliche Patres gab, da sprang das Opus in die Lücke, stellte blitzgescheite Leute zur Verfügung, die seitdem zur Zufriedenheit aller Beteiligten saubere Übersetzungen liefern. Auch der Kirchenrechts-Kommentar, den das Werk hat erarbeiten lassen, gilt als sehr profund. All dies sind keine spektakulären Übernahmen, aber bedeutsame kleine Schritte: Wer über die Sprachregelungen und die Rechtsauffassungen mitbestimmt, der hat große Macht. Eine Macht, die dem Werk kaum noch zu nehmen ist, seit 2002 Papst Johannes Paul II. den Gründer Escrivá heiliggesprochen hat, nur 27 Jahre nach dessen Tod. Welcher Bischof möchte schon die Gründung eines katholischen Heiligen allzu scharf kritisieren?

Auch in Deutschland versucht das Opus Dei, vom Rand ins Zentrum der Kirche zu kommen, das Image der innerkatholischen Sekte loszuwerden. Vor der Heiligsprechung Escrivás regnete es Einladungen auf Skeptiker und Kritiker des Werks, und so konnte man in München auf einmal die Villa der dortigen Niederlassung im feinen Stadtteil Bogenhausen-Herzogpark besichtigen, samt der einfachen Schlafräume der Numerarier, jener Laien, die versprochen haben, zölibatär zu leben und sich in den Dienst der Gemeinschaft zu stellen; mitsamt der pompösen, pseudobarocken Hauskapelle im Keller. »Für unseren Herrgott nur das Beste«, kommentierte der Arzt Josef Dohrenbusch, Leiter der Münchner Niederlassung, die Komposition aus Blattgold und Marmor. Und zeichnete dann das Bild einer Gemeinschaft, die zwar bewusst konservativ ist, in der es aber mit rechten Dingen zugeht: Die meisten Mitglieder seien Numerarier und Supernumerarier, unverheiratete und verheiratete Laien, die sich in Beruf und Welt bewährten, nur 20 Prozent gehörten dem Priesterzweig des Werkes an. Man diskutiere engagiert, Denkverbote gebe es keine. Und die Liste verbotener Bücher? Nun ja, antwortete der nette Arzt, Lesen könne für ungefestigte Charaktere schon gefährlich sein. Und Bußgürtel und Selbstauspeitschung? Die Bedeutung lasse nach, eher eine sportliche Übung. Ähnlich argumentiert auch Hans Thomas, der Geschäftsführer des Opus Dei-nahen Lindenthal-Instituts: Kein Mitglied werde ausgebeutet, es gebe keine Geheimlehren. Und totalitär sei man schon gar nicht, sondern nur eine geistliche Gemeinschaft, die versuche, den Alltag, die Arbeit zu heiligen. Escrivás populärste Schrift *Der Weg* mit seinem umstrittenen Pathos (»Folgt meinen Worten, und ich verspreche Euch den Himmel«) sei nur im übertragenen Sinn zu verstehen. »Im Opus Dei gibt es keine Zensur. Was es gibt, ist Lektüreberatung« schreibt Thomas. Dass »Numerarier«, die zölibatären Mitglieder, dem Leiter ihres Zentrums erlaubten, ihre Privatkorrespondenz zu lesen, sei »eine klassische Übung im katholisch-geistlichen Leben«. Selbstzüchtigungen mit Bußband und Geißel spielten nur noch eine »untergeordnete Rolle« – und seien »medizinisch völlig unbedenklich«.

Tatsächlich berichten selbst Aussteiger wie Michael Lehner, der mehrere Jahre die Ausbildung im Opus absolvierte, dass sich der Stil des Werkes geändert habe – dass dies aber mehr als nur taktische und graduelle Änderungen sind, kann man getrost bezweifeln. Der »Codex des Sonderrechts des Opus Dei« – auf Latein verfasst und für Außenstehende tabu – zeigt, dass das Werk nach wie vor eine straff-autoritär geführte Kadertruppe ist. Mitglieder sollen »der verborgenen Art der Lebensführung« Jesu vor dem ersten öffentlichen Auftritt nacheifern – eine Einladung zur Heimlichtuerei mit fragwürdiger biblischer Begründung. Der Tag der Mitglieder ist bis ins kleinste geregelt; immer wieder ist von der »Abtötung des Fleisches« die Rede, »nach einem wohl erprobten und anerkannten Wort: Du machst nur so viele Fortschritte, als du dir Gewalt antust«. Es gibt keine wirkliche Auseinandersetzung mit Escrivás Führerverherrlichung und Demokratiefeindlichkeit, die Rolle des Werks in der Franco-Diktatur wird heruntergespielt. Und auch Lehner berichtet, wie er Geld und Persönlichkeit abgeben musste, als er Numerarier des Werkes wurde, wie ihm die Lektüre kleinlich vorgeschrieben wurde, wie alles, was er tat, misstrauisch beobachtet, wie ihm der Schlaf entzogen wurde.

Das Opus Dei hat dem Papst auf den Thron Petri geholfen, sagt der Opus Dei-Experte und -Kritiker Peter Hertl. Und für diese Hilfe wird es einen Preis haben wollen. Es gibt aber auch Beobachter, die einem freundlichen Schreiben wie dem des Papstes an den Opus-Dei-Chef nicht allzu große Bedeutung beimessen und die davon ausgehen, dass der neue Papst nicht so eng mit dem Werk verbunden ist, wie es Papst Johannes Paul II. war. Die Wahrheit liegt wohl dazwischen: Der Papst ist von vielen unterschiedlichen Kardinälen gewählt worden, und viele unterschiedliche Gruppen haben sich für ihn stark gemacht – nicht nur vom reaktionären Flügel der katholischen Kirche. Und bislang gibt es kein Anzeichen, dass Papst Benedikt XVI. das Opus in besonderer Weise fördern würde. Andererseits gibt es aber auch kein Anzeichen, dass er das, was unter Johannes Paul II. entstanden ist, verändern oder zurückdrängen möchte; zu den Weltjugendtagen in Köln und Sydney besuchte er demonstrativ Gemeinden, die von Opus-Dei-Priestern geführt werden. In Deutschland ist die Lage ähnlich: Einerseits kann sich kaum ein Bischof dem Werben des Opus entziehen. Andererseits ist die Zahl der Mitglieder klein; das Opus selber gibt 600 Mitglieder und 400 weitere Mitarbeiter an; die meisten leben im Erzbistum Köln, wo das Werk seine Deutschland-Zentrale hat und wo mit Kardinal Meisner ihr wichtigster Förderer residiert.

Das Opus Dei ist immer für eine Geschichte gut – dabei wird aber oft übersehen, dass das »Werk Gottes« nicht die einzige Gruppe ist, die sich eine sehr andere katholische Kirche wünscht und die sich dem jetzigen Papst sehr verbunden sieht. Auch die Verantwortlichen des »Forums deutscher Katholiken« jubelten, als der neu gewählte Papst Benedikt die Menge auf dem Petersplatz begrüßte, und das mit gutem Grund. 2002 feierte Joseph Ratzinger auf ihrem jährlichen Kongress die Abschlussmesse, zum ökumenischen Kirchentag ein Jahr später kam er nicht, er spendete zur gleichen Zeit lieber in Oberbayern die Firmung. Das »Forum deutscher Katholiken« sieht sich als »papsttreue« Alternative zum Zentralkomitee der deutschen Katholiken, das sich zu sehr dem liberalen Zeitgeist angenähert habe. Entsprechend sind die »Freude am Glauben«-Kongresse als Gegenentwurf zu den Katholikentagen angelegt; sie sollen nicht der Diskussion, der Auseinandersetzung dienen, sondern der Bestärkung, Festigung, Ermutigung der ohnehin Überzeugten. Die organisierte Fraglosigkeit schwankt jedes Jahr zwischen intelligentem Konservatismus, Kulturpessimismus und Sektierertum, es kommen die »Jugend 2000« und die Medjougorje-Wallfahrer von »Totus Tuus« vor, die straff organisierten »Legionäre Christi«, Abtreibungsgegner, Kleinverlage, Pfarrer Abels Kassettenapostolat. Vor allem aber kommen immer wieder hochrangige Kirchenvertreter zum Kongress: Kurienkardinal Francis Arinze, der Fuldaer Bischof Heinz-Josef Algermissen und sein Würzburger Amtskollege Friedhelm Hofmann.

Der Einfluss des Forums deutscher Katholiken beruht auch mehr auf der Fähigkeit, Kontakte zu knüpfen und die richtigen Bischöfe zu ihren Veranstaltungen zu lotsen; in immer neuen Konstellationen finden sich die immer gleichen Leute, wenn es gilt, die katholischen Verbände zu kritisieren, Lebensschutz-Initiativen zu gründen und zu fördern oder Briefe nach Rom zu organisieren, um auf vermeintliche Missstände und Abweichungen von der rechten Lehre hinzuweisen. Immer wieder mit Erfolg – und doch bleibt zum Verdruss der Verantwortlichen seit Jahren jegliche Breitenwirkung aus. Zum Kongress »Freude am Glauben« kommen seit Jahren zwischen 1000 und 1500 Besucher, die sich längst nicht so einig sind, wo die Kirche hingehen soll, wie das von außen oft den Anschein hat. Bei den Älteren aus den Initiativkreisen und Anti-Abtreibungs-Gruppen herrscht oft die feste Überzeugung, dass die Welt den Bach hinunter geht. Auf die jüngeren Besucher aus den charismatisch orientierten Gruppen wirkt das wenig anziehend – sie suchen das religiöse Event, die Euphorie in der Lobpreis-Gruppe, und ihre Botschaft verkünden sie auf dem ökumenischen Kirchentag genauso wie bei »Freude am Glauben«. Auch theologisch trennen die Einzelpersönlichkeiten und Gruppen manchmal Welten. Die einen achten strikt darauf, die vorgegebenen römisch-katholischen Regeln nicht zu überschreiten, sie akzeptieren und bejahen in einer konservativen Interpretation das Zweite Vatikanische Konzil. Die anderen bedienen sich schon mal aus dem Vorrat des katholischen Aberglaubens oder der Privatoffenbarungen, halten das Konzil für eine Modeerscheinung der 60er Jahre. In der Anfangszeit trennten sich jene Gruppen vom Forum, für die die Heilige Kommunion nicht mit der Hand, sondern nur mit dem Mund empfangen werden darf (»Jesus wollte keine Handkommunion«) – die Mehrheit wollte sich auf solche Debatten nicht einlassen. Seitdem wallfahren die Mundkommunion-Befürworter einmal im Jahr nach Altötting, zufällig am gleichen Termin, an dem »Freude am Glauben« stattfindet. In einer

Szene, in der jeder ein kleiner Glaubenswächter ist, sind Feindschaften schnell geboren.

Die Gestaltungsmacht der konservativen Gruppen ist von daher begrenzt. Und selbst die Jugend 2000, die aus der Weltjugendtagsbewegung hervorgegangen ist und die von einigen Bischöfen intensiv gefördert wird (und die längst nicht mehr so aggressiv gegen die etablierten Jugendverbände agiert wie in ihrer Anfangszeit), hat nicht mehr als bundesweit 15 000 Mitglieder – der Bund der deutschen Katholischen Jugend dagegen fast eine halbe Million. Eine »Machtübernahme« durch die strenggläubige Minderheit steht also nicht bevor. Und trotzdem dürfte sich das Gewicht dieser Minderheit vergrößern. Einmal wird sie allein deshalb, weil ihre Zahl voraussichtlich langsamer zurückgehen wird als die der durchschnittskatholischen Mehrheit – Minderheitengruppen halten und mobilisieren ihre Anhänger in der Regel besser als der Mainstream. Dann aber auch, weil das Modell der kleinen, entschiedenen, in sich geschlossenen und scharf profilierten Kirche eine hohe innere Logik hat und damit auch über den Kreis der ohnehin Überzeugten hinaus attraktiv ist.

Viele Kritiker gerade der konservativ-charismatischen Gruppen übersehen das, wenn sie diese mit dem Etikett »gestrig« oder »vorgestrig« versehen. Doch das Wort vom »Aufbruch« oder gar »Neuaufbruch« hat sich mittlerweile vom Topos der Kirchenreformer zum Leitbegriff dieser Gemeinschaften gewandelt. Das Alte, Langweilige, Gestrige, das ist für sie ein Katholizismus, der als verkappter Protestantismus daherkommt, der sich an den immer gleichen Konflikten um Sexualität und Zölibat abarbeitet, um Demokratie und Hierarchie, Zentrale und Ortskirchen; der in immer gleicher Tonlage das immer gleiche Klagelied über die angeblich erstarrte und rückwärtsgewandte Kirche anstimmt. Das Neue ist für sie dagegen eine Gemeinschaft, die fröhlich ihren Glauben lebt, so, wie er nun einmal vorgegeben ist, durchaus sozial engagiert, aber eben doch mit leiser Verachtung für den Rest der Welt. Die Formen dieses Glaubens sind modern, es gibt Events, Reisen, Wallfahrten, internationale Kontakte, das Gefühl, einer Avantgarde und Elite anzugehören. Und längst nicht alle, die sich in einer dieser neuen konservativen Gruppen engagieren, sind dumm und dumpf; auf Katholiken, denen die schrumpfende Kirchengemeinde zu langweilig ist, die festen Halt und klare Orientierung suchen, können sich dort wohlfühlen. In einigen deutschen Feuilletons finden die Redakteure inzwischen eine solche Haltung interessant und charmant. Hans Küng ist ihnen allzu bekannt, die Kritik an den herrschenden kirchlichen Verhältnissen haben sie schon tausendmal gehört, und weil sie Glauben und Kirche wieder wichtig nehmen, entdecken sie den strengen, alten Katholizismus wieder: Wenn schon katholisch, dann richtig. Nicht unbedingt, um sich selber an die Regeln zu halten, aber um der Ehrwürdigkeit und Klarheit des Gedankengebäudes wegen. Der Schriftsteller Martin Mosebach mit seiner Begeisterung für Form und Ästhetik der tridentinischen Messe ist ein Beispiel für das neue, postmoderne Spiel mit vorkonziliaren Versatzstücken.

Die katholische Kirche wird also vor einer ähnlichen Herausforderung stehen, wie die evangelische Kirche im Umgang mit den charismatisch-pfingstlerischen Gemeinschaften. Es wird eine wichtige, mächtige Minderheit innerhalb der Kirche geben, für die Bibel, kirchliche Überlieferung, päpstliche Lehrschreiben undiskutierbar wahr sind, für die die Kirche sich um der inneren Reinheit willen nach außen abgrenzen und abweichende Meinungen auch ausgrenzen muss. Eine solche Kirche würde sehr wohl in eine postmodern segmentierte Gesellschaft passen, in der die verschiedenen Wahrheitsansprüche nebeneinander her leben können. Sie wäre dann aber nicht mehr die Kirche des Zweiten Vatikanischen Konzils; sie wäre nicht mehr eine »Kirche für andere«, wie der evangelische Theologe und Märtyrer Dietrich Bonhoeffer sagte. Sie wäre nur noch eine Kirche für sich selbst.

Kommt die »Wir auch«-Kirche? Über Profil und Profillosigkeit

»Was an der Haltung der Kirche auffällt, ist ihre heraushängende Zunge. Atemlos jappend läuft sie hinter ihrer Zeit her. Sagt die Welt: ›Jugendbewegung!‹, ruft die Kirche: ›Wir auch!‹ ›Sozialismus‹ – ›Wir auch!‹ ›Sport!‹ – ›Wir auch!‹ Die Kirche schafft nichts.

Sie wandelt das von andern Geschaffene in Elemente um, die ihr nutzbar sein können.« Das hat kein konservativer Kritiker eines betroffenheitsseligen Kirchenbetriebs geschrieben, sondern – Kurt Tucholsky in den 20er Jahren. Die Kirche im Turm, das ist der Irrweg des konservativen Rückzugs. Die »Wir auch!«-Kirche ist dagegen die Versuchung der liberalen, mehrheitsorientierten Richtung. Irgendwie passen die neuesten Trends immer noch ins kirchliche Angebot, und am Ende droht die Kirche mit zielgruppenorientierter Botschaft. Nur: Die Botschaft Jesu richtet sich zwar an alle, aber sie kann es nicht allen Menschen Recht machen. Sie ist die Gegnerin aller, die den Himmel auf Erden versprechen, die den Menschen zum verwertbaren Objekt machen wollen und sich selbst zum Maßstab des Lebens machen, die Geld und Macht vergöttern. In diesen Fällen muss die Kirche unangenehm werden, egal, ob es in irgendeinen Mainstream passt oder nicht. Eine Kirche, die zum Beispiel die hohe Zahl der Abtreibungen in den reichen Industrieländern nicht mehr einen Skandal nennen würde, wäre nicht mehr glaubwürdig – eine andere Sache ist, wie weit sie akzeptiert, dass eine säkulare Gesellschaft hier gesetzliche Regelungen finden muss, die nur schwierige und unbefriedigende Kompromisse sein können. Modern ist eine Kirche auch nicht dadurch, dass sie formlos wird und Gottesdienste zur Methodenschau macht, die vor allem zeigt, dass sich die letzte Fortbildung des Pfarrers gelohnt hat. Über die Qualität eines Pfarrers entscheidet nicht, ob er Fußball spielt, Zigarren raucht, mit dem Gleitschirm von Bergen springt, um zu zeigen, dass er irgendwie auch zu den normalen Menschen gehört. Die Kirche hat eine anspruchsvolle Aufgabe, die immer quer zu dem liegen wird, was die meisten Menschen gerade toll finden. Sie muss sich der Verzweckung des Menschen widersetzen, gegen seine Kollektivierung wie gegen seine totale Ökonomisierung. Dies alles ist im Zweifel nicht mehrheitsfähig, weshalb die Vorstellung, eine konsumentenorientierte Kirche könnte den Weg in die Minderheit stoppen, eine Illusion ist.

Die Kirche hat nicht liberal oder konservativ zu sein, sondern radikal, sagt Franz Kamphaus, der Alt-Bischof von Limburg. Radikal auf die Botschaft Jesu hin, radikal auf ihren Auftrag hin, Gottes Liebesangebot in die Welt zu bringen und den Liebesschrei der Menschen zu hören. Der Weg dorthin geht am konservativen und am nivellierenden Irrweg vorbei.

5. Visionen für eine Kirche von morgen

Die Zeit der kleinen Propheten

Die hebräische Bibel kennt die großen und die kleinen Propheten. Die großen künden vom Kommen des Messias, sie sehen schon den neuen Himmel und die neue Erde, sie sind die Visionäre einer neuen Wirklichkeit, in der das Lamm neben dem Wolf schläft, Totes wieder lebendig wird, der Engel vom Eingang des Paradieses zur Seite tritt und den Eingang wieder frei gibt. Die kleinen wursteln und kämpfen sich durch den Alltag des Gottesvolkes. Sie schimpfen auf ungerechte Regierungen, auf unsoziale Reiche und überhaupt auf die Leute, die Gott vergessen und aus dem Leben verdrängt haben; sie leiden an einer Gesellschaft, in der das Nächstliegende zum Maßstab und der Ellenbogen wichtiger als das Herz geworden ist. Jetzt scheint die Zeit der großen Visionen und der großartigen Visionäre vorbei zu sein. Die Welt ist unübersichtlich geworden und schwierig, für die meisten Leute geht sie eher zum Schlechten als zum Guten hin, in den differenzierten Gesellschaften der Industriestaaten ist der Kompromiss das wichtigste politische Instrument, und die Leute müssen sich ihr Leben aus sehr verschiedenen Steinen zusammenbauen ohne zu wissen, wie lange hält, was sie da zusammenfügen. Es ist die Zeit der kleinen Propheten, die nicht im großen Wurf die Welt verbessern wollen (was die zu Bessernden oft ganz fürchterlich finden), die nicht zynisch werden angesichts der essenziellen Unverbesserlichkeit der Menschheit, die aber auch nicht resignieren vor der nicht zu bewältigenden Größe der Not. Es ist die Zeit des unverdrossenen bürgerschaftlichen Engagements, das die kleinen Räder dreht und dreht, die Zeit der vielen kleinen guten Taten und der Basisbewegung gegen das Nutzwertdenken.

In dieser Zeit also durchlebt die katholische Kirche ihren Wandel von der Volkskirche zur Kirche im Volke, von der Institution, die auf den Einfluss der Institution bauen kann, zur Gemeinschaft, die über ihr Wort, ihren Geist und ihre Taten wirkt. Und so werden es auch wohl weniger die großen als vielmehr die kleinen Propheten sein, die diesen Wandel wagen, in die Wege leiten, umsetzen. Anstelle der großen Würfe und Entwürfe wird es tastende, suchende Prozesse geben, vergleichbar dem Weg Israels durch die Wüste: Die Fleischtöpfe Ägyptens sind Vergangenheit, nun muss die Kirche in einer ständig sich wandelnden Landschaft Wege und Wasserstellen finden, die Wandernden zusammenhalten und ermutigen, immer in der Hoffnung, am Ende das gelobte Land zu sehen und nicht wieder auf die eigenen Fußspuren zu stoßen. Sie wird sich neu in der Öffentlichkeit und der Politik positionieren müssen, wenn die Zahl der Kirchen sinkt und damit die Zahl der Wahrzeichen des Christlichen in den Städten und Gemeinden, das Christliche in den Medien seltener wird, die Zahl der Akademien und Einrichtungen der Erwachsenenbildung zurückgehen. Ihre Soziallehre wird sich in der eigenen Praxis bewähren müssen, wenn Stellen gestrichen oder Mitarbeiter gar entlassen werden, wenn Arbeit und Einkommen neu geteilt werden müssen, wenn Gemeinden zusammengelegt und Einrichtungen aufgegeben werden müssen. Eine neue, ungewohnte Situation – in den Zeiten des eigenen Wohlstands war es einfacher, Entlassungen und Arbeitslosigkeit zu kritisieren. »Wir müssen lernen, fröhlich zu verarmen«, hat einmal der Magdeburger evangelische Bischof Axel Noack die anstehende Wüstenwanderung genannt, auf der sich die evangelische genauso wie die katholische Kirche befindet. Er hat Recht – und deshalb müssen am Anfang der Visionen für eine Kirche von morgen Gebote fürs fröhliche Verarmen stehen.

Zehn Gebote fürs fröhliche Verarmen

Erstens: Wer nur spart, hat schon verloren

Von Unternehmensberatern hat man so seine Vorstellungen, vor allem, wenn sie von McKinsey kommen; und so sehen auch viele Kirchenangestellte in Thomas von Mitschke-Collande den harten Sanierer. Auf seinen Rat hin wurde das Sekretariat der Bischofskonferenz in Bonn umgekrempelt, er hat den Bistümern Mainz und Passau empfohlen, sich von Grundstücken und Gebäuden zu trennen. Seine härteste Aufgabe war der Sanierungsplan für das überschuldete Erzbistum Berlin, wo mehr als 400 Stellen wegfallen sollen. Doch inzwischen zieht ausgerechnet der Sparer vom Dienst selbst mit der Botschaft durchs Land: Sparen schadet. Jedenfalls wenn es zum Dauerthema wird. Dann beginne sich die Spirale nach unten zu drehen: Die Spardebatte frustriert die Kirchenmitarbeiter, frustrierte Hauptamtliche demotivieren die Ehrenamtlichen, die Katholiken engagieren sich nicht mehr in ihrer Kirche, viele sparen sich irgendwann die Kirchensteuer und treten aus, was wiederum die Finanzkrise verstärkt. Mitschke-Collande wirbt dafür, dass die katholische Kirche den Sparprozess nutzt, um bewusst den Übergang »von der Volkskirche zu einer missionarischen Kirche im Volk« einzuleiten – hin zu einer Kirche mit weniger Bürokratie, mit Geistlichen, die sich wieder stärker auf die Seelsorge konzentrieren, mit Laien, die mehr Verantwortung übernehmen und mehr Verantwortung bekommen; mit einer Sozialarbeit der Caritas, die stärker mit den Gemeinden verzahnt ist, weil das soziale Engagement »integraler Bestandteil kirchlichen Lebens ist«.

Der Wiener Pastoraltheologe Paul Michael Zulehner gehört zu den Kritikern der McKinsey-Beratung – sie setze die Betriebswirtschaft vor die Theologie, sagt er, doch zuerst müssten die Bistümer entscheiden, wie eine Kirche der Zukunft aussehen könnte, und dann überlegen, wie dies zu finanzieren ist. Zulehner bringt diesen Prozess auf die Formel »Umbauen statt totsparen«. Die Kirchen müssten lernen, sich mit weniger Geld in einer säkularen Gesellschaft zu organisieren. Das wiederum klingt dem sehr ähnlich, was der McKinsey-Mann Mitschke-Collande rät: Wer nur spart, hat schon verloren. Es kann nicht nur darum gehen, den Haushalt auszugleichen, die Kosten zu senken, die Erträge zu steigern. Der Sparprozess ist auch eine Chance, die katholische Kirche zukunftsfähig zu machen: Wo soll das Zentrum unserer Arbeit sein? Wovon müssen wir uns trennen, was müssen wir behalten, gegebenenfalls ausbauen? Wo bündeln wir sinnvollerweise unsere Kräfte? Inzwischen haben in einigen Bistümern entsprechende Beratungsprozesse begonnen, sehr spät, manchmal zu spät. In Berlin, Aachen, Essen ist kaum noch etwas anderes möglich, als blind zu sparen, mit grausamen Folgen für das Klima im Bistum, für die Motivation der Haupt- und Ehrenamtlichen. In Rottenburg-Stuttgart hat die Bistumsleitung in einem breit angelegten Konsultationsprozess eine Liste von Prioritäten und Posterioritäten erstellt; solche Prozesse bieten die Chance, dass nicht nur der Finanzdezernent entscheidet, wohin es mit der Kirche geht.

Zweitens: Was einmal weg ist, kommt nicht wieder
Das Bistum Essen will mehr als 90 Kirchen im Bistum schließen, Berlin eine ganze Reihe von Gotteshäusern; in Hildesheim soll es 2020 nur noch die Hälfte der heute existierenden Gemeinden geben. Nun wird es sich gerade in Norddeutschland kaum vermeiden lassen, dass Kirchen aufgegeben, umgewidmet, abgerissen werden oder dass Pfarrgemeinden verschwinden; dies alles hat es in früheren Jahrhunderten immer wieder gegeben – und in noch viel dramatischerem Ausmaß als heute. Trotzdem: Gerade das intakte Kirchengebäude und die Territorialgemeinde garantieren, dass die katholische Kirche in der Öffentlichkeit präsent bleibt; für die evangelische Kirche gilt dies natürlich genauso. Es gibt keinen vergleichbar klar sichtbaren Ort der Stille, der Besinnung, der Begegnung mit Gott und mit sich selbst, kein vergleichbares Zeichen dafür, dass es eine andere Wirklichkeit gibt als die gerade sichtbare. Ähnlich bietet auch die Pfarrei einen unmittelbaren Bezug der Christen zu ihrer Kirche; je weiter dieser Bezugspunkt weg ist, desto schwächer wird die Bindung. Deshalb sollten die Kirchen, evangelisch wie katholisch, bedenken: Was weg ist, kommt nie wieder. Auch deshalb kommt es immer wieder zu paradoxen Reaktionen, wenn eine Kirche aufgegeben, eine Pfarrei mit einer anderen zusammengelegt werden soll: Menschen, die nie in die Kirche gegangen sind und sich nie in der Pfarrei engagiert haben, protestieren, weil sie spüren, dass ein Stück ihrer Heimat und ihrer Kultur verloren geht. Oft entstehen dann Initiativen, die mit eigener Kraft die bedrohte Kirche retten und erhalten; eine aufgelöste Gemeinde zu erhalten, ist dagegen so gut wie unmöglich. Es gibt gute Gründe, Gemeinden zusammenzulegen und Kirchen aufzugeben: Viele der in der 50er-Jahren entstandenen

Gebäude sind renovierungsbedürftig und im Unterhalt viel zu teuer; ihr kunsthistorischer Wert ist begrenzt. Viele Gemeinden wiederum sind kaum noch lebensfähig, weil sich Wohngebiete verändert haben, die Kirchenmitglieder weggezogen sind, es kein Dutzend regelmäßige Gottesdienstbesucher mehr gibt, Jugendgruppen und katholische Vereine längst tot sind. Es gibt aber ebenso gute Gründe, Kirchen und Territorialgemeinden so weit wie möglich zu erhalten – lieber das Gemeindezentrum aufgeben und die Kirche so umbauen, dass es einen verkleinerten Gottesdienstraum gibt und Räume für größere und kleinere Veranstaltungen; lieber Mitnutzer suchen, als eine Kirche ganz aufgeben. Ähnlich bei den Gemeinden: Auch wenn kein Pfarrer mehr da ist, möglichst viel am Ort halten, in Haus- und Familienkreisen, eigenständigen Zusammenschlüssen. Es sollte regionale kirchliche Zentren geben, wo der oder die Priester wohnen, von wo aus Kirche in die Region ausstrahlt. Und es sollte selbstbewusste Gemeinden und Gemeinschaften vor Ort geben, die gar nicht mehr unbedingt einen Pfarrer brauchen. Viele evangelikale und pfingstlich orientierte Gemeinden, die sich alle selbst finanzieren müssen, sind nach diesem Modell organisiert: Es gibt ein regional bedeutsames Zentrum für die Sonntagsgottesdienste und die wichtigen Veranstaltungen, und es gibt darunter selbstständige Hausgemeinschaften, örtliche Bibelkreise, stadtteilbezogene Treffs. Dies ist sinnvoller als die reine Zentralisierung, die jetzt einige Bistümer anstreben. Doch in Wahrheit beschleunigt eine reine Zentralisierung die Erosion. Ähnliches gilt für die katholischen Kindergärten und Schulen: Weg ist in der Regel weg. Doch gerade in den Kindergärten kommen viele Kinder zum ersten Mal mit Gott und mit Religion in Berührung – eine Prägung fürs Leben.

Drittens: Loslassen lernen

Und trotzdem heißt der dritte Rat fürs fröhliche Verarmen: Loslassen lernen. Das klingt leichter, als es ist, denn in den vergangenen Jahrzehnten haben die großen christlichen Kirchen eine Art Allzuständigkeitsfantasie entwickelt: Alles, was irgendwie gut und richtig ist, müssen wir auch machen – Drogenabhängige betreuen und Krebs bekämpfen, billigen Wohnraum für Familien und Studenten zur Verfügung stellen, Erwachsene bilden, Filme verleihen. Und weil der gute Christ für alles Gute in der Welt zuständig ist, ist er es auch in jedem Dekanat, jedem Bistum, jeder evangelischen Landeskirche, weshalb es nie genug Bildungshäuser geben konnte und weshalb es selbstverständlich eine katholische und eine evangelische Altenpflege gibt, die wiederum ganz anders sein muss als die der Arbeiterwohlfahrt. Von dieser Fantasie müssen die Kirchen sich lösen. Sie können nicht mehr alles, also sollen sie auch nicht mehr alles tun. Stimmt, sagen daraufhin alle Beteiligten, aber das, was ich gerade mache, ist unverzichtbar! Und führen oft viele gute Argumente ins Feld – selten hat die Kirche ja ein Arbeitsfeld aus reinem Übermut übernommen.

Loslassen lernen heißt hier: Je weniger etwas unmittelbar mit dem Auftrag der Kirche zusammenhängt, ein Beispiel der Liebe und Solidarität in der Welt zu sein, und zwar besonders dort, wo es diese Zeichen nicht gibt, desto eher kann sich die Kirche davon trennen. Muss die katholische Kirche Immobilienbesitzerin und Vermieterin sein? Sie kann Immobilien besitzen, aber bevor sie Menschen entlässt und damit ihr wichtigstes »Kapital« verliert, sollte sie sich von Gebäuden und Grundstücken trennen, wo es nur geht. Muss eine Kirche außerdem Aktienpakete besitzen? Muss sie Krankenhäuser betreiben, in denen nichts anderes getan wird als in anderen Krankenhäusern? Oder eine Pflegeleistung anbieten, die den Unterbietungswettbewerb der privaten Dienste mitmacht? Es steht hier nicht die gesamte Sozialarbeit auf dem Prüfstand – das wäre eine Katastrophe. Aber der Begründungsdruck steigt, und Loslassen lernen kann auch heißen: Die Kirche schiebt ein sinnvolles Projekt an, etwa eine Drogenberatung dort, wo es weit und breit keine gibt, legt aber von vornherein fest: Nach einer bestimmten Zeit muss dieses Projekt auf eigenen Füßen stehen, oder es hat sich nicht bewährt. Loslassen lernen heißt auch, manchen Bistumsstolz zu vergessen: Nicht jede Diözese braucht ein eigenes Priesterseminar, eine eigene Akademie, im Zeitalter des schnellen Datenaustauschs nicht einmal eine eigene Finanzverwaltung oder Personalbuchhaltung. Loslassen lernen heißt auch: Es gibt keine katholische oder evangelische

Pflege, über weite Strecken noch nicht einmal eine katholische oder evangelische Erwachsenenbildung. Warum nicht etwas aufgeben, wenn es die Schwestern und Brüder der anderen Konfession besser machen können?

Viertens: Ein Beispiel des christlichen Sparens geben

Seit Jahren bauen die Unternehmen in der freien Wirtschaft Stellen ab. Sie haben viele Arbeitnehmer betriebsbedingt gekündigt, die Alten und die Frauen verdrängt, die Schwachen, die schlecht Ausgebildeten. Die Kirchen haben dies immer wieder heftig kritisiert, und nun sind sie ganz besonders in der Pflicht, ihrer Umgebung ein Beispiel des christlichen Sparens zu sein. Tatsächlich haben die Kirchen viel getan, um betriebsbedingte Kündigungen zu vermeiden. In der katholischen wie der evangelischen Kirche teilen sich Frauen und Männer häufiger als anderswo Stellen. Zölibatär lebende Priester zahlen in Solidaritätsfonds, um arbeitslose Theologen zu unterstützen.

Vor allem in den kirchlichen Wohlfahrtsverbänden mehren sich mittlerweile die Stimmen, die fordern: Verbände, die sich am Markt behaupten müssen, müssen auch marktkonform handeln, ein Tarifsystem entwickeln, das es ermöglicht, Spitzenleuten Spitzengehälter zu zahlen und die Löhne der Putzfrauen auf das üblich niedrige Niveau zu drücken. Nun ist es nur richtig, guten Leuten mehr Geld zu zahlen als schlechten und höher qualifizierte Tätigkeiten deutlich besser zu entlohnen als gering qualifizierte. Aber wer als Spitzenkraft bei der Kirche arbeitet, sollte wissen, dass er nicht so viel verdienen kann wie eine Spitzenkraft in der freien Wirtschaft – so, wie auch ein Redakteur der *Süddeutschen Zeitung* weiß, dass er weniger verdienen kann als ein Kollege vom *Spiegel,* dass er dafür aber ein anderes Arbeitsklima vorfindet. Christliches Sparen beginnt bei den Bischöfen und Weihbischöfen: Warum gibt es keinen bundesweit festgelegten Satz ihres Gehaltes, den sie in einen Solidaritätsfonds zahlen? Es geht weiter bei den ehelos lebenden Priestern, die, ohne in Not zu geraten, auf einen Teil ihres Gehaltes verzichten könnten – ein echter Vorteil der Ehelosigkeit. Ein Beispiel christlichen Sparens könnten die Tarif-Partner geben, die in der Kirche natürlich Dienstgemeinschaft heißen müssen: Ein Beschäftigungssicherungspakt, der Entlassungen verhindert, dafür aber die Löhne einfriert oder gar senkt, könnte auch für Gewerkschaften und Arbeitgeber zum Vorbild werden. Bischöfe und Priester sollen sich nicht kasteien, aber vielleicht auch kein allzu teures Hobby pflegen. Zum christlichen Sparen gehören auch die Fairness und die Transparenz im Umgang mit dem weniger werdenden Geld: Im Erzbistum Freiburg zum Beispiel wurden alle örtlichen Kirchenstiftungen in einen Topf geworfen und neu verteilt – die manchmal extremen Unterschiede zwischen armen und reichen Gemeinden wurden so wenigstens gemildert.

Fünftens: Ein neues Verhältnis zwischen Priestern und Laien
Zunächst einmal bringt die Finanzkrise eine Klerikalisierung mit sich: Laien kann man entlassen, Priester nicht. Ein Pastoraltheologe kostet inklusive Lohnnebenkosten durchschnittlich mehr als 60 000 Euro pro Jahr; die Versuchung ist groß, ihn durch einen Gemeindereferenten zu ersetzen, der ein dreijähriges praxisorientiertes Fachhochschulstudium hinter sich hat und weniger kostet. Dadurch nimmt aber die theologische Kompetenz der Laien im Kirchendienst ab, vor allem, wenn das bisherige Diplomtheologie-Studium auf die Priesterausbildung beschränkt und letztlich verkürzt werden sollte. Gut so, wird sich zunächst mancher konservative Bischof sagen: Warum soll ein Laie genauso viel und am Ende mehr verstehen als ein Priester, noch dazu, wenn er eine Frau ist? Doch in den kommenden 15 Jahren wird auch die Zahl der Priester noch sehr viel stärker zurückgehen als die der Laientheologen. Und dann wird auch die Rolle des Priesters neu zu bestimmen sein: Soll er der einsam reisende Sakramentespender sein, der drei, vier Gemeinden mit Eucharistiefeiern, Beichten, Krankensalbungen versorgen muss? Das würde die Probleme des Priesterstandes ins Unmenschliche hinein vergrößern oder ins Vodoohafte verändern: Der Priester als Magier, der kommt, vorführt, verschwindet. Inzwischen begreifen auch viele Priester, dass dies nicht ihre Lebensaufgabe sein kann. Sie schließen sich zusammen, ziehen zusammen, bilden geistige und geistliche Zentren. Dann aber wird auch der theologisch kompetente Laie wichtiger

werden: in den Gemeinden, in der Familien- und Jugendpastoral. Laien werden Gemeinden faktisch leiten, wenn es keinen Priester mehr gibt. Sie werden ihn, wo es ihn noch gibt, entlasten müssen: Warum muss ein Priester über die Finanzen der Gemeinde entscheiden?

In der katholischen Kirche müssen also Priester und Laien ein neues Verhältnis zueinander finden. Es werden die Laien, gerade die theologisch ausgebildeten Frauen und Männer, einen eigenen, auch theologisch begründeten Platz bekommen – nicht mehr nur als Komplementäre des Priesters; auch die Rolle des Diakons als Bindeglied zwischen Priester und Laien wird an Bedeutung gewinnen. Die Aufwertung der Laien wird umso wichtiger sein, je länger die katholische Kirche Frauen weder zum Diakonat noch zur Priesterweihe zulässt. Die katholische Kirche ist – wenn man sieht, wer sich in ihr engagiert, wer in die Gottesdienste geht – eine Frauenkirche, und sie kann es sich nicht mehr leisten, die Charismen der Frauen zu begrenzen oder gar wegzudrücken.

Sechstens: Ein neues Verhältnis von Hauptamtlichen und Ehrenamtlichen

Die katholische Kirche wird nicht zusammenbrechen, aber die hauptamtlich Tätigen werden weniger. Manchmal wird dieser Prozess »abspecken« genannt – nicht sehr fair, weil die Hauptamtlichen ganz überwiegend gute Arbeit leisten. Die Qualität etwa der kirchlichen Jugendarbeit ist auch darauf zurückzuführen, dass sich viele gut ausgebildete Profis um Kinder, Jugendliche, Gruppenleiter kümmern. Doch nun werden verstärkt Ehrenamtliche die Arbeit übernehmen müssen – auch das könnte eine Chance sein. Die katholische Kirche hat in den 80er-Jahren ihre Arbeit zunehmend verhauptamtlicht. Die Ehrenamtlichen sind dabei zunehmend an den Rand gedrängt worden; für sie blieben jene Aufgaben, die den Profis zu aufwändig oder zu langweilig waren. Nun werden die christlichen Kirchen wieder verstärkt von diesem freiwilligen Engagement leben – und den Wert dieses freien Engagements freier Katholiken neu schätzen lernen müssen. Nur: Wer mehr Ehrenamtliche will, muss die Voraussetzungen dafür schaffen. Die Kirchen werden um sie werben müssen, denn auch Kommunen, Schulen und Vereine werben verstärkt um Ehrenamtliche. Freiwillige wollen heute genau wissen, wofür sie sich engagieren, sie wollen Begleitung, Förderung, Weiterbildung, Anerkennung. Eine solche Freiwilligen*kultur* ist den Kirchen noch weitgehend fremd. Schlimmer noch, selbstbewusste Freiwillige sind den Kirchenverwaltern in Bistum und Gemeinde eher ein Grund zum Misstrauen. Einmal, weil sie schnell unter Häresieverdacht geraten. Und dann, weil Hauptamtliche oft nur ungern ihr Herrschaftswissen teilen. Sie werden aber lernen müssen, Freiwillige zu begleiten und zu unterstützen.

Siebentens: Ein neues Verhältnis zwischen Zentrale und Peripherie

Die einzelnen Gläubigen müssen ein anderes Verhältnis zu ihren Gemeinde, ihrem Bistum bekommen. Wenn es, wie in manchen Bistümern vorgesehen, nur noch die Hälfte der Gemeinden gibt, wenn, wie anderswo, Gemeinden sich zu Verbänden zusammenschließen, dann wird notwendigerweise eine Kirche der längeren Wege entstehen. Das ist vor allem in der Diaspora auf dem Land eine bittere Erfahrung. Denn alle kommunalen Gebietsreformen haben gezeigt, dass die Menschen die Zusammenlegung von Gemeinden als Anonymisierungsprozess erleben. Um dem entgegenzuwirken, werden die Pfarreien ein neues Profil und neue Strukturen entwickeln müssen. Die Gemeinden müssen zu Zentren des geistlichen Lebens werden, die auf das Umland ausstrahlen. Sie werden gleichzeitig Organisationsformen entwickeln müssen, in denen Christen zusammenkommen können: Hauskreise, Familienkreise, Gruppen – Treffpunkte um des Glaubens willen. Diese Gruppen werden an die Gemeinden angebunden sein, und doch, schon allein aus arbeitsökonomischen Gründen, im Alltag unabhängig sein müssen. Genauso werden die einzelnen Gemeinden von den Verwaltungen der Bistümer weniger betreut, aber auch weniger überwacht werden können. Die Gemeinden werden verstärkt eigene Talente und Profile entwickeln: als Orte der Stille und des Gebetes, der Kultur und des Dialogs, der sozialen Verantwortung oder der besonderen Seelsorge für Jugendliche und Alte, Kranke oder gestresste Berufstätige, für Stadt- und Landbewohner. Für die Zentralen heißt das: Unterstützung gewähren – aber auch loslassen lernen.

Achtens: Mehr Ökumene

Das Miteinander der evangelischen und der katholischen Kirche ist gegenwärtig eine ziemlich mühsame Angelegenheit: Viel ist erreicht worden, doch nun scheint es nicht mehr so recht weiterzugehen. Das theologische Gespräch kreist ergebnislos um das Amts- und Kirchenverständnis der Konfessionen. Die offizielle katholische Kirche sieht sich nicht in der Lage, die evangelischen Kirchen als Kirchen Jesu Christi anzuerkennen und stellt dies in immer neuen Verlautbaren immer wieder klar; die evangelische Seite reagiert darauf zunehmend verschnupft. Das Scheitern der Revision der Einheitsübersetzung ist ein trauriges Beispiel dafür: Der Vatikan stellte 2001 in dem Dokument *Liturgiam authenticam* fest, dass katholische Bibelübersetzungen nicht mit denen anderer Konfessionen verwechselt werden dürfen. Die evangelische Seite sieht das (zu Recht) vor allem auf die Lutherbibel bezogen, fühlt sich bei der Einheitsübersetzung nun von der katholischen Seite unter Druck gesetzt und steigt, zur Enttäuschung der deutschen Katholiken, aus dem Projekt aus. Dabei spielt die Theologie sicher eine Rolle, aber auch Emotionen wie die latente Angst der evangelischen Kirche, zu viele Kompromisse eingehen zu müssen.

Und auch die strukturelle Entwicklung erschwert das Miteinander der Konfessionen: Wenn die Kirchen schrumpfen und einen Teil ihrer institutionellen Macht verlieren, gewinnt das konfessionelle Profil an Bedeutung. Gerade weil es nicht mehr selbstverständlich ist, einer Kirche anzugehören, fragen die Leute genauer: Wer seid ihr? Warum seid ihr so, und warum seid ihr anders als die anderen? Der EKD-Ratsvorsitzende Wolfgang Huber hat das scharf erkannt, wenn er sagt, die christlichen Kirchen müssten eine »Ökumene der Profile« pflegen – in gegenseitiger Achtung und im Bewusstsein der Unterschiede.

Und trotzdem wird, so paradox es klingt, gerade dann die Zusammenarbeit der Kirchen wichtiger werden. Einmal ganz pragmatisch: Vieles wird nur noch finanzierbar sein, wenn Katholiken, Protestanten, vielleicht auch Orthodoxe und Freikirchen es gemeinsam tun. Es gibt keinen evangelischen oder katholischen Knochenbruch, wohl aber ein (überkonfessionell) christliches Verständnis vom Umgang mit Krankheit und Tod – warum also sollten sich evangelische und katholische Krankenhäuser nicht zusammenschließen? Warum sollen nicht die Bildungshäuser enger zusammenarbeiten, die konfessionellen Kindergärten oder Schulen? Auch werden politische Stellungnahmen mehr Gehör und Presseecho finden, wenn die großen Kirchen sie gemeinsam verfassen – das meistbeachtete kirchliche Papier der vergangenen zwanzig Jahre war das gemeinsame Sozialwort der Kirchen. Und an der Basis, im Alltag, werden Christen bald froh sein, wenn ihnen dort noch andere Christen begegnen, ob sie evangelisch sind, katholisch, anglikanisch oder orthodox ist dann erst einmal gleichgültig. Darüber hinaus ist aber die ökumenische Bemühung – ohne die Unterschiede naiv zu leugnen oder zu verwischen – ein Zeichen des Christlichen in der Welt, an dem die Christen von ihrer säkularen Umwelt auch gemessen werden. Ja, es gibt die Unterschiede der Konfessionen, und gäbe es nicht die furchtbare Gewaltgeschichte der konfessionellen Trennungen, könnte man sagen: Sie sind eine List des Heiligen Geistes, damit die Kirchen aneinander wachsen und voneinander lernen. Aber christlich sind diese Konfessionen nur, wenn sie die Gemeinsamkeit suchen und Zeugnis dieser gegenseitigen Suche geben; die Einheit schaffen sie in diesem Leben wohl nicht.

Neuntens: Um Gottes willen dem Menschen zuwenden

Zu den dümmsten Sätzen der gegenwärtigen Spardebatten gehört dieser: »Wir müssen uns jetzt auf das Kerngeschäft konzentrieren.« Welcher Kern? Welches Geschäft? Die Kirchen haben kein Geschäft zu betreiben, und die Menschen, die zu ihr kommen, sind keine Kunden. Hinter der Rede vom Kerngeschäft verbirgt sich die Aufforderung zum Rückzug auf den kirchlichen Binnenraum, zur Pflege der ohnehin Überzeugten, letztlich zur Schaffung einer katholische Esoterik, die, egal, wie viel sie von Leid und Verzicht redet, dann doch nur eine Spielart der vielen anderen Wohlfühlreligionen ist.

Die katholische Kirche hat einen anderen Auftrag, das hat Papst Benedikt XVI. in seiner Enzyklika *Deus Caritas est* klar gesagt: Sie muss Trägerin, Verkünderin und Anwältin der christlichen Liebe, Menschenfreundlichkeit und Solidarität sein, über ihren Binnenraum hinaus für alle Menschen. Und dazu gehört seit den frühesten Tagen der Christenheit das soziale und gesellschaftliche Engagement, ohne das die Urkirche eine unbedeutende Sekte im großen Römischen Reich geblieben wäre. Die Kernfrage aller Planungsgruppen, Sparkommissionen und Umbaukomitees muss also lauten: Wie können wir uns stärker, besser, radikaler dem Menschen zuwenden? Wie können wir ihm einen Weg zur Liebe Gottes zeigen, wie können wir ihm die Liebe zu anderen Menschen ermöglichen (eingeschlossen die oft so verteufelte körperliche Liebe), wie können wir ihn aus seinen Ängsten, Abhängigkeiten und Zwängen befreien, wie denen helfen, die in materieller Armut und in seelischer Not sind?

Das bedeutet, dass die Kirchen gerade da präsent sein müssen, wo die anderen nicht mehr oder noch nicht bei den Menschen sind. Dazu gehört die Sterbebegleitung und die Begleitung der Angehörigen oder die Unterstützung der Hospizbewegung genauso wie die Pflege der Kirchen als Räume der Stille und des Gebets für Menschen, die, ohne sich zu binden, kommen und dann auch wieder gehen wollen. Dazu gehört es, bei den Obdachlosen und Arbeitslosen zu sein, bei den Familien, die trotz aller Mühe am Existenzminimum leben und bei den Alleinerziehenden, bei den Aidskranken, aber auch bei den überlasteten und sinnleeren Karrieremenschen, den scheiternden Ehen. Nicht alles wird gleich gut in allen Gemeinden und Bistümern gehen, nicht für alles wird gleich viel Geld da sein. Aber in der Zeit des Wandels wird die katholische Kirche schärfer als in den fetten Jahren eine Option treffen müssen: für den Menschen, den schwachen Menschen, um Gottes willen.

Zehntens: Gott vertrauen

Merkwürdig, dass man hier über Gottvertrauen reden muss, wo es doch um die größte und älteste christliche Kirche geht. Aber manchmal kann man schon den Eindruck gewinnen, als habe die

Gotteskrise, in der Johann Baptist Metz, der Vater der Politischen Theologie, die größte Krise unserer Zeit sieht, auch die katholische Kirche in Deutschland erfasst. Der Umbau der Kirche wird häufig mit einem solchen Maß an Missmut, Depression, Pessimismus und schlechter Laune angegangen (das heißt eigentlich: faktisch verhindert), dass mancher sich denkt: Ein bisschen erlöster dürften die Christen schon aussehen, ein bisschen mehr dürften sie schon darauf vertrauen, dass Gott sie schon nicht hängen lassen wird. Die katholische Kirche gibt es seit 2000 Jahren, und sie hat so viele Krisen, so viele Perversionen ihrer selbst überstanden, dass sie auch jetzt nicht untergehen wird. Im Gegenteil: Sie wird in Deutschland eine reiche Kirche bleiben, die größte Institution des Landes. Die Krise ist auch eine Chance, näher zum Evangelium zu kommen – wenn die Katholiken das wollen, wenn sie nicht warten, bis ihre Bischöfe ihnen alles vorgeben, wenn sie sich mutig auf den Weg machen. Dann gilt der Ratschlag, den Wunibald Müller jenen Priestern mitgibt, die ausgebrannt ins Kloster Münsterschwarzach kommen: Du hast immer mehr Möglichkeiten, als du denkst – ganz abgesehen von den Möglichkeiten Gottes mit dir.

Plädoyer für eine Zukunftsversammlung

Die katholische Kirche in Deutschland hat schon einmal eine Zukunftsversammlung abgehalten: die Würzburger Synode, die vor 30 Jahren zu Ende ging. Damals berieten Bischöfe, Ordensleute, Frauen und Männer aus den katholischen Verbänden, wie die Beschlüsse des Zweiten Vatikanischen Konzils in Deutschland umzusetzen seien; auch damals befand sich die katholische Kirche in einem tiefgreifenden Wandel. Die Würzburger Synode wird nicht zu wiederholen sein – schon allein, weil der Papst ihr zustimmen müsste, was Paul VI. damals, in einer Ausnahmesituation, tat, aber Benedikt XVI. heute wohl nicht mehr tun würde. Und trotzdem spricht viel dafür, dass die katholische Kirche erneut eine überregionale Zukunftsversammlung einberuft – es muss ja nicht gleich eine Synode sein. Aber die Kirche steht vor entscheidenden

Jahren, die sie nicht weniger verändern werden als das Konzil, und in dieser Umbruchsituation spart, plant, werkelt jedes Bistum mehr oder weniger vor sich hin. Es gibt die Treffen der Generalvikare, die mittlerweile ein erstes Benchmarking betreiben und schauen, was sie sich vom anderen abgucken können. Doch selbst an diesen Treffen nehmen nicht alle Bistümer teil, und sie dienen vor allem der Finanz- und der Verwaltungsplanung. So droht ein schädliches Übergewicht der Spar- und Verwaltungsreformdebatte; pastorale und theologische Fragen dagegen beantwortet immer noch jeder Bischof mehr oder weniger gut beraten im eigenen Kämmerlein. In den nichtöffentlichen Vollversammlungen der Bischofskonferenz, die ein Forum für solche Beratungen wären, schieben die Bischöfe solche Fragen konsequent auf die Kaffeepausen und abendlichen Kamingespräche; offiziell verabschiedet man lieber ein kluges Papier zum Wandel der Beerdigungskultur.

Entsprechend befürworten nun auch wichtige Katholiken eine Zukunftsversammlung in Deutschland. Hans Joachim Meyer, der Präsident des Zentralkomitees der deutschen Katholiken, hat eine Synode der Bistümer angeregt. McKinsey-Mann Thomas von Mitschke-Collande schlägt eine Konferenz über Struktur- und Aufgabenreformen vor; als er die Idee den versammelten Bischöfen vorschlug, reagierten einige Hirten positiv, andere fanden, dass die Kirche einen starken Glauben, aber keine Zukunftskonferenzen brauche; die Mehrheit hörte neutral schweigend zu. Pater Hans Langendörfer, der Sekretär der Bischofskonferenz, sympathisiert mit einer Konferenz der Bistümer; der Vorsitzende Kardinal Lehmann zeigt sich eher skeptisch. Er sieht, dass eine solche Versammlung immer nur eine eng begrenzte Weisungskraft hätte und schlimmstenfalls nichts sagende Beschlüsse, verbunden mit handfestem Streit um die Richtung der Kirche zum Ergebnis haben könnte. Eine berechtigte Sorge – doch insgesamt dürften die Chancen einer solchen Konferenz überwiegen, wenn die Bischöfe sie ernst nehmen. Sie würde ein Zeichen gegen Resignation und Mutlosigkeit setzen, sie würde die Krisenberichterstattung der Medien durchbrechen und die Stimmung in den Gemeinden heben, umso höher, je mehr diese wahrnehmen, dass auch sie positiv von diesem Prozess berührt sind, dass auch ihre Ideen und Meinungen gefragt sind. Eine Zukunftskonferenz würde die Zukunftsdebatte der Kirche über den Kreis der Bistumsleitungen und Kirchenprofis hinaus erweitern, sie würde Ideen und Kreativität in die katholische Kirche hineinbringen. In zahlreichen Bistümern hat es in den vergangenen Jahren pastorale Beratungsprozesse gegeben – viele endeten deswegen enttäuschend, weil die Teilnehmer den Eindruck hatten, dass das, was sie da beraten und mit einigem Aufwand formuliert haben, keine Rolle spielt. Eine bundesweite Ideenbörse könnte vieles aufnehmen, was anderswo schon gedacht wurde – und auch einen Plan für die Umsetzung liefern. Sie könnte einem neuen Geist in der Kirche die Tür öffnen.

Es gibt mehr Zukunft, als man denkt

In Großen-Buseck lässt sich die Zukunft der katholischen Kirche in Deutschland erahnen. Großen-Buseck ist einer dieser kleinen Orte bei Gießen in Oberhessen, die nach dem Zweiten Weltkrieg einige hundert Flüchtlinge aufnahmen, bis auf eine Arztfamilie waren es die ersten Katholiken seit der Reformationszeit im Ort. Die Gemeinde Sankt Maria Immaculata, die sie vor etwas mehr als 50 Jahren gründeten, war immer arm und klein. Wenn die Heimatvertriebenen vom eigenen Häuslebau Steine übrig hatten, verbauten sie diese in einem schlichten Kirchlein; aus 14 Orten kommen seitdem die Gläubigen sonntags zum Gottesdienst. In solche Gemeinden setzen die Planer in den Ordinariaten wenig Hoffnungen: ohne eigene Tradition, eigenen Grundstücksbestand, eigenes Profil, die Gläubigen – eine 17-Prozent-Minderheit – verteilt über die Dörfer des vorderen Vogelsbergs, das schlechte Mauerwerk des Kirchengebäudes von der Feuchtigkeit bedroht. In dieser Gemeinde eine neue Bücherei gründen? In einem Anbau hinten an der Kirche? Nein, dafür war kein Geld im Bistum Mainz vorhanden, ein kleiner Zuschuss vielleicht, mehr nicht. Doch inzwischen gibt es einen hellen, schönen Raum hinter der Kirche, mit Platz für 25 000 Bücher, für Spiele und CDs. Nach dem Gottesdienst am Sonntag und jeden Dienstag kann man hier Bücher leihen, fromme Kalender und Karten kaufen oder Wein und Kaffee aus dem Dritte-Welt-Laden; es gibt einen großen Tisch mit ge- mütlichen Stühlen für die offene Gesprächsrunde nach dem Got- tesdienst, die Frauen- und die Männergruppe, die Jugendgrup- penleiterrunde. Inzwischen hat die Bücherei den hessischen Bibliothekspreis gewonnen. Die Gemeinde hat ihre Sache einfach selbst in die Hand genommen. Sie hat Spenden gesammelt, eine Architektin aus der Gemeinde hat die Bauleitung übernommen, und ein Dutzend Katholiken hat einfach mit angepackt. Keine Aktion der vergangenen Jahre hat die Gemeinde so zusammen- gebracht wie der aus der Not geborene Eigenbau. Katholisch sein heißt seitdem in Großen-Buseck auch: nicht darauf warten, was die Zentrale in Mainz entscheidet, sondern selber beginnen.

Die Bücherei in Großen-Buseck in Oberhessen ist nicht wegen ihrer Größe oder ihres besonderen Konzepts ein Hoffnungszei- chen, sondern weil hier eine Gemeinde mit ihren bescheidenen Mitteln Staunenswertes geschafft hat. Es gibt mehr Zukunft inner- halb der katholischen Kirche, als sie selber oft wahrnimmt – und als sie selber oft wahrhaben will –, selbst dort, wo die Krise am größten zu sein scheint. Die Liebfrauen-Gemeinde in der Frank- furter Innenstadt hat heute vielleicht noch 300 Mitglieder – und trotzdem besuchen jeden Tag zwischen 5 Uhr und 19.30 Uhr mehr als 2000 Menschen die Kirche. Sie kommen, weil sie an der Früh- messe teilnehmen wollen oder weil sie einfach zehn Minuten Stille suchen – oder weil es im Kirchenschiff wärmer ist als draußen. Es kommen der Banker auf dem Weg zur Arbeit und der Obdach- lose, der ein Nickerchen hält und dann zum Armenfrühstück der Kapuzinerpatres geht, es kommen die Frauen aus den Philippinen, die vor der Mariengrotte an der Außenwand ein Kerzlein ent- zünden, und die Schauspieler, die vor der Premiere das blank gescheuerte Knie des heiligen Antonius streicheln, der hinten in der Kirche steht – das soll Glück bringen. Als ihre traditionelle Gemeinde im Sterben lag, haben die Kapuzinerpatres einfach die Kirche für die ganze Stadt geöffnet, als einen Ort für Seele, Geist, Körper. Mittlerweile treten hier Menschen wieder in die Kirche ein, weil sie diese Mischung aus Gebet und Freiheit, Kontempla- tion und Engagement überzeugt. Andere suchen gerade hier, in der Anonymität, ein Beichtgespräch, wieder andere helfen einfach beim Obdachlosenfrühstück Brote schmieren.

Gerade in den großen Städten stellen sich immer mehr Gemeinden auf ihre neue Lage ein und werden dadurch lebendig. Die Marien-Liebfrauen-Gemeinde in Berlin-Kreuzberg zum Beispiel war schon immer eine Kleine-Leute-Gemeinde, doch inzwischen können die meisten Menschen, die auf dem Gemeindegebiet wohnen, mit der traditionellen Pfarrarbeit nichts mehr anfangen. So hat sich die Kirche verstärkt den Armen und Ausgegrenzten des Stadtteils geöffnet; es gibt eine Suppenküche und Notübernachtungsplätze, die mittlerweile 24 000-mal genutzt wurden. Aber auch die »Jugendkirche Berlin« hat hier ihren Platz gefunden. Im Erfurter Dom feiert Bischof Joachim Wanke das »Nächtliche Weihnachtslob« gemeinsam mit Nichtgläubigen und Gläubigen; überhaupt hat sich das gesamte Bistum verstärkt darauf eingerichtet, dass es Menschen eine Heimat geben muss, die als Nichtchristen kommen – und nach einer Zeit auch meist wieder gehen. Andere City-Kirchen profilieren sich durch ein hervorragendes Musikangebot wie die Münchner Sankt Michaels-Kirche, die auch als Predigt-Kirche einen Namen hat. Wieder andere feiern »Thomas-Messen« für Gläubige und Ungläubige. Und schließlich haben natürlich jene Kirchen ihren Platz, die traditionelle katholische Gottesdienste feiern, mit Kerzen und Orgelmusik, Weihrauch und ein bisschen Latein.

Auf dem Land haben es die Gemeinden und Verbände schwerer, ein neues und eigenes Profil zu entwickeln, sie sind zu einem guten Teil der pastoralen »Grundversorgung« verpflichtet, weil ein Gemeindemitglied auf dem Land nicht einfach zwei U-Bahn-Stationen weiter die Pfarrei oder Gemeinschaft seiner Wahl finden kann, wenn ihm das Programm seiner Ortsgemeinde nicht zusagt. Doch auch hier gibt es zahlreiche Entwicklungen. Die Katholische Landjugendbewegung (KLJB) hat gemeinsam mit der katholischen Landvolkbewegung (KLB) auf einem Kongress bei Fulda ein »Leitbild zur Landpastoral« entwickelt. »Die Kirche muss auch ohne Priester oder regelmäßige Eucharistiefeiern erlebbar und spürbar sein«, forderte dort Bischof Wanke; »darum ist die derzeitige Ausdünnung einer Seelsorge, die auf Hauptamtlichen beruht, zugleich die Stunde der Verbände.« In den Leitlinien heißt es: »Wir nehmen immer wieder alle Menschen auf dem Land in den Blick. Wir schätzen die Vielfalt der Lebensstile, pflegen eine Kultur der Wertschätzung und unterstützen die unterschiedlichen Formen der Beteiligung am Gemeindeleben.« Und: »Unsere Dorfkirchen sind Orte für Menschen, die nach Gott fragen, Orte der Besinnung und Begegnung suchen. Unsere Dorfkirchen sind Identifikationspunkte der Dörfer, wertvolle Kulturgüter und haben eine eigene Würde. Wir führen mit allen Dorfbewohnern Gespräche über den Wert der Gebäude und welche Verantwortung sie übernehmen können.« Besonders wichtig seien auf dem Land die Beteiligung an regionalen Entwicklungsprozessen und umweltverträglichem Handeln und Wirtschaften. Welche neuen Wege die Kirche auch auf dem Land gehen kann, zeigt das Projekt »Landgänge« im Erzbistum Freiburg. Dort erzählen Frauen ihre Geschichten vom Leben auf dem Land, von der Bankdirektorin, deren Mann gerade Erziehungsurlaub hat, bis zur dreifachen Mutter, die ihren psychisch kranken Schwiegervater betreut und im Handwerksbetrieb ihres Mannes aushilft: Die Freuden und Hoffnungen, Sorgen, Nöte und Ängste der Menschen werden auch zu den Freuden, Hoffnungen und Sorgen der Kirche.

Der Arbeitskreis »Pastorale Grundfragen« des Zentralkomitees der deutschen Katholiken hat im Jahr 2004 Beispiele gesammelt, wo ehrenamtliches Laienengagement die Kirche auch dort weiterbringt, wo das Geld für die Profis fehlt – oder wo Hauptamtliche sogar fehl am Platze wären. Es ist ein Buch von 180 Seiten daraus geworden, voller Ermutigungen. Da gibt es Pfarrgemeinderäte, die tatsächlich zu Leitungsgremien geworden sind, den Pfarrer entlasten, wie in Dortmund. Da gibt es im Bistum Fulda Ehrenamtliche, die Ehrenamtliche ausbilden und begleiten – ein Angebot, das immer wichtiger werden wird. Es gibt die Katholiken, die sich in der Bahnhofsmission engagieren, in der Telefonseelsorge, für Länder in der Dritten Welt, für Zwangsprostituierte in Deutschland, für Opfer sexuellen Missbrauchs. Kirchengemeinden sagen Nein zum Rechtsextremismus und Ja zum Frieden; sie gründen Gebetsgemeinschaften und Familienkreise, in denen Menschen einander durchs Leben begleiten. Nicht alles ist neu, manches klingt ein bisschen bemüht, aber trotzdem hat das ZdK damit ein Buch über die kleinen Propheten unserer Zeit herausgegeben, die unverdrossen an ihrem kleinen Anteil am Reich Gottes werkeln.

Ja, es gibt sie, die kleinen Propheten, und es gibt mehr von ihnen, als dieses Buch Wörter hat. Sie finden sich unter jenen Jesuiten, die so genannte Illegale betreuen, ihnen Unterschlupf und eine medizinische Betreuung besorgen, weil sie Menschen sind und ihre Kinder auch. Sie finden sich bei den Pflegerinnen und Pflegern des von Franziskanerinnen unterhaltenen ersten deutschen Kinderhospizes in Olpe; sie waren die ersten, die Kinder betreuten, die dem Tod entgegengingen, und ihre verzweifelten, ausgelaugten und übermüdeten Eltern. Inzwischen gibt es ein halbes Dutzend Kinderhospize in Deutschland, doch die Franziskanerinnen waren die Pioniere. Es gibt sie in der Bücherei in Großen-Buseck genauso wie in der Liebfrauengemeinde in Frankfurt, unter den Dorfpfarren und unter den Theologieprofessoren. Es gibt sie überall dort, wo Menschen um Gottes willen menschlich sind und um der Menschen willen Gott gehorchen. Und so lange es sie gibt, wir die katholische Kirche mehr Zukunft haben, als sie manchmal selber denkt.

Die Chancen der Christen oder: Warum das Abendland christlich bleiben wird

Kommt eine Schulklasse in die Kirche, einer der Jungs sieht das Kruzifix und ruft: »Guck mal, der Spartakus!«, weil ihm der gekreuzigte Sklavenführer einfällt und nicht Jesus. Fragt ein Religionssoziologe Jugendliche, was das Kreuz bedeutet, das sie am Kettchen um den Hals tragen, lauten die Antworten: ein Glücksbringer, ein Amulett, hat mir mein Freund geschenkt. Gute Nacht, christliches Abendland, wirst dünn und blass. Die Zahl der Christen nimmt ab und wird weiter abnehmen, ebenso der institutionelle Einfluss der Kirchen und die damit verbundene formale Macht. Auch die Christen wissen nur noch wenig vom Christentum, glauben immer seltener an einen Gott, der hinabfuhr in das

Reich des Todes und am dritten Tage auferstand. In die Kirche gehen sie zu Weihnachten, wenn eine Hochzeit ansteht oder der Tod da war. Man schätzt die Sozialarbeit und die kirchlichen Schulen - nicht selten, weil es dort so wenige Türken gibt -, ist aber nicht erschüttert, wenn der europäischen Verfassung der Gottesbezug fehlt. Das ist alles meinungserforscht, statistisch belegt, publizistisch aufgearbeitet. Nirgendwo ist die Säkularisierung so erfolgreich wie in Mitteleuropa, Deutschland eingeschlossen.

Gute Nacht, christliches Abendland? Da stirbt Papst Johannes Paul II., und der größte Pilgerzug in der Geschichte der Menschheit beginnt. Vier Millionen Menschen setzten sich spontan ins Auto, den Zug, das Flugzeug, um vor dem toten Karol Wojtyla zu beten. Hunderte Millionen verfolgen ergriffen vor dem Fernseher Leiden, Tod und Begräbnis des zu Lebzeiten durchaus umstrittenen Papstes. Die religiöse Betriebstemperatur ist derzeit hoch: Eine Million Jugendliche kommen zum Abschluss des Weltjugendtags mit Papst Benedikt XVI.; 300 000 Menschen zur Eröffnung des Deutschen Evangelischen Kirchentags in Hannover. Man könnte solche Großveranstaltungen als Heerschau der verbleibenden Kirchlichkeit interpretieren: Es gibt immerhin noch mehr als 50 Millionen Kirchenmitglieder in Deutschland, da kann schon mal was zusammenkommen, wenn Ereignis, Wetter und Verkehrsanbindung stimmen.

Wenn da nicht die anderen Zeichen wären. Die Feministin, die kirchlich heiraten möchte, weil ihre Beziehung gesegnet sein soll. Die völlig kirchenfernen Männer, die nach Santiago de Compostela pilgern. Die jungen Familien, die mit ihren Kindern abends beten, obwohl sie nie in die Kirche gehen. Oder jene Frau, von der Essens katholischer Weihbischof Franz Grave jüngst erzählte, mit kurzem Rock und knappem Oberteil, und auf den Arm war eine bärtige, verwegene Gestalt tätowiert. »Ah, Che Guevara«, sagte der Gottesmann. »Nee, Jesus«, antwortete die Frau, »er ist immer bei mir, und jeden Abend geht er mit mir ins Bett«.

Das Christliche, so lautete in den siebziger Jahren die gängige These, werde im 21. Jahrhundert aus den westeuropäischen Städten verschwunden sein, den Intellektuellen und den Avantgardisten entfremdet. Es werde zurückgezogen in den ländlichen Gegenden weiterleben, als Brauchtum, landsmannschaftliche Färbung, kulturgeschichtliche Erinnerung, als Nachhut eines vergangenen Zeitalters. Das Szenario war so fern der Realität wie die Vision, dass im Jahr 2000 alle Autos fliegen können und dank der Atomenergie jeder Haushalt einen elektrischen Roboter hat, der putzt und kocht. Die Bewohner des Abendlands haben das »christlich« gestrichen, Staat und Kirche mal mehr und mal weniger entschieden getrennt, Religion zur Privatsache erklärt. Das katholische Verbot von Kondom und Pille halten sie für nicht mal diskutierenswert, und sie empfinden es als aufdringlich und als schlechtes Benehmen, wenn einer abends auf der Party anfängt von Gott zu reden, am Ende gar nach dem fünften Bier.

Und trotzdem sind die Bewohner des Abendlands irgendwie religiös geblieben, nicht alle natürlich, aber doch überraschend viele. Mehr noch: Sie sind sogar überraschend christlich geblieben, mitten in der säkularisierten Welt, zumindest kryptochristlich. Man lebt vom christlichen Zeichenvorrat und spricht den christlichen Wortschatz, umso mehr, je ernster man es meint oder je ernster die Lage wird: Wenn es um Leben und Tod geht, um Sünde und Hölle, Himmel und Gerechtigkeit; um Wandlung, Erlösung, Wirklichkeiten hinter der sichtbaren Welt. Wir Abendländer sind nicht Buddhisten und Esoteriker geworden; wir sind dem Christlichen nicht entkommen. Gott sei Dank bin ich Atheist, sagt da seufzend der Ungläubige. Die These, dass man der Religion nicht entfliehen kann, ist alt. Der strenge Kirchenvater Tertullian nannte im Jahr 197 den Menschen naturaliter religiosus, von Natur aus religiös. Zweihundert Jahre später betete der große Augustinus: »Unruhig ist unser Herz, bis es ruht in dir«; der Mensch sucht Gott, so lange er lebt. Der Mensch sei »unrettbar religiös«, befand der christlich-marxistische Religionsphilosoph Nikolai Alexandrowitsch Berdjajew. Selbst Ludwig Feuerbachs Religionskritik setzte voraus, dass die Annahme, es gebe einen Gott, sehr menschlich ist – nur soll der Mensch schlussendlich begreifen, dass sie nichts als eine Projektion ist, sich von ihr verabschieden und ein reifes, freies Leben führen.

Religion gefährdet die Gesundheit, befanden mit Feuerbach und Freud seit mehr als zwei Jahrhunderten die Aufklärer aus Wissenschaft, Philosophie und Psychologie; sie ist Opium, macht abhängig, gebiert kranke Seelen. Doch wenn es derzeit eine Renaissance des Religiösen gibt, dann dort, wo bisher am meisten über die Entzauberung der Religion nachgedacht wurde. Der Mensch hat ein Gottesgen, behauptet der amerikanische Mikrobiologe Dean Hamer, dies sei Ergebnis der Evolution: Spirituell begabte Menschen bekommen häufiger Kinder, werden seltener krank, benehmen sich meist sozialverträglicher – Frömmigkeit sichert der Art das Überleben.

Vor fast 30 Jahren beschrieb der deutsche Psychoanalytiker Tilmann Moser in seinem Erfolgsbuch *Gottesvergiftung* die krankmachende Seite der christlichen Religiosität: die Höllenpein und die Versagensangst, das Erdrückende. Sein neuestes Buch heißt nun *Von der Gottesvergiftung zu einem erträglichen Gott.* Tief in den meisten Menschen gebe es eine selbstverständliche Religiosität, schreibt Moser jetzt, die Fähigkeit, sich liebevoll berühren zu lassen – und wenn sie auf ein lebensbejahendes Gottesbild träfe, könne sie viel zu einem gelingenden Leben beitragen. Ob es Gott gibt, haben Hamer und Moser nicht belegt, aber beide stehen für einen Perspektivenwechsel: Glauben ist gesund.

Wahrscheinlich war die Säkularisierung notwendig, damit diese Einsicht wachsen konnte. Der drohende Gott hat sich zurückgezogen in fundamentalistische Zirkel; Gerichte wachen darüber, dass in kirchlichen Kinderheimen niemand mehr geschlagen wird, wie in den fünfziger Jahren üblich. Auch bayerische Christsoziale wissen längst, dass man keine Wahlen mehr gewinnt, wenn man bloß nachspricht, was der hochwürdigste Herr Pfarrer oder Bischof vorspricht. Die Aufklärung, die Säkularisation, einst angetreten, der Religion die Bedeutung zu nehmen, hat in einem paradoxen Prozess zur Gesundung des Religiösen beigetragen. Wer will, kann darin eine List des Heiligen Geistes sehen, der »linken Hand Gottes«, wie Adolf Holl, der Religionskritiker, einmal bewundernd schrieb.

Kehrt nun das Religiöse wieder? Nicht in dem Sinn, dass die Menschen wieder in die Kirchen strömen, es mehr Ein- als Austritte gibt, die Säkularisierung stoppen würde. Es bleibt die Herrschaft des Nächstliegenden, der innerweltlichen Heilshoffnung auf Geld, Macht und Gesundheit. Und trotzdem hat sich etwas verändert: Die religiös Musikalischen trauen sich zunehmend, auf ihren Instrumenten zu spielen. Und es sind häufig die Sensiblen, Gebildeten und Avantgardisten, denen die nutzenorientierte Grundstimmung der Wohlstandsgesellschaft nicht reicht, die nicht glauben wollen, dass an alle gedacht ist, wenn nur jeder an sich selber denkt, die Stille und Gebet schätzen.

1964 sah der Pädagoge und Philosoph Georg Picht im katholischen Mädchen vom Land das traurigste Opfer der von ihm beschriebenen deutschen Bildungskatastrophe. Die Perspektive hat sich gedreht: Die Christen und im weiteren Sinne die Religiösen sind zu Kulturträgern geworden – einschließlich der gläubigen Atheisten. Der Feind der Kultur ist die religiöse Gleichgültigkeit.

Das Abendland geht seltsamen Zeiten entgegen. Die alte christliche Ära ist vorbei, in denen seine Bewohner auf Anhieb wussten, ob Moses sieben, zehn oder zwölf Gebote vom Herrn empfing und was der Fluch »verdammt« bedeutet. Und trotzdem lehren dieselben Leute ihre Kinder beten und hoffen auf einen Platz im kirchlichen Kindergarten, spenden für »Brot für die Welt« und finden den Papst irgendwie cool, weil er so anders ist als sie, aber konsequent. Politiker verzichten bei der Vereidigung auf die religiöse Formel – und geben dann Bücher heraus mit ihren liebsten Bibelstellen. Die christlichen Kirchen Mittel- und Westeuropas werden trotzdem weiter schrumpfen. Zu anarchisch ist diese Frömmigkeit, zu unberechenbar, im Zweifel untreu der Kirchenstruktur und -disziplin, der es unheimlich wird, wenn die religiös Musikalischen nach ihren eigenen Noten spielen. Jammern und kulturpessimistisch klagen müssen die Kirchen darüber aber nicht. Wenn Sie ehrlich sind, waren die wirklich engagierten Christen immer in der Minderheit. Jene Christen, für die der Kirchengang mehr ist als soziale Pflicht. Die Gefangene besuchen, Nackte kleiden und Hungrige sättigen, denen das Gebot Gottes wichtiger ist als die eigene Karriere. Wenn darüber hinaus die Zahl der halbgaren Gottsucher wächst, der Von-Zeit-zu-Zeit-Christen, der Teilzeit-Beter und Immer-mal-wieder-Samariter – na und? Wirst christlich bleiben, liebes Abendland. Wenn auch anders, als mancher denkt, der von dir redet.